세계의 주식부자들

세계의 주식부자들

초판 1쇄 | 2014년 10월 15일

지은이 | 전영수
발행인 | 설응도
발행처 | 라의눈

출판등록 | 2014년 1월 13일(제2014-000011호)
주소 | 서울시 서초구 서초중앙로29길 26(반포동) 낙강빌딩 2층
전화번호 | 02-466-1283
팩스번호 | 02-466-1301
e-mail | eyeofrabooks@gmail.com

ISBN 979-11-86039-05-2 13320

세계의 주식부자들

| 전영수 지음 |

라의눈

월가영웅 31인에게 듣는
성공투자의 맥!

주식을 둘러싼 관심이 적잖이 줄었습니다. 금융위기 이전과 비교하면 상전벽해를 떠올릴 정도인 것 같습니다. 붐이 한창 일었던 2000년대 초중반의 풍경은 기억조차 가물가물합니다. 부동산과 함께 자산증식의 유력수단답게 대한민국을 들썩이게 했습니다만, 모두 지나간 얘기가 된 것 같습니다. 누구도 이젠 주식을 입에 담지 않는 시대입니다.

그럴 만도 합니다. 핑계 없는 무덤 없다고 주식이 관심사에서 벗어난 데는 충분히 짐작하고도 남음직한 이유가 있습니다. 어렵게 모은 쌈짓돈이 원금 이하로 줄줄 새는 실패경험이 대표적입니다. 심하면 휴지조각으로 전락한 경우까지 있었습니다. 벌었다는 사람은 없고 잃었다는 사례만 눈덩이처럼 확산되는 경험효과도 한몫했었습니다.

이러니 주식투자는 절대 하지 말아야 할 금기처럼 인식될 수밖에 없어졌습니다. 자본의 투기탐욕이 거대한 불상사로 연결된 일련의 위기사태는 이를 한층 부채질했습니다. 개인투자자들은 하나 둘씩 시장을 떠나기 시작했습니다. 새롭게 수혈돼야 할 버팀목은 급격히 약화된 상황입니다. 대신 규범법칙처럼 받아들여지는 '주식=쪽박'의 공식이 그 공간을 차지했습니다.

하지만 과연 주식이 만고불변의 악역일 수밖에 없는지 조심스레 문제제기를 해봅니다. 우리는 지금 전대미문의 대형고비 앞에 마주섰습니다. 살아내야 할 시간은 점점 길어지고 있는데(고령화) 그 먹거리를 마련해야 할 성장궤도는 급속하게 악화되고(저성장) 있습니다. 복지수요는 갈수록 늘어나는데 준비부족은 여전히 심각한 상황입니다. 빚으로 간신히 버텨내고 있다지만 이게 언제까지 지속될지는 아무도 모릅니다.

정부는 그나마 낫습니다. 눈 먼 돈이란 표현처럼 후세대가 되갚을 외상으로 은근슬쩍 생색을 내고 있습니다만, 개인은 전혀 다른 차원의 절박함에 서 있습니다. 공적연금을 비롯해 사회안전망마저 취약하기에 스스로 준비하지 않으면 수명연장은 축복보다 재앙에 가까울 수밖에 없습니다. 대부분 눈앞의 호구지책이 먼저이기에 먼 훗날의 생활준비는 빛 좋은 개살구에 비유되기까지 합니다. 노후준비의 안타까운 딜레마입니다.

이로써 투자는 선택이 아닌 필수가 됩니다. 흔히 노후자금 4대 루트로 꼽히는 공적이전, 사적이전, 근로소득, 자산소득 중 더 많은 관심을 기울이고 세부전략을 수립해야 할 게 바로 자산소득의 장기·안정적인 루트확보입니다. 한국은 자녀부양으로 요약되는 사적이전의 비율이 굉장히 높습니다. 노후용돈으로 폄하되는 공적이전이 취약하고, 성장지체로 일자리가 불안해지면서 근로소득마저 만만찮아졌기에 믿을 수 있는 건 전통적인 사적이전과 자산소득뿐입니다. 다만 사적이전은 자녀인생마저 볼모로 잡기에 더 이상 기대기 힘든 상황입니다.

결국 자산소득이 가장 유력할 수밖에 없습니다. 포트폴리오(자산배분) 관리처럼 생애전체에 걸쳐 자산운용의 관심을 갖고 적절히 배분함으로써 추가적인 소득을 얻도록 해야 할 것입니다. 디플레 시대진입으로 플러스알파를 얻기가 한층 힘들어졌지만, 그럼에도 불구 손 놓고 있어서는 노후불행을 자초하는 것과 같습니다. 최대한 오랫동안 일하되 소중한 쌈짓돈에 붙어오는 자산운용의 수혜도 동시에 맛볼 필요가 있습니다.

누군가 그럽니다. 이젠 주식투자가 위험한 게 아니라 주식을 안 하는 게 더 위험한 시대라고 말입니다. 백번 동감하는 의견입니다. 저성장 시대에 가만히 앉아있다간 그나마 갖고 있는 자산을 뺏길 수밖에 없기 때문입니다. 국가와 부유층이란 늘 중산층 이하의 돈을 끄집어내 가지려고 야단입니다. 대놓고 뺏으면 안 되니 인플레 등을 통해 교묘한 방법을 쓰기도 합니다. 이런 걸 시스템이란 이름으로 포장하고 강요합니다. 동시에 일부세력은 정부정책에 무임승차해 상당한 덕을 보기도 합니다. 상황이 이럴진데 헨디캡이 많은 우리네 보통사람들이야 시간이 지날수록 힘들어질 수밖에 없습니다. 그만큼 적극적인 자산관리와 자발적인 노후대책 마련이 필요한 이유입니다.

다만 재테크든 자산운용이든 잘못하면 손해 보기 십상입니다. 주식이든 펀드든 부동산이든 돈 버는 게임의 룰을 정하는 건 소수의 선택받은 세력이기 때문입니다. 생각 없이 그냥 나서면 반드시 질 수밖에 없는 게임에 판돈만 키워주는 격이 될 수도 있습니다.

지금보단 좀 더 교묘하고 영리하게 출사표를 던져야 합니다. 그러자면 알아야 합니다. 규칙을 잘 알아야 최소한 코만이라도 베이지 않을 수 있습니다. 아는 건 그리 힘든 작업이 아닙니다. 사실 새로운 규칙과 지식도 별로 필요 없습니다. 알지만 지키기 어렵고, 또 알면서도 저지를 수밖에 없는 상식과 허점을 극복하고 실천하면 그걸로 충분합니다.

책은 주식투자에 관한 내용을 다룹니다. 차트에 관심이 많은 분이나 혹은 종목추천을 원하신다면 이 책이 맞지 않습니다. 책은 100년 이상 세계증시에서 검증받은 31인의 주식영웅들의 투자훈수를 엮었습니다. 멀게는 20세기말에 태어난 전설적 대가부터 가깝게는 1990년대에 대학을 졸업한 주식투자의 신예들까지 아우릅니다. 종목발굴에서 신기(神技)를 발휘한 걸출한 펀드매니저부터 실패란 실패는 모두 다 겪어본 아마추어 출신 주식대가들까지 등장합니다. 산전수전 다 겪은 다양한 고수들에게 동서고금을 관통하는 주식투자의 대원칙과 투자전략을 물어보자는 차원입니다. 도대체 앞으로 어떻게 접근하고 배분하고, 관리해야 주식투자로 성공할 수 있는지 정도(正道)를 알고 싶은 독자라면 조금의 도움이 될 것으로 판단합니다.

막상 정리해 놓고 보니 주식영웅 31인의 투자원칙은 생각보다 단순하고 쉬웠습니다. 누구나 관심만 가지면 알 수 있는 기본적인 내용을 강조하는 고수들이 대부분입니다. 반대로 그만큼 실천하기가 쉽잖다는 뜻이기도 합니다. 또 투자전략만 다루면 딱딱하고 읽히기가 어려울 것 같아 이들의 개인적인 삶과 습관, 그리고 실패담까지 폭넓게 훑어봤습니다. 이들이 왜 자신만의 특정전략을 채택했는지 그 사고의 출발을 알 수 있다는 점에서 개인사를 알아보는 건 나름 유용할 겁니다.

책은 앞서 출간한『세계의 주식고수들』의 개정판입니다. 독자들의 꾸준한 관심과 애정 덕분에 이번에 확대개편의 개정판을 낼 수 있게 됐습니다. 초판에는 29명의 월가전문가 및 직업투자자를 소개했습니다만, 이번 개정판에는 2명을 더 보강해 31명으로 투자의 지평을 더 넓혀보려 했습니다. 이 정도면 사실상 세계적인 주식고수는 대부분 커버한다고 여겨집니다.

책의 포인트는 통계와 숫자로 표현되는 딱딱한 내용을 최대한 탈피하고 쉽고 재미나게 읽히도록, 그럼에도 그 속에서 발견되는 투자대가들의 공통분모를 반복해 강조하고자 한데 있습니다. 책을 덮을 즈음이면 적어도 이들 대가들의 투자조언이 일치한다는 경험과 함께 그것이 무엇을 의미하는지 적잖은 소득을 얻을 것으로 확신합니다.

책을 통해 검증받은 주식대가들로부터 성공투자의 힌트를 얻기 바랍니다. 다시 강조해 덧보탭니다. 주식투자가 위험하다지만 주식을 하지 않는 게 더 위험한 시대입니다. 하지만 강조컨대 이것보다 더 위험한 건 주식의 기본도 모른 채 계좌부터 트는 것일 겁니다. 성공법칙일수록 알수록 간단합니다. 비법은 결코 멀리 있지도, 복잡하지도 않습니다. 그렇다면 누구든 주식으로 노후대책을 하지 못할 이유도 없습니다.

지금부터 31인의 주식영웅이 말하는 그들의 삶과 투자전략, 그리고 철학 속으로 들어가 봅니다. 성공투자를 기원합니다.

전영수

Contents

1

찰리 멍거Charlie Munger

베일에 가린 버핏의 오른팔

"한국은 믿을 수 없을 정도로 잘한 나라다. 굴하지 않고 성장했다. 놀랍다. 마치 이스라엘 같다. 과거 한국인이 많이 사는 로스앤젤레스에서 자라 한국문화와 음식에 대해 잘 안다. 한국은 스스로를 자랑스러워할 만하다."

버핏의 오른팔
'세상 보는 지혜부터 갖춰라!'

찰리 멍거의 한국예찬론(2007년 버크셔 헤더웨이 주총에서의 기자회견 때)이다. 그는 월가의 최고 투자전략가 중 한 명이다. 현존하는 가장 위대한 투자자로 손꼽히는 워렌 버핏의 둘도 없는 친구이자 분신이며, 동시에 책사(策士)다. 멍거는 워렌 버핏이 회장으로 있는 버크셔 헤더웨이의 부회장이다. 오늘날 이 회사를 세계최고의 투자그룹으로 키운 일등공신답게 명성이 높다. 다만 회사주총 때만 버핏과 함께 얼굴을 내비칠 뿐 이외의 공식석상엔 잘 참가하지 않아 베일에 가려진 인물이다.

멍거는 2인자다. 때문에 1인자인 버핏의 그늘에 늘 가려질 수밖에 없다. 스스로도 이걸 원하고, 또 즐긴다. 하지만 그는 1인자에게 절대적 영향력을 미치는 2인자다. 버핏이 대외활동에 나설 때 멍거는 회사살림을 도맡는다. 월가언론은 이들을 "궁합이 척척 맞는 둘도 없는 동지"라고 표현한다.

실제 이들은 철저한 팀플레이를 지향한다. 버핏이 하나하나 챙기는 어머니 스타일이라면 멍거는 존재만으로 믿음을 주는 아버지 같다. 주총 때를 비롯해 인터뷰 진행과정만 봐도 이를 단적으로 알 수 있다. 대개 버핏의 답변은 길고 거침없으며 투박하다. 그런 후 옆자리의 '찰리'를 찾는다. 잘 짜진 각본처럼 조금의 망설임이 없이 마이크를 넘긴다.

그러면 멍거는 자연스럽게 1인자의 답변을 거든다. 정곡을 찌르는 추가답변 아니면 "할 말 없다"의 둘 중 하나다. 1인자를 부각시키면서 답변의 완성도도 높이기에 제격이다. 굳이 나누면 버핏은 달변이고 멍거는 눌변에 가깝다.

베일에 가려진 눌변의 실력자… 버핏을 만든 일등공신

멍거와 버핏의 첫 만남은 1959년의 일이다. 지인의 소개를 통해 처음 만났다. 둘은 고향이 같다. 지금은 버핏 덕분에 성공투자의 상징지역으로 떠오른 오마하 출신들이다. 우연의 일치겠지만 멍거는 버핏의 할아버지가 운영하던 식료품가게에서 일함으로써 버핏을 알기 훨씬 전부터 그쪽 집안과 연을 맺었다. 멍거는 1924년, 버핏은 1930년에 태어났다.

멍거는 일찍부터 천재성을 발휘하며 신동으로 소문이 났다. 어린 시질 버핏이 투자에 일가견을 발휘하는 동안 멍거는 공부 잘하는 천재로 유명했다. 미시간대를 졸업하기 전에 하버드 로스쿨에 입학한 엘리트였다. 처음 만났을 때 멍거는 자신이 세운 '멍거 톨슨 앤드 올슨'이란 부동산법률회사를 경영하고 있었다. 최초엔 단순한 지인관계였다. 그러다 1965년 버핏의 조언을 듣고 투자전문가로 나선 것이 주식입문의 계기가 됐다. 이후 친분을 쌓던 중 1969년 버핏이 세운 버크셔 헤더웨이에 합류함으로써 드디어 한배를 탔다.

멍거의 투자원칙은 버핏의 그것과 다르지 않다. 버핏의 투자전략이란 게 애초부터 멍거와 말을 맞춘 결과인 까닭에서다. 따라서 멍거도 저평가 우량주를 일찍 발굴해 제값을 받을 때까지 장기간 보유한다는 가치투자에 100%

동의한다. 다만 멍거의 경우 버핏보단 좀 더 조심스럽다면 조심스럽다. 버핏에 비해 위험은 더 챙기고 기대는 더 낮추는 신중론자다. 가령 버핏이 투자후보를 10군데 정도 결정해 멍거에게 맡기면 그는 그중에서 2~3개에만 고개를 끄덕이며 동의할 정도다. 멍거는 "투자할 땐 늘 위험부터 고려하라"며 "위험한 투자를 해야 한다면 걸맞은 투자수익을 고집할 것"을 권한다.

투자수익의 잣대가 되는 인플레나 이자율은 위험요소로 간주된다. 특히 파생상품은 '대량살상용 시한폭탄'으로 비유할 만큼 깎아내린다. 경제·금융시스템에 잠재·치명적인 충격을 줄 수 있기 때문이다. 상품시장도 이미 투기장으로 변했다는 입장이다. 수급에서 벗어나 투기세력에 의해 가격이 움직여서다. 멍거는 "발을 잘못 들여놓으면 낭패를 당할 것"이라며 "빠져나오면 될 것이라 생각하지만 모두가 그렇게 생각하기 때문에 결코 빠져나올 수 없다"고 경고했다.

가치투자 100% 추종… 파생상품은 대량살상 시한폭탄

둘은 닮은꼴이 많다. 당장 엄청난 독서광이자 사색가들이다. 뭔가를 읽고 생각하는 걸 좋아한다. 독서량으로 보면 용호상박이 따로 없다. 멍거의 얘기다.

"버핏과 나에겐 확실한 공통점이 있습니다. 둘 다 바쁜 스케줄을 싫어한다는 점이죠. 단지 앉아서 읽고, 또 생각하면서 하루를 보내고 싶어요. 분명 다른 비즈니스맨들과 다른 점이죠."

폭넓게 읽고 생각하되, 행동은 단순명쾌한 걸 지향한다. 특히 멍거는 성공투자를 좌우하는 건 오직 지식이라고 강조한다. 그렇다고 어렵고 복잡하진 않다. 자신이 뭘 하고 있는지, 어떤 생각을 하고 있는지 명확한 입장을 세울 수 있을 정도의 지식을 권한다.

다만 그는 만물박사란 별명답게 다양한 분석틀을 동원해 투자방침을 세운다. 경제·경영학은 물론 심리·생물학까지 차용된다. 버핏이 멍거를 만나기 전에는 회사가치보다 싸면 무조건 샀는데, 그를 만난 후부터는 가격Price과 가치Value의 적정여부에서 한발 나아가 미래가치까지 반영하게 됐다고 한다. 뛰어난 회사를 고르는 눈이 한층 정밀해진 셈이다.

멍거의 지적수준은 대단하다. 세상사에 관심이 많은 탓인지 거의 모든 사회현상과 주제에 정통하다. 기회가 있을 때마다 '세상을 보는 지혜Worldly Wisdom'를 언급한다. 증권가에 떠도는 그때그때의 분석보고서보단 동서고금을 관통하는 철학과 역사서적에서 결정적인 투자실마리를 찾으라는 조언이다. 그는 "망치만 가신 사람은 모든 문제가 니 못으로 보인다"며 "현명한 투자자는 늘 다양한 도구를 갖고 있어야 한다"고 말했다.

그에 따르면 시각을 넓히는 데는 독서만한 게 없으며 독서야말로 분석기술을 결정적으로 향상시킨다. 때문에 학위와 투자지혜는 무관하다는 쪽이다. 대학교육이란 게 너무 지엽적이고 편협한 문제만 가르쳐서다. 지혜를 얻자면 스스로 길을 찾아 떠나는 수(독학)밖에 없다. 이럴 때 책은 내비게이션으로 제격이다. 멍거는 "진정한 빅 아이디어는 어딘가 이미 쓰여 있고, 누군가 발견해 데려가기만 기다리고 있다"며 지적여행을 위한 첫 걸음을 재촉한다.

한편 증권가에 떠도는, 이른바 '돈 버는 재무공식'은 그의 관심권 밖에 있다. "주식투자의 성공비결은 복잡한 재무공식이 아닌 기업에 대한 철저한 가치분석과 상식, 그리고 신뢰"라고 못 박는다. 때문에 주식매수·기업인수와 관련된 의사결정은 대단히 짧고 명쾌하다. "후보군에 오른 기업 중 미래가치에 믿음이 가면 남은 건 악수와 사인뿐"이라는 입장이다.

그는 "어렵고 복잡한 공식·논리는 보통사람들을 겁먹게 하는 것일 뿐"이라며 "나 자신도 정확한 산술도식은커녕 개념조차 정확히 모른다"고 했다. 특히 멍거는 월가의 화두 중 하나인 자본자산가격결정모형CAPM, Capital Asset Pricing Model을 두고 "완전히 미친 짓"이라고 비난하기도 했다.

이밖에 고령의 투자대가가 내놓는 성공지침은 다양하다. 평균적인 수익밖에 거두지 못하는 대세추종적인 투자보단 자신의 의지에 따른 독립적인 역발상전략을 추구할 것을 권한다. 이기는 유일한 길은 끊임없는 독서를 통한 통찰력임은 물론이다. 지적단련을 통해 끊임없이 질문함으로써 다양한 그물망을 던져놓아야 성공할 수 있기 때문이다.

모르는 걸 인정하는 게 지혜의 시작인 것처럼 지적 겸손을 갖는 것도 필요하다. 잘 아는 분야를 파되 자신을 속이진 말라는 메시지다. 같은 맥락에서 그는 상승세를 유독 경계했다. "당신이 연못 속의 오리라면 폭우가 쏟아질 때 점점 위로 올라가게 됨을 느낄 것"이라며 "하지만 이때 정말로 올라가는 건 연못의 물이지 당신이 아니다"며 착각하지 말라 겸손할 것을 가르친다.

돈 버는 재무공식은 모두 엉터리… "책을 읽어라"

또 엄격하게 분석함으로써 실수와 오류를 최소화하는 게 권유된다. 비법을 얻으려 시장을 분석하기보단 분명한 것을 기억할 수 있는 기업분석에 치중하는 게 좋다는 의미다. 기회비용을 최소화해 자본을 적절하게 배분(포트폴리오)하는 것도 중요하다. 다만 상황에 따라 기회가 확실하다면 집중하는 것도 필요하다는 입장이다. 기회가 왔다면 결단력과 확신을 갖고 행동하란 뜻이다.

특히 복리법칙을 근거로 불필요한 비용을 줄여 수익을 키우는 게 필수라고 강조한다. 장기투자다. 시간으로 보면 적어도 15년 이후의 가치를 내다보라고 덧붙인다. 물론 변화는 필요하다. "세상을 당신에게 맞추진 말라"며 "늘 도전하고 수정함으로써 변화와 더불어 살라"고 했다.

펀드에 대한 대가의 가르침도 빠뜨리지 않는다. 무엇보다 펀드의 속임수에 속지 말라고 강조한다. 그의 말이다. "운용사는 늘 최고실적을 낸 펀드만 강조해 마케팅에 사용하죠. 속지 않으려면 매년 초 해낭펀드의 1달러가 어떻게 바뀌있는지 연도별로 계산해 비교하면 좋이요. 그러면 평범한 사람도 안목이 생기죠."

한편 그는 한국주식에 대한 식견이 남다르다. 특히 버핏이 주저할 때 포스코 매수를 권유해 대박을 거둔 것으로 유명하다. "한때 국영기업이었던 포스코의 훌륭한 성장세를 보면 놀라울 따름"이라고 말할 정도다. "어떻게 이런 기업이 묻혀 있었는지 이해되지 않는다"고까지 격찬했다.

신세계에 대한 관심도 높다. 글로벌 할인점 코스트코 사외이사인 그로서는 일종의 경쟁업체인 신세계의 남다른 성장성을 일찍 목격했다. 그는 "신세계는 놀라운 기업"이라며 "압도적인 시장지배력과 현명한 의사결정·전략 등 어느 하나 부족한 게 없다"고 했다.

특히 한국기업인 중에선 정주영 현대차 회장을 단연 첫손가락에 꼽는다. 아픔을 딛고 일어선 한국경제를 격찬하는 것과 비슷한 이유다. "그는(정주영 회장은) 자동차·조선 등 한국기업사에 전혀 존재하지 않던 것을 만들어냈다" 며 "특히 조선분야의 경우 일본을 제쳤는데, 이는 결코 쉽지 않은 성과"라고 했다.

Advise 찰리 멍거의 10대 투자원칙

1. 방대한 독서를 통해 분석기술을 고도화하라
2. 다수를 따르기보단 자신의 분석과 판단을 따르라
3. 돈을 벌겠다면 끊임없이 '왜'란 질문을 던져라
4. 잘 아는 분야를 파되 자신을 속이진 말라
5. 시장을 분석하기보단 기업을 분석하라
6. 기회비용을 최소화하자면 적절히 자본을 배분하라
7. 불필요하게 복리의 효과를 방해하지 마라
8. 기회가 왔다면 확신을 갖고 크게 행동하라
9. 끊임없는 도전과 수정으로 세상에 적응하라
10. 적어도 15년 이후의 가치를 볼 수 있도록 하라

2

제러미 시겔 Jeremy J. Siegel

배당투자 선구안의
실력파 낙관론자

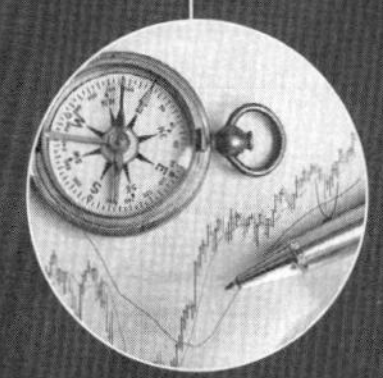

"절대 주식과 사랑에 빠지면 안 된다. 덜 알려졌지만 큰 회사를 주목하라. 물론 과거보다 수익률이 떨어지고 있다. 그럼에도 꾸준한 장기수익을 원한다면 주식에 투자하는 게 최선의 방법임을 알 필요가 있다."

200년 통계의 증명
'고배당 · 저PER주의 힘'

시간이 답이다. 투자해법은 시간이 말해준다. 두 가지 이유다. 시간이 흐른 후 복기해보면 성공투자 관건은 꽤 실망(?)적이다. 은밀한 비법은 없고 다 알려진 상식만 남아서다. 장기투자와 분산투자가 그렇다. 복잡한 금융이론은 설 땅이 없다.

또 다른 시간파워는 복리마술이다. 시간을 제 편으로 삼을 때 놀랄만한 투자성과를 안겨준다. 종목 선택·매매시점 지신배분 등 몇몇의 기본전략이 빛을 발하는 대전제가 장기·분산투자다. 이게 합쳐질 때 성공투자는 완성된다. 투자자라면 머리보다 몸으로 실천해야 할 역사의 위대한 교훈이다.

물론 어렵다. 케인즈는 "장기투자야말로 오늘날 너무나 어려워 거의 실행할 수 없다"고 일찍이 밝혔다. 그만큼 상식을 지키기란 아주 힘들다. 그럼에도 불구하고 '이기는 투자'라면 시간변수가 필수다.

제러미 시겔Jeremy J. Siegel. 상식적인 투자가 결국 옳다는 걸 증명해 일약 스타덤에 오른 투자대가다. 학자답게 꽤 정치한 통계·모델분석으로 장기투자의 합리성을 밝혀냈다. 그의 이름 앞엔 '장기투자 전도사'란 타이틀이 빠지지 않는다. 장기투자는 그의 전부다. 종목선정·매매시점을 아우르는 투자전략의 핵심근거가 장기투자로 요약된다.

중요한 건 실증근거다. 유명세는 200년을 관통하는 방대·치밀한 통계자료가 한몫했다. 반론을 하고파도 워낙 분석결과가 확실하니 여지가 없다. 또 누구보다 열정적인 뉴스메이커다. 각종언론에 등장해 주식자산의 장기투자 합리성을 꾸준히 설파한다. 위기란 늘 극복된다는 낙관론의 정신적 지주다.

장기투자 전도사이자 대표적 낙관론자… "주식이 최고"

그는 1945년 시카고 출생으로 콜롬비아대학에서 수학·경제학을 전공했다. 박사학위는 71년 MIT에서 취득했다. 최고수준의 이론가이면서 투자현실에 천착한 연구결과가 명성이 높다. 현재 와튼스쿨에서 금융·투자론을 가르친다. 금융회사의 고문 및 펀드 스폰서로도 활농 중이다. 부자이론가납게 스스로 상당수준의 부를 모았나. 역시 유태인이다.

학계거물이란 명성을 뒷받침하듯 각종 수상반열에 이름을 올렸다. 시카고학파로 공급주의(통화론) 이론을 기초로 한다. CNN을 필두로 CNBC, NPR 등에 정기적으로 칼럼을 게재한다. 비관론자 중 한 명인 예일대 교수 로버트 실러Robert Shiller와는 단짝친구다. MIT에서 동문수학했다. 둘은 여러 매체에서 자주 시장상황·향후전망과 관련해 논쟁을 벌여 화제를 모은다. 가깝게는 금융위기 이후였던 2010년 '낙관 vs 비관'의 예측대결을 벌이기도 했다. 유명세는 세계적이다.

투자관은 장기·분산전략으로 요약된다. 중요한 건 주식자산이다. 나머지는 주식보다 불리하다는 확고한 철학을 가졌다. 부동산이든 채권이든 매한

가지다. 돈을 불리려면 주식투자는 필수다. 좋아하는 주식은 장기(長期)업력의 굴뚝업체다. 이를 거품이 끼기 전에 일찍 사들여 최대한 오랫동안 보유하자는 쪽이다.

배당금 재투자는 이 과정에서 복리마술을 실현시켜줄 유력한 실천수단이다. 이쯤 되면 떠오르는 단어가 있다. 가치투자다. 옳다. 그는 가치투자자다. 우량주의 저가매수·고가매도를 지향한다. 워렌 버핏과 투자스타일이 판박이다. 상당수준의 공통분모를 갖는다. 실제 둘은 대학동문(콜롬비아)이면서 친구사이이다. 사적교류가 활발한 편이다.『투자의 미래』라는 책에선 동종업계를 추켜세우는 일이 거의 없는 버핏이 추천사까지 써줬다.

채권보다는 주식 쪽이다. 주식이 좋은 이유를 물으면 늘 되돌아오는 답이 채권과의 비교다. 인플레에 무방비인 채권보다 주식이 갖는 월등한 비교우위다. "인플레를 감안하면 주식수익이 채권수익보다 훨씬 안전하고 예측까지 가능하기 때문"이다. 특히 "급격한 인플레가 두려울 때라면 주식만큼 훌륭한 투자자산이 없다"고 했다. 인플레만큼 채권수익은 손해일 수밖에 없어서다. 특히 최근처럼 정부의 과잉유동성 공급량이 넘쳐날 때는 더더욱 그렇다. 국채만 해도 투자자를 보호할 수 없기 때문이다.

훈수를 더 들어보자.

"과거보다 수익률이 떨어지고 있어요. 다만 꾸준한 장기수익을 원한다면 주식에 투자하는 게 최신의 방법임을 알 필요가 있습니다. 주식이 나을 수밖에 없는 불가항력의 이유가 있기 때문이죠. 리스크 프리미엄입니다. 채권은 강제집행이 가능한 안전자산이에요. 반대로 주식은 믿음이 없으면 투자할 수 없는 위험자산이죠. 즉 주식은 본질적으로 채권보다 나빠요. 그럼에도 불구, 리스크를 진 것에 대한 보상이 매력적이죠. 만약 채권수익률이 주식수익률보다 높으면 리스크 보상이 이미 반영돼 시장가격을 정할 겁니다. 지속될 수 없는 상태란 얘기죠. 이게 계속된다면 현재의 금융시스템은 벌써 붕괴됐을 겁니다."

인플레 잡아먹는 채권은 No⋯ 200년 주식 평균수익률 7% 검증

특히 장기투자자라면 주식은 더할 나위 없이 좋다. 낙관론과의 연결이다. 그는 "장기적으로 세계경제는 성장할 수밖에 없다"고 본다. 금융위기·유럽위기 등 복합적인 불황조짐 때도 장기침체의 서막이라는 비관론의 대척점에서 "일시적 고통"이란 반대논리를 폈다. 이런 때일수록 블루칩 바겐세일의 호기에 가깝다.

반면 성장주는 별로다. "성장주는 기대감만 안겨줄 뿐 결과는 허황된 거품에 불과하다"고 단언한다. "짧은 거품을 사지 말라"는 경고다. 근거는 과거역사다. 방대한 통계자료의 힘이다. "짧게 보는 건 아무 의미가 없다"며 "2세기 이상의 통계결과는 우리가 주식을 어떻게 대해야 할지 가르쳐주는 명백하고도 확고한 증거"라고 했다. 200년 증시분석 결과 주식의 연평균 실질수익률(명목수익률-물가상승률)이 최고인 걸로 증명돼서다. 그는 이를 근거로 주식의 장기투자를 철칙으로 규정했다. 가치투자의 설명력이다.

그는 장기투자와 주가상승의 상관관계를 체계적으로 입증했다. 장기투자라면 주식만큼 위험이 낮고 수익이 높은 자산이 없다는 상식적인 명제를 학문적 분석모델로 최초로 풀었다. 94년 출간된『장기투자 바이블Stocks for the Long Run』에 그 결과물이 실렸다. 그때까지 장기투자는 개인경험·감정공유만으로 일부가치를 인정받았을 뿐 학문적 모델입증은 없었다.

시겔은 역사적인 통계자료를 토대로 본인이 세운 모델을 설득력 있게 설명해 화제를 모았다. 책은 주식투자 관련교재 중 드물게 글로벌 공통교과서로 쓰인다. 2005년엔 주식투자에 새 지평을 열었다는『투자의 미래The Future for Investors』를 선뵈며 확고부동한 주식대가 반열에 올랐다. 책에서 성장주(IBM)보다 배당주(엑손모빌)가 장기투자로 좋음을 재차 증명했다.

그의 장기통계를 잠깐 살펴보자. 개정판과 맞물려 분석기간을 늘리면서 이젠 1800~2006년에 걸쳐 철저한 해부가 이뤄졌다. 1800년에 1달러를 투자한 경우 투자자산별 실질수익률을 보면 주식수익률이 압도적이다. 무려 75만5,163달러로 불어났다. 부침은 있지만 평균회귀 결과 연평균 6.8%의 수익률로 계산됐다. 이는 10년마다 구매력이 평균 2배 늘어났다는 걸 뜻한다.

반면 장기채권(1,083달러)과 단기채권(301달러) 등 채권수익은 주식보다 크게 낮았다. 불태환 화폐제도가 도입되면서 채권위험을 키웠기 때문으로 해석된다. 금(1.95달러)과 달러(0.06달러)는 거의 변동이 없거나 손실이었다. 국가별로 분석해도 결과는 비슷하다. "단기부침이 있지만 주식의 장기수익률은 미래를 밝게 보고 위험을 기꺼이 껴안은 낙관론자의 승리"라고 했다.

그렇다면 장기투자의 정의는 뭘까. 그에게 장기투자란 적어도 20년 이상이다. 2007년 한국을 찾았을 때는 "우량주라면 최소 50년은 보유하라"고까지 했다. 종신보유다. 배당의 재투자 효과를 최대한 누리기 위함이다. 그는 배당을 기업가치의 핵심변수로 파악한다. 같은 가치투자자인 워렌 버핏과는 배당을 둘러싼 입장차이가 뚜렷하다.

버핏은 배당에 신중하다. 사실상 반대론자다. "1달러를 배당하면 1달러 이상 추가투자로 벌어들일 기회를 잃어버리는 것"이라며 "기업가치가 빠르게 느는 기업이면 배당을 할 필요가 없다"고 했다. 배당이 장기성장을 좀먹는다는 이유다. 기업이익을 나눠주기보다 내부잉여·차기투자로 지속성장의 발판을 다지는 게 낫다는 인식이다.

반면 시겔은 배당이 기업재무를 한층 건전하게 만들어준다는 이유로 찬성한다. 배당 예찬론자에 가깝다. 배당이 분식을 막을 뿐 아니라 우량기업 여부를 판단하는 중요한 시그널이기 때문이다. 즉 순이익 등 손익보고서는 애매모호한 회계규정 탓에 적잖이 날조할 수 있지만 배당지표는 기본적으로 손을 타기 힘들다고 본다.

특히 꾸준한 배당이 중요하다. 기업은 석사대비·가용자금을 이유로 사내유보를 일정부분 해둘 수밖에 없기에 지속적인 배당을 한다는 건 그만큼 건전한 이익구조가 아니면 힘들 수밖에 없다. 꾸준한 배당성향은 몇 십 년이 흘러도 지금처럼 이익을 낼 수 있다는 자신감의 표현이기도 하다.

배당은 무엇보다 투자자에게 유리하다. 성장기대가 낮은 회사라도 고수익이 가능한 것이 바로 배당의 존재감 덕분이다. 주가가 낮을 때 흔히 배당수익률은 높아지는데 이를 반복해 재투자하면 배당금으로 저가매수 효과를 누릴 수 있어서다. 이렇게 장기로 보유하면 훗날 복리마술의 결과 수익효과가 훨씬 커진다. 그에게 주주가치란 배당금 재투자가 전부다. 이는 매년 이뤄지는 배당금을 인출하지 않고 해당주식에 재투자하는 전략이다.

저서를 보면 1871~2003년까지 주식의 실질 누적수익률 중 97%가 배당금 재투자에서 비롯됐다고 한다. 나머지 3%만이 자본이익에서 도출된다. 주가 상승에 따른 시세차익보다 배당수익이 더 컸다. 배당금 재투자를 두고 그는 "수익률 가속페달을 밟는 효과"라고 정의한다. 고배당은 곧 높은 장기생존력을 뜻한다. 이 주식을 정액분할로 장기·반복해 매수하면 추후 큰 보상을 받는다는 논리다. 그래서 가속페달이다.

배당금 재투자가 핵심전략… "수익률 가속페달 밟는 효과"

종목선정에 대한 생각은 뚜렷하다. 가치투자자의 모범답게 성장주는 반대한다. 성장주에 대한 뚜렷한 경계눈빛이다. 성장주란 단기간의 성장확률이 높은 경우다. 테마에 편승한 IT업종의 기술주가 대표적이다. 새로운 기술추구로 인기가 높고 얼마간은 실제로 급성장하며 무궁무진한 성장테마에 올라탄다. 성장주가 위험한 건 집단심리가 불붙인 과도한 열광·열정 때문이다. 대부분 고가매수를 유혹하는 함정인 까닭에서다. 성장주 자체가 나쁜 건 아니다. 해당기업 주가를 필요이상 부추기는 시장심리가 경계대상이다. "운 좋게 단기적으로 고수익을 내도 장기적으로는 극히 일부만 빼면 시장평균을 웃도는 투자결과를 낸 사례가 거의 없다"고 강조한다.

IPO(기업공개)로 신규 데뷔한 기업조차 일단은 멀리 할 필요가 있다. 전통주보다 성장주의 신규상장 케이스가 압도적으로 많은데다 IPO 특유의 초반 기대심리를 반영해 상당한 프리미엄이 붙을 공산이 커서다. 숨겨진 버블징조다. "일부 IPO주는 기업가와 엔젤투자자 등 기존세력에게 엄청난 수익을 안겨주지만 이는 새로 들어가는 개인투자자의 높은 지불가격과 상충된다”
고 했다.

즉 상장 후 실적증명과 기초체력이 확인된 후 매수검토에 들어가도 늦지
않다. S&P500지수만 해도 57년 당시 편입종목이 이후 가세한 후속종목보다
일반적으로 고수익을 거뒀다고 덧붙인다. 최근 편입종목일수록 인기가 높
아 가격거품이 얹어질 확률은 높아진다. 상승추세에 취한 집단대중이 몰려
드는 것 자체가 고점매수 함정이라는 결론이다.

성장주가 위험한 건 ‘성장함정Growth Trap’ 때문이다. 이는 기업순이익과 투
자수익률의 차이에 대한 이해다. 순이익을 둘러싼 기대치란 것이 시장에는
존재한다. 이게 주가에 반영되는 건 물론이다. 기대수준이 높으면 주가는 더
뛰게 마련이다. 이때 현명한 투자자라면 기대가 반영된 현재주가의 높낮이를
투자기순으로 삼는다. 고평가 가능성, 즉 비싸게 살 확률을 막기 위해서다.

이 경우 투자수익률은 매수시점의 주가여부에 전직으로 딜렸다. 기입순이
익과는 관계가 없다. 때문에 기업순이익이 높다고 투자수익률이 높을 것으
로 단정해선 곤란하다. 그래서 ‘성장함정’이다. 나쁜 기업을 사는 것만큼 좋
은 기업을 비싸게 사는 것도 금물이다.

성장주의 대안은 가치주다. 성장함정에서 이해되듯 높은 성장률이 높은
수익률은 아니다. 높은 수익률이란 말은 이미 충분한 주가상승이 반영됐을
확률이 높다. 기대심리의 집단반영이다. 반면 가치주는 장기간에 걸친 내공
을 검증받았음에도 불구, 시장변두리로 내몰린 경우다. 소외주로 기대심리
가 거의 없다. 하지만 체력·내공은 상당하다. 장기생존이 이를 뒷받침한다.
시겔이 장기실적을 살펴보니 롤러코스트의 성장주보다 꿈틀거림이 거의 없

는 가치주가 결과적으로 훨씬 좋았다.

가치주의 선두주자는 수익기반이 탄탄해 경기부침에 휘둘리지 않는 필수소비재 회사다. 그만큼 소비자에게 친숙하다. 고객기반이 탄탄하고 브랜드가 친숙해 성장잠재력이 크다. 숨겨진 비밀스런 종목발굴보다 누구나 잘 알기에 역으로 관심을 두지 않는 주식이 좋다는 얘기다. 개인투자자는 성장주의 짜릿함보다 가치주의 느릿함을 택하라고 권한다. 성장주라면 버블과실을 맛볼 수는 있을지언정 불가피한 상투매수 탓에 결국엔 패가망신한다는 주장이다.

성장함정 지닌 성장주는 No… 고배당·저PER주가 정답

구체적으로 가치주의 발굴기준을 살펴보자. 그의 관심종목은 우량기업(가령 S&P500지수 포함종목) 중 고배당·저PER주로 압축된다. 지금도 S&P500지수 편입종목을 늘 살핀다. 매년 배당·PER여부를 분석해 고배당 100개 기업과 저PER주 100개 회사를 골라 비교한다. 결과는 승리다. 이들 200개 평균수익은 늘 시장전체를 이겼다. S&P500 지수평균보다 각각 3% 이상 더 상승했다.

저서를 보면 보다 명확한 발굴힌트를 얻을 수 있다. 미국사례라 그대로 채용하기는 좀 아쉽지만 고배당·저PER를 모두 만족시키는 회사가 많은 2개 업종을 언급한다. 소비자브랜드 및 제약회사다. 폭넓은 인지도와 시장신뢰 구축에 성공한 경우다. 그는 "2개 산업이야말로 그간 수많은 환경변화를 극복하며 생존해왔으며 꾸준히 영역확대에 성공했다"고 했다.

싸게 사는 관건은 저PER 지표다. 포인트는 2가지다. 시장기대보다 성장(순이익)세가 높은 기업이다. 시장기대가 낮은 건 소외를 뜻한다. 소외주는 주가가 낮다. 그런데도 성장세가 높다는 건 투자매력이 좋다는 신호다. 순이익 증가세(EPS)가 그 증거다. 저PER는 그 결과다. 실적대비 저평가 사례다. 이를 일찍 잡아 오래 보유하면 돈을 벌 수밖에 없다는 논리다.

더불어 PEG란 개념까지 소개한다. 저PER 여부를 챙길 때의 보조지표로 PEG를 덧대면 실패 없는 수익도출이 가능하다고 본다. PEG란 'PER/EPS증가율'로 계산된다. 분모가 높아지면 PEG는 작아질 수밖에 없다. 즉 낮은 PER와 낮은 PEG가 가치주의 상징지표다.

저PER는 특히 버블 때 유효하다. 돈을 지키는 지름길이 저PER다.

그의 말이다.

"비판적인 기대가치Valuation를 견지하세요. 섣대 수식과 사랑에 빠시넌 안 됩니다. 딜 일려졌지만 큰 회사를 주목하세요. 과도힌 PER를 지닌 회시는 피하는 게 좋죠. 특히 세 자릿수라면 말할 것도 없습니다. 버블 때 단기투자는 결코 이길 수 없어요."

시겔의 또 다른 강조점은 자산배분이다. 포트폴리오의 강조다. 언제든 만일사태에 대비해 포트폴리오를 주기·반복적으로 조정해둘 필요다. 포인트는 어떤 상황에서도 일정수익을 낼 수 있는 보수적 배분전략이다. 경기·시장상황에 일희일비하는 인기주나 주도주보다 묵묵하되 꾸준한 움직임을 걷는 자산이 포트폴리오의 중추기능을 맡는 게 관건이다. DIV지침이 그 힌트다. 배당Dividend, 국제화International, 가치평가Valuation의 적절한 조합이다. 이를 염두에 둔 자산편입만이 시장상황에서 독립적이며 성장함정을 피해가는 비법이다.

　포트폴리오에 꼭 들어갈 것은 고배당·저PER주와 함께 펀드자산이다. 포트폴리오에 편입될 펀드자산의 선두주자는 인덱스펀드다. 편입자산 중 최대비중은 글로벌 포트폴리오로 구성된 펀드다. 전체자산의 절반가량을 여기에 넣고 세계시장 종목전체를 사라는 뜻이다. 이때 저비용의 인덱스펀드가 해답이다(글로벌인덱스펀드). 인덱스펀드라도 고배당·저PER주로 구성된 수동적 인덱스 포트폴리오가 낫다. 그렇다고 인덱스펀드에 무조건 찬성하는 건 아니다. 단순히 시가총액을 가중해 편입하는 기존인덱스는 그에게 별로다. 시가총액 외에 각종 재무지표까지 넣은 가중인덱스를 중시한다. 이를 '펀더멘털 인덱스'로 규정한다. 안전투자이면서 주가상승까지 감안한 조치다.

　그의 조언이다.

　"지속가능한 현금흐름을 발생시키는 배당주와 국제화에 어울리는 기업 및 성장기대치에 비해 합리적인 가격평가를 받는 기업에 투자하세요. 이것이 단순한 지수에 투자하는 것보다 나은 성과를 가져올 겁니다."

　주식비중은 갈수록 더 늘리는 게 옳다. 수익률 자체가 단기보다 장기로 갈 때 훨씬 안정적이기에 시간에 비례해 주식편입을 확대하는 게 바람직하다. 미국에 한정된 얘기지만 주식의 1/3은 현재 미국에 본사를 두지 않은 글로벌기업에 묶어둘 것을 권장한다. 선진국기업의 대부분이 가격이 비싼데다 기대수익률이 낮기 때문이다. 포트폴리오가 완성됐다면 이를 유지할 확고한 원칙수립이 필수다. 순간적인 감정에 휘둘리기 쉬운 성격일수록 원칙수립·실천이야말로 성공투자의 최대관건이다. 원칙을 따를 때 집단대중의 휘둘림에서 자유로울 수 있다.

자산절반은 글로벌인덱스펀드에… "주식은 갈수록 더 늘려라"

학자이자 이론가답게 그는 자산운용 환경전반에 정통하다. 시장내부에 매몰되지 않고 주가향방에 영향을 미치는 다양한 거시변화에 관심이 많다. 특히 고령화 등 인구이슈가 자산시장에 미칠 영향에 대해 각별한 애정을 쏟는다. 일단 고령화는 증시에 악재다. 돈 없는 인생 2막이 길어질수록 자산인출이 늘어날 수밖에 없다. 매도세가 많으면 값은 떨어진다.

다행스러운 건 미국주식을 사줄 새로운 매수파의 등장이다. 파워풀한 성장세를 구현 중인 신흥시장의 투자자금이 그렇다. 선진국 고령화가 신흥국 머니파워로 일정부분 벌충된다는 뜻이다. 폭발적으로 늘어난 젊은 돈이 미국·유럽 등 선진국시장으로 몰려들 수밖에 없다고 본다.

같은 맥락에서 21세기 중반이면 중국·인도가 세계 GDP의 1/3을 차지할 것으로 예상한다. 성장을 둘러싼 시장파워가 아주 강하기 때문이다. 이는 아시아를 넘어 세계전체에 이롭다. 선진국이 필요한 상품을 신흥국이 제공하는 대신 신흥국은 선진국 기업·주식을 적극 편입할 것으로 전망한다. 일종의 상생전략이다. 때문에 세계적으로 보면 저PER주는 수두룩하다. 장기관점에서 평균이하 PER로 거래되는 경우다. 미국·유럽 등도 마찬가지다.

중국은 좀 다르다. 50배를 넘나드는 중국의 평균 PER는 명백히 성장함정에 빠졌다. "미국주식에만 투자하는 것은 위험하며 이름만 아는 주식을 사는 건 더더욱 그렇다"며 "글로벌 포트폴리오로 다각화해 분산투자할 경우 최저위험으로 높은 수익을 얻을 수 있다"고 그는 설명한다.

이밖에 그는 주식투자 이슈와 관련해 의미 있는 몇몇 코멘트를 자주 발신

한다. 먼저 기대수준을 낮출 것에 대한 조언이다. 과거 200년 이상의 투자결과가 인플레를 감안해도 연 7%면 충분하다는 점에서 그 이상은 과욕이라는 입장이다. 업종·기업마다 다르지만 대략적인 매도시점은 평균 PER가 15배 부근일 때를 권한다. 예측력에 대해선 부정적이다. 시장의 주요변동에 관해 조사해보면 정치·경제뉴스와 연관된 경우는 4번 중 1번이 채 안 된다고 본다. 시장의 예측 불가능성과 향방예측의 어려움을 뜻한다.

그래서 장기투자가 좋다. "세계적 사건들은 단기적으로 시장에 충격을 줄수는 있어도 오랫동안 보유하는 장기수익률은 결코 훼손하지 못한다"고 본다. 잘 챙겨보는 보고서는 고용자료다. 다만 보고서나 지표발표 등을 보고 투자하는 건 시장의 단기변동을 노리는 투자자에게나 좋은 속임수 게임이라고 폄하한다.

뜨거운 논쟁거리인 기술적 분석에 대해서는 가치중립적이다. 거래비용이 높지 않다면 차트전략을 고려해볼 수도 있지만 이 경우 중요한 것은 쉬지 않고 주의를 기울일 필요다. 차트란 단기변화가 일상적이기 때문이다. 계절적 특수현상에 대해서도 신중하다. 맞을 수도 틀릴 수도 있다는 경험 때문이다. 캘린더 특수현상으로도 불리는 1월 효과, 9월 효과, 요일 효과 등이 그렇다. 그에 따르면 1월 효과는 강력하다. 1월에 소형주가 대형주보다 수익률이 월등히 높다. 세금에 민감한 개인투자자의 소형주 선호현상 때문이다. 반면 나머지는 이렇다 할 추세흐름이 없다. "투자시기를 못 정한 경우라면 계절현상을 고려해보는 것도 좋다"고만 할 뿐 말을 아낀다.

거래비용을 줄이라는 훈수는 눈여겨봐야 한다. 대부분의 펀드가 부과하는 수수료가 높은 수익을 얻는데 상당한 방해요소로 작용한다. 훌륭한 펀드매니저를 선별하는 것도 어렵다. 따라서 이를 감안할 경우 액티브펀드보다 패시브(인덱스)펀드가 추천된다. 이때 초보라면 그 인덱스가 시가총액 가중방식이든 펀더멘털 가중방식이든 크게 상관은 없다. 다만 전자보다는 후자가 그래도 좀 낫다는 게 최근의 그의 결론이다. 주가란 게 합리적(효율적 시장가설)이기보다 대중심리(노이즈가설)에 따라 움직인다고 생각하면 더더욱 그렇다.

Advise 제러미 시겔의 10대 투자원칙

1. 낙관적 시각으로 채권보다 주식을 보유하라
2. 기대수익은 연 7%면 충분하다
3. 장기투자라면 주식 리스크는 훌륭한 보상을 안겨준다
4. 인기 성장주의 짧은 거품을 사지 말라
5. 우량주라면 최소 20~50년은 보유하라
6. 배당금은 재투자해 저가매수·복리효과를 누려라
7. 펀드자산을 절반이상 보유해 거래비용을 줄여라
8. IPO주는 거품 낄 확률이 높으니 경계하라
9. 덩치 있는 고배당·저PER주를 품어라
10. 글로벌인덱스펀드로 세계시장 전체를 사라

3

고레카와 긴조是川銀藏

일본증시 최후의 승부사

"개인이 주식으로 성공할 수는 없지만, 또 주식만큼 매력적인 것도 없다. 철저한 공부와 끈질긴 인내심을 키워라. 그리고 탐욕을 버려라."

넝마주에서 금빛 발견
'거북이처럼 투자하라'

"주식으로 성공하는 건 불가능에 가깝죠. 제가 마치 이 불가능을 극복하고 주식매매로 거부가 된 것처럼 생각하는 사람이 많은데요. 물론 돈을 벌기도 했지만 반드시 그렇지만은 않습니다. 저는 실제로 지금 빈털터리나 마찬가지에요. 재산도 아무 것도 남아있지 않죠. 주식을 처음 하는 분들께 이걸 경고하고 싶네요."

1992년 2월 일본 증권가에 의미심장한 메시지가 날아들었다. '투자의 신(神)'이자 '최후의 승부사'로 불리던 고레카와 긴조(是川銀藏)의 경고문이다. 주식으로 돈을 벌 수 있다는 아마추어의 환상을 꼬집는 대신 잘못된 편견을 바로잡아주려는 노병의 충심이었다. 출처는 당시 95세의 노구에 집필한 유일한 자서전인 『相場師一代』의 서문. 몇 달 뒤 그는 사망했다.

고레카와 긴조는 일본증시가 자랑하는 최고의 베테랑 투자가다. 일평생 가치투자의 원칙을 철저히 지켜 놀랄만한 수익률을 기록했다. '월가에 워렌 버핏이 있다면 카부토쵸(兜町, 도쿄증권거래소가 위치한 거리)엔 고레카와 긴조가 있다'는 평가까지 있을 정도다. 오히려 워렌 버핏보다 앞서 가치투자로 요약되는 몇 가지 원칙을 발굴해냈다는 점에서 그를 가치투자의 원조로 보는 시각도 있다.

실제로 그의 투자원칙은 월가의 가치투자 전형과 놀랍도록 일치한다. 저평가된 우량주 발굴부터 역발상매매 등의 심리전까지 사람만 달랐지 걸었던 길은 복사판이다. 게다가 치열하게 공부하고 몸으로 직접 부딪치며 주식을 배웠음에도 불구, 처절한 실패까지 겪었다는 건 후대의 아마추어들에게 생생한 반면교사로 작용한다.

일본식 가치투자의 원조 '산전수전 다 겪은 투자 베테랑'

그는 1897년 일본 효고(兵庫)현의 한 어촌에서 태어났다. 가난한 생선장수의 7째 아들이었다. 학력은 초등학교 졸업이 전부다. 졸업 후 14세 때 고베(神戶)의 무역상에 소년사원으로 취직했다. 하지만 얼마 뒤 무역회사는 파산했고, 이를 계기로 런던유학을 결심했다.

곧 중국 대련으로 건너가 유학준비를 해나갔다. 그런데 1차 세계대전이 터지면서 런던유학은 물거품이 됐다. 얼마 후 그는 청도에서 일본군 사령부에 물품을 대는 거대한 군상으로 변신했다. 당시 그의 나이 16세였다.

하지만 청년실업가의 사업성공은 오래가지 못했다. 첫 번째 파산이었다. 그는 "당시 도산의 비참함을 뼛속 깊이 체험했고, 그 고통 때문에 주머니에 권총을 넣고 죽을 곳을 찾아다녔다"고 회고했다.

귀국 후 맨손으로 다시 재기에 나섰다. 21세에 260명을 거느린 '오사카 신철아연 도금회사' 사장이 됐다. 하지만 이것 역시 1927년 대공황의 여파로 문을 닫아야했다.

이후 굶주림 속에서 3년간 매일 도서관에 파묻혀 일본 및 세계경제를 철저히 분석했다. 이 공부는 대공황을 계기로 자본주의의 종말에 대한 의구심에서 비롯됐다. 결국 '자본주의는 결코 망하지 않으며 단지 경기가 순환할 뿐'이라는 결론에 도달한 그는 31년 드디어 증시에 출사표를 던졌다.

아내가 마련해 준 70엔을 밑천삼아 첫 거래에서 100배의 수익을 거뒀다. 맹렬한 분석 덕택이었다. 바람처럼 나타난 그는 백전백승의 신통력으로 한순간에 일본증시의 유명인사로 자리매김했다. 이후 주식투자는 순조로웠고, 오사카를 넘어 도쿄에까지 '고레카와'라는 이름이 퍼졌다.

사업가 기질은 어쩔 수 없는 걸까. 38년 다시 비즈니스의 세계로 컴백했다. 2차 세계대전 직전에 전쟁을 예측하고 재차 사업을 일으켰다. 이번엔 한반도에 진출해 광산회사와 제철소를 세웠다. 전쟁을 하자면 일본입장에선 철이 반드시 필요했기 때문이다.

하지만 이번에도 결과는 나빴다. 일본패전으로 모든 재산을 몰수낭하고 겨우 목숨만 부지한 채 무일푼으로 귀국해야만 했다. 귀국 후 일본에선 불가능하다는 이모작을 성공시키는 일에 매달렸고 적잖은 성과도 거뒀다. 하지만 가슴 속엔 허전함이 꿈틀거렸다. 스스로 하나의 직업만 갖고 평생을 살아갈 사람은 아니라고 느꼈다.

그러던 중 잊고 지내던 증시를 떠올렸다. 60년 그의 나이 63세 때 다시 증시로 복귀했다. 실력은 녹슬지 않았다. 부침이 없진 않았지만 상당한 수익률로 거물의 건재한 실력을 증시에 알렸다. 83년 스미모토금속광산을 매도해 순식간에 200억엔을 벌어들였다. 당시 국세청이 발표하는 고액납세자 명단에 재벌오너들을 제치고 1위에 올라 세간의 주목을 한 몸에 받았다.

실패 후 철저한 공부 "자본주의 망하지 않는 한 주식유망"

사실 그는 주식을 겁내면서 동시에 즐겼다. "개인투자자가 주식으로 성공할 수 없다"는 게 지론이었지만 한편에선 "주식만큼 매력 있는 것도 없다"며 내심 즐겼다. 비즈니스 세계에서 익힌 특유의 사업가 기질이 반영된 대목이다.

그의 코멘트다.

"주식매매는 그 자체가 벨까 베일까를 결정하는 진검승부죠. 승부에서 이겨 쾌감을 느끼려면 그만큼 철저한 준비가 필수예요."

실제로 그는 평생에 걸쳐 치열하게 공부했다. 초등학교 졸업이 학력의 전부인 그가 전문잡지의 논문까지 읽어내는 능력을 키운 건 결코 우연이 아니다. 의도하지 않은 거짓 정보에 휘말리지 않으려면 본인이 아는 수밖에 없었다.

이 결과 남들이 넝마주라며 소외시킨 주식에서 반짝반짝 빛나는 금빛을 발견해냈다. 부단한 노력과 정진의 결과물이었다. 그가 대승리를 거둔 일본시멘트, 도와공업, 스미모토금속광산 등의 발굴스토리는 가치투자의 교본이다. 저평가 우량주를 저가에 매수해 가치가 주가에 반영될 때까지 장기간 보유했는데, 이게 바로 '넝마주 비법'이다.

그의 매매원칙은 '거북이 3원칙'으로 요약된다. 오를만한 주식을 물밑에서 사되 시세가 날 때까지 지긋이 기다리고(1원칙), 경제와 시세동향으로부터 눈을 떼지 말고 늘 공부하는 건 물론(2원칙)이요, 과욕은 기대하지 말고 수중의 자금 안에서 행동해야 할 것(3원칙)을 권한다.

그는 또 본인의 커버리지 안에서 투자할 것을 강조했다. 신용거래는 절대

금물이다. 오를 땐 레버리지로 추가수익을 올릴 수 있지만, 떨어질 땐 충격이 일파만파인 까닭에서다. 하락 때 재빨리 팔 수 있다는 건 환상에 불과하며, 이때의 물타기는 원금뿐 아니라 가족·친척 돈까지 잃는 행위라고 경고한다.

역발상 사고·매매는 습관처럼 굳었다. 그는 "벌써는 아직이고 아직은 벌써"라며 대중심리에 한발 앞설 것을 권한다. 천정에서 팔고 바닥에서 사는 게 고독한 싸움이지만 그 열매는 달기 때문이다.

탐욕을 이기기 위해선 복팔분(腹八分)을 염두에 둘 것을 강조한다. 복팔분이란 80%만 먹으면 의사가 필요 없듯 과도한 욕심을 부리지 말라는 메시지다. 약간의 이익은 시장에 남겨주고, 확실한 이익만 챙기자는 게 복팔분 원칙이다.

물론 어렵다. 매수보단 매도가 어렵기는 그도 마찬가지였다. 아무리 매수 타이밍을 잘 포착해 성공했어도 매도에 실패하면 원금도 이익도 없기 때문이다. 매도가 어려운 것은 남의 말을 듣거나 욕심을 부려서다.

그의 조언이다.

"절도를 잃고 과욕하면 참패는 필연이죠. 천정을 사지 않고 바닥을 팔지 않는 마음자세로 임해야 합니다. 시세는 결코 희망대로 움직이지 않아요. 희망적 관측은 반드시 배반하게 마련이죠."

'벌써 = 아직'의 역발상 "80%만 먹으면 의사도 필요 없다"

투자의 세계에선 감정을 철저히 배제해야 한다. 그에겐 눈에 넣어도 아프지 않을 자랑스러운 큰 아들이 있었다. 광석전문가인 아들은 당대의 석학으로 노벨상 후보에까지 이름을 올렸다. 하지만 후두암 때문에 결국 85년 삶을 달리했다.

당시 그는 아들의 암 치료에 희망을 걸고 항암제 시장을 적극적으로 분석, 'OH-1'이란 항암제를 개발한 모치다제약에 거금을 넣었다. 2,500엔이던 주가가 1만6,600엔까지 치솟았다.

하지만 투자는 실패했다. 투자활동에 자식을 사랑하는 아버지의 마음을 집어넣음으로써 판단에 가장 필요한 냉정을 잃어버렸기 때문이다. 누구보다 시세에 냉정함을 강조하는 그조차 아버지의 이름 앞에선 어쩔 수 없었다.

그는 또 정의감이 없는 투자를 혐오했다. 돈벌이만 된다면 뭐든 하는 사람들은 그의 경멸대상 1순위다. 대표적인 게 작전세력의 횡포다. 1980년경 가치도 없는 잡주를 의도적으로 끌어올려 공매도로 유인, 매집한 뒤 이를 고기로 되파는 악랄한 작전이 펼쳐졌는데, 이때 그는 정면으로 작전세력에 도전해 승리하기도 했다. 손을 잡자는 이들의 제안을 일언지하에 거절한 건 물론이다.

동시에 그는 가슴이 따뜻한 투자가였다. 좌우명이 '성실과 사랑'일만큼 사람과의 관계를 성실로 대하고 애정을 가졌다.

그의 회고를 들어보자.

"어릴 때 참 가난했는데, 이게 최고의 교육이었어요. 아버지는 생선을 팔았죠. 아마 축제 때였던 것 같아요. 가족이 6명인 아주머니가 3마리에 5전 하는 정어리를 샀는데, 아버지가 아이들에게도 1마리씩 나눠주라며 3마리를 더 얹어줬죠. 임대료도 못 내고 가족들에겐 죽과 팔다 남은 생선밖에 못 먹이는 빈곤함 속에서도 주위엔 넉넉하게 대했어요. 참 훌륭하다 생각했죠. 크면 꼭 아버지처럼 되고 싶었어요."

일찍 세상을 등진 큰아들의 존재도 세상에 대한 따뜻한 맘을 갖게 한 계기가 됐다. 79년 고레카와 장학재단이 설립된 데는 이런 경험이 한몫했다. 재산상속 없이 고학생들에게 장학금을 나눠줌으로써 따뜻한 사회를 만들고 싶었기 때문이다.

4

박스이론 만든 기술적 분석가

"시장은 심리의 집합체다. 대세에 휘둘릴 수밖에 없다. 외로운 늑대가 돈을 버는 법이다. 최소한의 기본원칙과 손절매만 세운 뒤 가끔씩 들여다보는 걸로 충분하다."

산전수전 겪은 실전고수
'작은 이익을 지켜내라'

"주가변동은 결코 우연히 발생하지 않아요. 어디로 튈지 모르는 공이 아니죠. 마치 자석에 이끌리듯 미리 정해진 방향으로 상승 또는 하락합니다. 일단 방향이 정해지면 한동안 그쪽으로 계속 움직이는 경향이 강하죠. 이렇게 정해진 방향으로 가면서 주가도 일정한 틀 안에서 움직임을 반복하게 됩니다. 이런 틀을 저는 '박스Box라고 불렀죠."

주식투자자라면 '박스'란 말을 귀에 못이 막히노독 듣는나. 박스에 갇혔나는 둥 뚫었다는 둥 하며 자주 등장하는 단이다. 90년대 이후 한국증시도 지수 500~1,000 사이에서 10년 이상 지루한 박스공방을 벌였던 적이 있다. 박스의 상향돌파란 그래서 즐거운 뉴스다.

박스란 말은 전설적인 개인투자자였던 '니콜라스 다비스'가 처음 쓴 것으로 알려졌다. 50년대 중반 그가 직접 고안해낸 이른바 '박스이론'이 그 시초다. 박스이론은 엄청난 수익률을 내줬다. 저서제목이 『나는 주식투자로 250만불을 벌었다』라니 오죽할까.

그는 헝가리 태생의 무용수다. 캐나다 은행가와의 인연으로 광산주에 흥미를 붙여 주식투자를 시작했다. 이후 미국은 물론 세계각지에 공연·여행을 다니면서 8년간 주식투자와 관련된 연구·분석을 계속했다. 첫 출발은 '맨땅에 헤딩하기'식의 '묻지 마 투자'였다. 아무 것도 모른 채 우왕좌왕하며 투자 세계에 데뷔했다.

처음부터 쓴맛을 봤다면 포기했을 텐데, 으레 그렇듯(?) 초보자에겐 행운이 뒤따랐다. 작은 수익은 샐러리맨의 월급처럼 유혹적인 마약이 됐다. 물론 유혹의 끝은 잔인했다. 승승장구는 마감했고, 실패와 좌절은 그를 추락시켜 버렸다. 결국 자신만의 투자기법이 필요했다.

'박스이론'은 그 산물이다. 그의 주식투자 성공스토리엔 배울 게 많다. 비슷한 입장이었던 까닭에 아마추어 투자자라면 적잖은 공감대와 함께 교훈을 얻을 수 있다.

주가는 추세 따라 움직여 '박스이론으로 250만달러 벌어'

첫 투자종목은 캐나다시장에서 3,000달러를 주고 산 광산주 브리런드_{Brilund}였다. 6,000주를 샀는데 2개월도 안 돼 1만1,000달러로 불어났다. 그의 말처럼 마법에 홀린 채 다음 사냥거리를 물색했다. 도박하듯 이름도 모르는 회사까지 매매했다.

남들이 '좋다'면 무조건 샀다. 손해도 봤지만 주식에 대한 애정은 결코 식지 않았다. 한때 25~30개 종목과 짝사랑에 빠지기도 했다. 작은 이익에 들떠 열광했다. 횡재·루머란 말에 '감(感)'만 믿고 투자했다.

결산결과 손실은 눈덩이처럼 불어났다. 딜레마였다. 결국 자신만의 투자방법 개발에 나섰다. 경제지를 구독하며 정보도 챙겼다.

하지만 신문에서 사라는 주식은 늘 떨어졌다. 손실은 오로지 나쁜 운 때문으로 여겼다. 그나마 가끔 괜찮은 수익을 낸 종목이 있어 다행이었다. 월가로 활동무대를 옮겼다.

월가에선 1만 달러를 갖고 시작했다. 믿음직한 전문가가 훨씬 많았고, 투자자 책임을 강조하는 시장분위기도 맘에 들었다. 사상초유의 강세장 덕에 이익도 봤다. 경외감과 행복감에 빠졌다. 계속되는 수익행진에 확신은 절정에 달했다.

반면 철저히 손실은 무시했다. 하루라도 거래를 하지 않으면 좀이 쑤셨다. 하지만 결산결과 수익은 고작 2달러에도 못 미쳤다. 가만히 보니 중개인만 돈을 벌었다.

와중에 주식서적 독파에 나섰다. 새로운 용어를 익히고 지식을 쌓았다. 그러면서 전문가를 믿어선 안 된다는 사실을 깨닫기 시작했다.

그의 얘기나.

"작은 이익이라도 있으면 파산하지 않는 법이죠. 가만히 생각하니 이거다 싶더라고요. 곧 실천에 옮겼는데, 이게 평생의 투자법이 됐어요. 시행착오도 겪었죠. 수익을 지키자면 잦은 매매란 절대 금물이었습니다."

저가주 공략을 위해 장외시장도 찾았다. 하지만 장외주는 사기는 쉬워도 팔기가 어렵다는 점을 나중에 깨달았다.

다시 장내시장으로 컴백했다. 월가정보는 꽤 매력적으로 보였지만 정작 효과는 별로였다. 시간이 갈수록 기본적 접근만이 올바른 것임을 확신했다. 보고서를 읽고 대차대조표와 손익계산서를 보기 시작했다. 그러기를 몇 년 그는 어느새 냉정하고 객관적인 분석가로 변신해 있었다.

박스이론에 손절매 결합 "오르는 건 놔두고 떨어지면 손절하라"

'박스이론'은 이 와중에 개발됐다. 그간의 실패경험에서 주식시장은 슬롯머신에서 돈이 쏟아지듯 일확천금을 얻을 수 있는 요술기계가 아님을 깨달았다. 규칙을 알아야 했다. 상대의 수를 읽어야 체스게임에서 이기는 법이다.

그래서 과거 투자방식을 검토해봤다. 기본적 분석에선 졌지만, 기술적 분석에선 성공했음을 알았다. 지속적인 오름세와 높은 거래량에 착안해 매입한 주식이 높은 수익을 거뒀다. 회사정보는 몰랐지만 주가흐름만 보고 성공한 셈이다.

주가와 거래량에 초점을 맞췄다. 기본적 분석결과도 곧 주가와 거래량에 반영되기 때문이다. 하지만 문제는 타이밍이었다.

연구를 거듭함에 따라 새로운 사실을 깨닫게 됐다. 주가변동이란 결코 우연히 발생하지 않는다는 사실이다. 한 방향이 정해지면 계속해서 그 방향으로 움직이는 경향이 강했다. 그러면서도 일정한 틀 안에서 움직임을 반복했다. 주가는 저점과 고점 사이에서 일관성 있게 진동하며 그렇게 오르락내리락한 자취를 하나의 틀로 그렸다. '박스이론'의 탄생이다.

박스는 피라미드 형태다. 여러 박스가 가격대별로 존재한다. 주가는 박스의 저점과 고점 안에서 움직인다. 역동적일수록 좋다. 가령 45~50달러 박스에 있던 주가가 44.5달러로 빠질 땐 사지 않는다. 더 낮은 범위의 박스로 떨어졌음을 의미해서다. 반면 주가가 박스를 벗어나 훨씬 더 높은 범위로 이동하면 적극 매수한다. 상승추세의 본격적인 시작일 수 있기 때문이다.

박스이론만으로 천문학적인 수익률은 불가능했다. 박스이론의 설명력을 뒷받침해주는 또 다른 투자원칙이 필요했다. 손절매였다. '손실에 빨리 대처하기Quick-loss'에 관심을 집중했다. 손해를 보되 조금만 보면 괜찮아서다. 지정가 매수(일정가격에 달했을 때 자동매수)와 손절매(일정가격 때 자동매도)를 활용하기 시작했다.

그의 말을 더 들어보자.

"손실을 안고 하룻밤을 넘기는 건 위험해요. 수수료를 빼면 실제이익은 더 줄거든요. 결국 이익이 손해보다 커야하죠. 오를 때 조급히 팔아버리려는 욕구를 억제해야 합니다. 오르는 주식은 그대로 두고 떨어질 때만 손절매하면 돼요. 상승추세를 따라 움직이되 언제든 손절매를 준비하고, 상승추세가 지속되면 더 사되 꺾이면 재빨리 도망치는 방법이 최선이죠."

주식은 혼자 할 때 더 효과적 "때때로 증권가를 떠나라"

그의 투자원칙은 △우량주 매매 △최상의 타이밍 △손실 최소화 △이익 극대화로 요약된다. 이를 위해 △가격과 수량 △박스이론 △자동매수 주문 △손절매 등을 활용했다. 박스이론 때문에 기술적 분석가로 많이 알려져 있지만 차트는 하나의 스킬에 불과하다. 그 안에는 '가치투자'에 가까운 기본적 분석결과가 녹아있기 때문이다.

무용가였던 까닭에 해외공연이 많았는데 이럴 땐 불가피하게 종목숫자를 줄였다. 월가현장에서 떨어져있다는 게 불안했지만, 나중에 이게 더 효과적임을 깨달았다. 그는 "냉정한 시각으로 주식을 보는 데 도움이 됐다"며 "주식은 혼자였을 때 주효했다”고 전한다. 매매일지도 작성했다. 실수 재발을 막는 데 도움이 돼서다.

그의 조언이다.

“주식투자는 차를 운전하는 것과 비슷해요. 운전자는 엑셀, 핸들, 그리고 브레이크 사용법을 책에서 배울 수는 있지만 그것과 운전감각은 별개죠. 아무도 앞차와의 거리를 얼마로 유지해야 하는지, 언제 감속해야 하는지 가르쳐주지 않아요. 오직 경험만을 통해 배울 수 있죠. 또 시장과는 적절히 거리를 두는 게 좋아요. 시장은 심리의 집합체죠. 대세에 휘둘릴 수밖에요. 저는 정작 월가에서 떨어져있을 때 큰 수익을 거뒀어요. 외로운 늑대가 돈을 버는 법입니다. 최소한의 기본원칙과 손절매만 세운 뒤 가끔씩 들여다보는 걸로 충분해요.”

Advise	니콜라스 다비스의 10대 투자원칙

1. 추천종목을 따라하지 말라. 확실한 정보란 절대로 없다
2. 믿을 만한 전문가(중개인)의 조언도 틀릴 수 있다
3. 증권가에서 떠도는 격언들을 무시하라
4. 유동성이 떨어지는 장외주식은 거래하지 말라
5. 그럴듯해 보여도 루머는 절대 믿지 말라
6. 주식투자는 기본적 분석으로 접근할 때 효과가 있다
7. 여러 종목 단기거래보단 오르는 한 종목을 길게 보유하라
8. 주식시장에 확실한 건 없다. 자존심과 고집을 억제하라
9. 공명정대하고 냉정하라. 특정이론이나 주식에 집착해선 안 된다
10. 모험은 안 된다. 가장 중요한 건 위험부담을 최대로 줄이는 것이다

5

데이비드 드레먼 David Dreman

쓰레기주식에서 대박 올린 베테랑

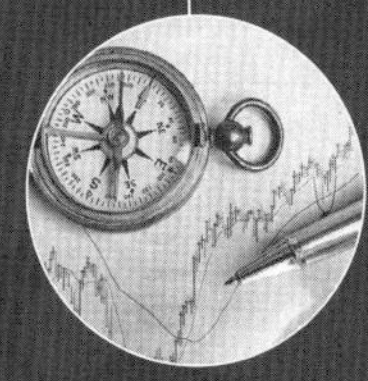

"군중심리에 휩싸이면 잃을 수밖에 없다. 시장관심 밖에 있는 외로운 주식을 노려라. 게다가 일반인이 쳐다보지도 않을 만큼 떨이로 사라."

'저평가주'라면
눈감고 투자해도 '승률 쑥쑥'

구슬이 서 말이라도 꿰어야 보배다. 제아무리 빼어난 투자비법이 있어도 실천하지 못하면 무용지물인 것과 같다. 증권가엔 수많은 투자이론이 생산됐다 소멸된다. 최근 유행하는 가치투자처럼 생명력이 긴 투자기법이 있는 반면 탄생과 함께 명멸하는 단발이론도 부지기수다.

다만 아쉽게도 승률 100%를 자랑하는 만고불변의 투자원칙은 없다. 증시란 늘 역동적으로 살아 움직이는 유기체인 까닭에서다.

그래서일까. 대부분의 투자고수는 숫자천지인 재무보고서보단 인간행위와 관련된 투자심리를 먼저 챙기려는 경향이 짙다. 숫자로부터 비롯되는 심리적 오류행위를 극복하기 위해서다. 결국 증권가에선 경제학보단 심리학이 한수 위라 해도 과언은 아닐 듯싶다.

실제로 투자심리만 잘 활용해도 승률을 높이는데 큰 도움이 된다. 대표적인 게 역발상 매매다. 유럽증권계의 투자거목이었던 'Mr. 주식' 앙드레 코스툴라니가 '시세＝돈＋심리'란 등식을 만들어낸 건 우연이 아니다. 그 역시 탐욕과 공포로 요약되는 대중심리를 활용, 이것과 정반대로 투자해 큰돈을 벌었기 때문이다. 바로 '청개구리전략'이다.

유럽에 코스툴라니가 있었다면 월가엔 데이비드 드레먼이란 걸출한 펀드매니저가 있다. 남들이 버린 '쓰레기'주식으로 대박을 캐낸 걸로 유명하다. 원래부터 투자심리학에 관심이 많았는데, 월가데뷔와 함께 인기와 주가는 정반대라는 철학을 고수하며 탁월한 고수익을 거뒀다.

오죽하면 월가에선 역발상하면 그를 떠올릴 정도다. 실제로 그는 'Contrarian(반대론자)'이런 말을 입에 달고 산다. 4권의 책 제목에도 모두 이 단어가 쓰였다. 그의 요트이름조차 'Contrarian'이라니 가히 짐작이 되고도 남는다.

요트이름까지 Contrarian 명명 "인기와 주가는 정반대"

드레먼에 따르면 최악의 상황이야말로 최고의 수익을 얻는 절호의 기회나. 하지만 남들과 반대편에 선나는 건 말이 쉽지 실천하기가 여간 어렵잖다. 이 점은 그도 인정한다. 그래서 대부분의 개인투자자들이 돈을 못 번다고 안타까워한다. 역발상에 꼭 뒤따르는 고독감 때문이다.

그의 말이다.

"이기는 전략이 있으면 뭘 합니까. 그걸 사용할 수 있어야죠. 역발상기법은 이해하기 쉽고 또 실천하기도 그만이에요. 하지만 전문가든 아마추어든 대부분이 끝까지 지속하지 못한다는 게 문제죠. 역발상기법은 반드시 성공합니다. 실제로 오랫동안 뛰어난 성과를 거뒀잖습니까. 채택하고 지속하면 누구든 돈을 벌 수 있어요. 그렇지만 대개는 외면하죠. 바로 극단적인 상황으로 몰아가려는 대중들의 과잉반응 때문입니다. 투자심리 말이에요."

드레먼은 1936년 캐나다 위니펙에서 태어났다. 매니토바(학사)와 컬럼비아(석사)대학에서 공부한 뒤 다시 매니토바에서 법학 박사학위를 받았다.

그는 부친영향을 받아 일찍부터 주식에 눈을 떴다. 아버지는 50년 이상 위니펙 상품거래소 회원으로 활동한 투자전문가였다. 명망 있는 부친그늘에서 투자와 매매행위에 자연스레 관심을 갖게 된 건 당연한 결과다. 그는 "아버지는 늘 전문가들이 틀렸다며 스스로 리서치에 몰두했다"며 "그에게서 현상에 대해 질문하는 습관을 배웠다"고 회고한다.

65년 캐나다에서 월가로 옮겨온 후 지금까지 투자자문·증권분석 한우물만 파고 있다. 입사이후 주요포스트를 거치며 샐러리맨으로는 드물게 투자담당 중역에까지 올랐다. 글 솜씨도 대단하다. 한때 투자전문지 편집장을 지냈으며 여전히 <포보스> 등 유력지에 칼럼리스트로 맹활약 중이다.

77년 드레먼은 샐러리맨 옷을 벗었다. '드레먼 밸류 매니지먼트'를 설립한 뒤 89년까지 사장을, 이후엔 회장으로 일하며 회사를 급성장시켰다. 지금은 회장이자 조사 및 투자운용 담당이사로 펀드를 직접 컨트롤하고 있다.

현재 2개의 뮤추얼펀드를 운용하고 있는데, 둘 다 수익률이 상당한 수준이다. 대형주밸류펀드와 소형주밸류펀드로 구분되는 2개의 펀드는 각각 연평균 17%, 16.5%의 탁월한 수익률을 기록 중이다. 실력을 인정받아 2군데의 연금펀드도 운용 중인 것으로 알려졌다. 현재 이 운용사는 200억달러 이상의 자금을 굴리고 있다.

역발상은 반드시 성공 "받아들이면 누구든 돈 번다"

그의 역발상기법은 효과적이지만 외롭다. 수많은 월가전문가들과도 기본적으로 친해지기 어렵다. 대중심리와 간극을 둬야하기 때문이다.

실제로 그는 월가보고서를 불신한다. 그의 책을 살펴보면 상당한 지면을 할애해 기업분석가들의 엉터리 실적전망을 비난한다. '깜짝 실적Earning Surprise'이 자주 발생하는 것이야말로 엉터리전망이 그만큼 많다는 반증이라고 주장한다.

그의 말을 더 들어보자.

"전문가들의 실적추정치 통합의견이 4분기 연속 5% 오차범위에 들어갈 확률은 1/130에 불과해요. 실적전망으로 말한다면 향후 5년 후 실적을 정확히 예측하기보다 로또복권에 1등으로 당첨될 확률이 10배나 더 높죠."

이와 관련해 증권가 보고서는 2종류로 나눠 볼 것을 권한다. 회사정보를 다룬 분석리포트는 읽고 받아들이되, 추천부분은 차라리 불로 태워버리라고 조언한다. 전문가조차 투자심리(과민방응)로부터 자유롭지 못하다는 이유에서다. 장이 좋을 때 본인의 추천종목에서 악재가 튀어나올 가능성을 제로로 확신하는 등 지나친 낙관론에 사로잡히기는 전문가나 아마추어나 똑같기 때문이다.

또 투자위험에 대한 전통적이고 지배적인 견해에도 단호히 'No'를 외친다. 흔히 주식투자의 위험은 변동성으로 요약된다. 변동성에 대한 노출(위험)정도에 따라 수익여부가 결정된다고 봐서다.

하지만 드레먼은 '근거 없음'을 이유로 변동성은 위험이 아니라고 강조한

다. 그가 생각하는 위험은 인플레이션과 세금이다. 인플레이션과 세금을 감
안하면 예금계좌나 채권수익 등 무위험자산으로 불리는 투자대상만큼 위험
한 게 없다고 본다.

때문에 투자위험을 거론할 땐 원금가치 보전 가능성과 대체투자에 따른
기회수익을 모두 포함해야 한다고 주장한다. 그는 "위험하지 않다는 이유로
채권투자를 한다는 건 큰 착각"이라고 전한다.

그의 투자스타일은 간단하다. 값이 떨어질 대로 떨어진 '쓰레기'주식을
사들여 뜰 때까지 묵묵히 기다리는 식이다. 저평가종목을 저가에 매수한 뒤
시장이 그 가치를 인정할 때 비로소 되판다는 점에서 '가치투자'와 맥이 닿
는다.

단 매수 때는 일반인이 쳐다보지도 않을 만큼 '떨이'로 사야한다. 즉 시장
관심 밖에 있는 외로운 주식이 메인타깃이다. 인기가 없는 탓에 가격이 싸고
저평가될 수밖에 없는 종목들이다. '싼 게 비지떡'이라고 위험하지 않을까 걱
정스럽다면 그의 경험을 들어보자.

"저평가종목을 나눠담으면 눈감고 투자해도 시장평균보다 훨씬 성적이
나아요. 하지만 저평가된 주식은 늘 그렇듯 시장관심 밖에 있죠. 아무도 신경
을 안 씁니다. 현명한 투자자라면 이걸 노려야죠."

역발상기법엔 나름의 근거가 있다. 실제로 그가 과거 50년의 주가데이터
를 분석해봤더니 인기 없는 주식을 사서 장기간 보유했을 때 수익률이 탁월
했던 것으로 나타났다.

낮을수록 좋은 PER·PBR '하위 20%에 속하면 합격권'

드레먼의 역발상기법에 따르면 4대 종목 선정기준이 있다. PER(주가수익비율), PBR(주가순자산비율), 주당현금흐름배율, 배당수익률 등이다. 4가지 중 적어도 1~2가지는 선정기준에 부합돼야 투자대상이 될 수 있다.

우선 PER부터 보자. PER는 낮을수록 좋은데, 전체시장에서 최소 하위 20%에 속하면 합격권이다. 마찬가지로 청산가치와 주가를 비교한 PBR 역시 하위 20%에 속해야 한다. PER나 PBR이 하위 20%에 속한다는 건 주가가 시장평균보다 20% 할인(저평가)됐다는 뜻이다.

주당현금흐름배율도 합격기준은 하위 20%다. 낮은 수준에서 비용이 관리돼야 이익창출 능력과 재무 건전성을 강화하는데 도움이 되기 때문이다. 반면 배당수익률은 상위 20%에 들어야 순순한 수익확보가 가능해신다. 이는 징기소득을 원하는 투자자라면 꼭 지켜야힐 평가기준이다. 배당성향이 낮을수록 향후 배당금을 늘릴 수 있다는 점에서 최근 배당성향이 과거 5~10년 평균보다 낮은 회사가 좋다.

이밖에도 몇 가지 챙겨야할 투자지표가 있다. 시가총액은 가급적 많은 게 좋다. 그래야 대중들이 비교적 잘 알고, 또 회사의 현상유지 능력도 높기 때문이다. 최근의 이익증가세는 직전분기보다 향상된 회사가 바람직하다.

또 과거 6개월간 주당순이익 증가율을 체크해 지수·업종평균보다 높은 경우가 후보군에 합류된다. 단 이익의 일시적 감소(주당순이익 증가율로 확인)임에도 불구, 주가가 불합리한 수준까지 떨어진 경우엔 저가매수 기회다.

자기자본이익률(ROE)은 27% 이상이면 대단한 수익성을 갖췄다고 판단하고 매수준비에 들어간다. 부채비율은 당연히 낮아야한다. 부채가 없다면 더할 나위 없겠지만 대략 20% 미만이라면 재무건전성이 훌륭한 편이다.

주식매수 후 평균 보유기간은 2~8년이다. 단 해당기업의 성적표가 2년 안에 호전되지 않으면 탈락시킨다.

다른 월가고수들처럼 그도 실패를 뼈저리게 경험했다. 회사를 차리기 전 애널리스트로 일할 때 실적이 급격히 좋아지던 작은 회사에 투자한 게 화근이었다. 군중심리에 휩싸여 성급하게 투자한 탓에 원금의 75%를 날려버리는 우를 범했다.

수업료는 비쌌지만 이 경험을 통해 그는 중요한 교훈을 얻어냈다. 우매하고 반복적인 군중심리 속에 투자기회가 있음을 깨달은 것이다. "내가 그랬던 것처럼 많은 사람들이 주식을 살 때 가지각색의 편견에 사로잡히는 데 이것만 피하면 투자실패도 피할 수 있음을 배웠다"고 전했다.

Advise 데이비드 드레먼의 10대 투자원칙

1. 최악의 상황이야말로 최고의 수익을 얻는 절호의 기회
2. 역발상 투자는 효과적인 만큼 고독감과 외로움이 필연
3. 전문가들의 의견과 보고서에 늘 의문을 가질 것
4. 회사 분석보고서는 읽되 추천의견은 받아들이지 말 것
5. 인플레이션과 세금을 감안한 세후수익률로 판단할 것
6. 시장관심 밖이면서 20% 이상 저평가된 종목이 매수후보
7. 정기소득 원한다면 배당수익률 상위 20%로 종목압축
8. 시가총액 크면서 최근 이익증가세가 꾸준한 게 유망
9. 최소 2년 이상 보유하며 저평가 여부확인 후 재조정
10. 숫자 말고는 경영진의 경영능력이 최우선 투자기준

6

랄프 웬저 Ralph Wanger

작지만 강한 기업의 명승부사

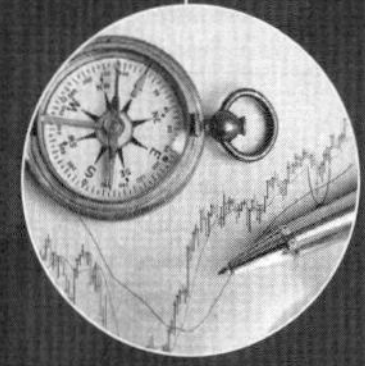

"유행에 밀려 아무도 쳐다보지 않는 주식을 사라. 인기업종 3등보다 한계업종 1등이 낫다. 주식을 하겠다면 투자지평을 세계로 넓혀라."

작은 고추가 매운 법
'강소기업이 정답이다'

'펀드매니저와 얼룩말은 닮았다. 펀드매니저는 높은 수익률을, 얼룩말은 늘 신선한 풀을 원한다. 그러면서도 둘 다 리스크는 싫어한다. 잘리거나 혹은 잡아 먹힐 수 있어서다. 또 늘 무리지어 다닌다. 생긴 것도, 생각하는 것도 비슷하다.

당신이 얼룩말이라면 무리 속 어느 위치를 잡을 것인가. 주변이 안전하면 최상의 자리는 맨 바깥쪽이다. 신선한 풀을 먹을 수 있어서다. 반면 무리 중간쯤이라면 먹다만 풀이나 짓이겨진 풀만 먹는다. 적극적인 얼룩말이라면 과감하게 무리 바깥쪽으로 나가 신선한 풀을 배불리 먹을 것이다.

다만 사자가 달려들 때도 생각해야 한다. 바깥쪽에 있으면 신선한 풀은 배불리 먹을지언정 사자의 먹잇감이 될 수 있다. 한편 무리 한 가운데라면 풀은 못 먹어도 안전하게 도망칠 수 있다.

대부분의 펀드매니저는 바깥쪽에서 신선한 풀을 배불리 먹는 얼룩말이 될 수 없다. 이들의 최선책은 무리 중간에 머물며 위험을 피하는 것이다. 수익률이 높아도 잘 알려지지 않은 주식보단 비싸도 안전한 주식만 사들여야 비난을 피할 수 있기 때문이다. 장기투자자라면 중간쯤에 위치한 얼룩말 철학은 절대 받아들여선 안 된다.'

당신이 얼룩말이라면 어디쯤 서서 풀을 뜯어먹겠는가. 안전한 무리 한가

운데서 짓이겨진 형편없는 풀을 먹겠는가, 아니면 좀 불안해도 무리 밖에서 신선한 풀을 맘껏 먹겠는가.

펀드매니저라면 당연히 전자에 속한다. 이게 그들의 숙명이다. 하지만 개인투자자라면 응당 무리 밖의 신선한 풀을 양껏 먹어야 한다. 고무적인 건 무리 밖이라도 사자의 공격으로부터 벗어날 사각지대가 있다는 점이다.

사자나라 얼룩말, 황금손가락 증후군 등으로 유명

'사자나라의 얼룩말A Zebra in Lion Country'이란 이 우화를 만들어낸 랄프 웬저는 "독립적인 사고와 건전한 회의주의를 유지하면 무리의 움직임에 휩쓸리지 않는다"며 "주식투자는 상식과 인내심만 있으면 누구든 성공할 수 있다"고 잘라 말한다.

그의 전략은 대중심리와 거꾸로 간다는 점에서 앙드레 코스톨라니나 데이비드 드레먼의 '역발상'과 일맥상통한다. 하지만 소형주를 뜻하는 신선한 풀에만 관심을 갖자는 점에선 가드너형제나 존 템플턴과 비슷한 계파에 속한다.

랄프 웬저, 그는 '작지만 강한 기업'에 포커스를 맞춰 월가고수의 반열에 오른 인물이다. 아이콘펀드의 설립자로 그의 이름 앞엔 늘 '소형주 투자의 개척자'란 수식어가 붙는다. 작지만 강한 기업을 모토로 한 '강소(强小)기업'에 투자해 장기간 시장평균을 훨씬 웃도는 수익률을 거뒀기 때문이다.

한때 '내 자산관리를 맡기고 싶은 펀드매니저 조사(펀드매니저 대상)'에서 워렌 버핏을 제치고 1위에 오르기도 했다. 1970년 아이콘펀드에 1만달러를 투자했다면 그가 은퇴한 2003년 130만달러로 불어났을 만큼 오랜 기간 탁월한 누적수익률을 기록했다. 130루타인 셈이다. 반면 같은 기간 S&P500지수였다면 누적성과는 40만달러에 그쳤다.

랄프 웬저가 소형주 발굴에만 공을 들인 데엔 이유가 있다. 기관투자가들이 좋아하는 검증된 대형인기주의 함정과 한계를 누구보다 잘 알았기 때문이다. 시장이 아는 인기절정의 종목(블루칩)은 언젠가 자리를 내주고 흔들릴 수밖에 없다는 것이다.

따라서 내릴 일만 남은 대형우량주보단 오를 때를 기다리는 소외주를 찾는 게 훨씬 합리적이라고 판단했다. 응당 중소형주일수록 소외확률은 더 높다고 봤다.

랄프 웬저의 말을 더 들어보자.

"내재가치는 충분한데 유행에 밀려 외면당하는 종목에 주목하세요. 아무도 쳐다보지 않는 주식을 매수하란 말이죠. 진부하게 느낄지 몰라도 이것은 늘 기억해야 할 가장 강력한 교훈입니다. 시장유행에서 소외된 주식을 사고, 가장 인기 있는 주식을 팔라는 말은 가치투자의 또 다른 정의에요. 장기간 그 유효성을 검정 받은 건 물론이죠.

단지 작은 기업이란 이유로 투자자들이 외면해 버리는 주식이 있습니다. 진정한 가치주란 이런 데서 찾아야죠. 무리의 바깥쪽에서 신선한 풀을 뜯어먹으면서도 사자가 주위에 얼씬거리지 못하게끔 하면 됩니다. 바로 장기·분산투자가 대표적이에요.

결국 작은 기업은 증권가의 분석대상이 아닙니다. 때문에 시장이 알지 못하는 사실을 발견할 수 있어요. 각광받는 인기업종에서 3등쯤 하는 기업보단 한계업종에서 1등인 기업이 더 빛나는 보석이 되는 법입니다.

또 한물간 업종이라도 훌륭한 경영진이 이끈다면 인기업종의 그저 그런 CEO가 운영하는 회사보다 백배는 낫죠. 아무도 쳐다보지 않는 주식을 싼 값에 사면 웬만한 손실까지 단번에 벌충해주고도 남습니다.”

가장 강력한 교훈 ‘작다고 무시하는 주식을 사라’

작은 기업에 투자해야 하는 이유는 수두룩하다. 먼저 인기절정의 일류주식은 그 끝이 비극적 결말에 가깝다. 70년대 전후 월가를 주름잡았던 ‘Nifty Fifty(멋진 50종목)’만 해도 얼마 못가 거품붕괴의 된서리를 전면에서 맞았다.

하지만 시장관심 밖의 이류주식은 상대적으로 작은 상처를 입고 빠른 속도로 회복됐다. 웬저는 이때의 경험을 토대로 소형주 투자의 가능성을 확신했다. 그는 “덤보가 하늘을 날 수 있는 건 아기코끼리이기 때문”이라며 “어른 코끼리는 하늘을 못 난다”고 했다.

소형주가 대형주보다 훨씬 나은 건 CEO의 상황대처 능력을 비롯해 기업 성장, 인수합병, 자사주매입, 시장재평가 등의 이유로 단기간에 성장할 수 있는 조건을 갖췄기 때문이다. 즉 작은 기업의 숨어있는 매력에 눈을 뜨라는 메시지다.

물론 소형주는 위험하다. 하지만 그에 따르면 리스크를 감안해도 소형주의 평균수익률이 대형주보다 높다는 건 엄연한 사실자료다. 여기에 틈새시장의 강소기업을 고르고, 장기·분산투자까지 곁들이면 리스크는 얼마든 컨트롤 가능하다는 입장이다.

웬저는 또 나쁜 뉴스를 눈여겨보라고 조언한다. 나쁜 뉴스란 늘 과장되고, 그 파장은 증폭되기 때문이다. 언론에 정치인까지 가세한 집단적 히스테리가 가져오는 엄청난 파급효과에 휘둘려 리스크를 과대평가해선 안 된다는 얘기다.

오히려 발생 가능성이 낮은 희박한 악재로 인해 증시가 공포에 사로잡혀 주가가 왜곡될 때를 수익창출의 기회로 삼을 것을 권한다. 리스크는 거의 없는데 주가가 추락하는 것이야말로 훌륭한 기업을 찾는 지름길이기 때문이다.

그러자면 공포 속에서 희망에 배팅할 수 있는 자신만의 투자원칙을 세우는 게 시급하다. 그는 "원칙과 순결은 비슷한데 열여덟 나이에 그것을 잃어버리면 다시는 도로 찾을 수 없다"며 "원칙을 세웠다면 절대 포기해선 안 된다"고 강조한다.

특히 매도시점을 결정할 때 분명한 원칙이 필요하다. 어려운 상황에 닥쳐도 믿음을 잃지 않는 소신투자가 가능하기 때문이다.

반면 원칙도 없고 자신도 없다면 해결책은 펀드뿐이다. "투자에 필요한 시간과 훈련, 기술, 지식, 돈, 성향 등을 고려했을 때 개인투자자의 95%는 펀드가 합리적"이라며 "펀드도 실수를 하지만 개인보다는 훨씬 적다"고 밝힌다.

"공포 속에서 희망에 배팅할 수 있는 투자원칙 세워라"

그는 투자자들에 미래의 트렌드를 포착하라고 조언한다. 그는 "증시에서 최대한 주의 깊게 살펴봐야할 분야와 업종은 아주 강력한 경제, 사회, 기술적 트렌드로부터 이익을 얻게 될 영역”이라며 “4~5년 이상 지속될 트렌드를 찾아내려고 노력하라”고 했다.

이른바 증시테마다. 셜록 홈즈가 명탐정이 된 건 보기만 할뿐 관찰하지 않는 보통사람들과 달랐기 때문이라고 비유한다.

다행히 그는 저서에서 향후시장을 풍미할 투자테마 몇 가지를 소개한다. 체제전환국의 SOC 재건, 글로벌 통신 네트워크 확장, 레저, 에너지개발, 동구권 자유화, 민족주의, 아웃소싱, 자산관리 등이다.

웬저가 확실한 테마도 없이 주식을 살 땐 단 한 가지 이유 때문이다. 틈새시장에서 독점적 지위를 누리는 기업일 때다.

더불어 그는 성장잠재력, 재무건전성, 내재가치 등 3가지 지지대가 확실할 경우에만 주식을 사들였다. 즉 CEO정보를 비롯한 성장 잠재력은 경쟁업체 등으로부터 확보했고, 사산급증은 철서히 정세했으며, 힌재주가리면 기업체를 통째로 사들이고 싶을 만큼 내재가치가 좋을 때만 매수했다.

한편 웬저는 ‘황금손가락 증후군’을 무서운 질병으로 규정했다. 우연히 찍은 한두 종목이 올랐을 때 마치 마이더스의 손처럼 직감에만 의지하는 걸 일컫는다. 스스로 자기 무덤을 파는 중증질병으로 빨리 치료하지 않으면 큰 재난에 봉착할 것이라고 경고한다. 그만큼 시장타이밍을 예측하는 건 쓸모없는 짓이다.

차라리 그는 “타이밍을 잴 수 있다는 말보단 오직 주가가 쌀 때 매수해야 한다는 말만 믿을 뿐”이라고 했다. 결국 약세장 때 주가하락은 문제의 일부가 아니라 해답의 일부라고 본다. “문제는 결국 풀리게 마련”이라며 “장이 꽁꽁 얼어붙었을 때 몇 년 안에 써야할 돈이 아니라면 주식이 최적의 투자처”라고 평가한다.

일단 주식을 하기로 했다면 시각은 세계를 무대로 확장할 필요가 있다. 좋은 기업이라면 국적에 관계없이 투자하라는 뜻이다. 분산투자 차원에서도 좋지만, 그 자체가 훌륭한 투자기회를 제공할 수도 있어서다. 다만 외지인이 단기거래로 현지인을 따라잡을 수는 없기 때문에 반드시 장기투자를 염두에 두기를 권한다.

- "내재가치는 충분하지만 유행에 밀려 외면당한 종목에 주목"
- "대기업을 찾아가면 기껏해야 임원이지만 작은 기업에선 오너와 얘기할 수 있어"
- "덤보가 하늘을 나는 건 아기코끼리이기 때문, 어른코끼리는 날지 못해"
- "작은 기업은 증권가 분석하지 않아. 작은 기업에선 다른 사람이 모르는 사실도 알 수 있어"
- "작은 것은 좋지만 너무 작으면 안 돼. 시가총액 최하위권 기업은 이제 겨우 무대 위에 올라 시험을 치르는 단계로 한번만 발을 헛디디면 그것으로 끝"
- "아주 특별한 틈새시장을 스스로 개척해 나가는 작지만 강한 기업 찾아야"
- "소형주의 유동성 문제를 방지하는 확실한 방법은 상당히 오랫동안 팔지 않아도 될 주식 사는 것"
- "자신의 기질대로 투자하지 않는 투자자는 백이면 백 실패한 투자자가 될 것"
- "최고의 기업과 최고의 주식은 전혀 다른 얘기"
- "돈이란 헛된 기대에 부푼 도박꾼에게서 나와 정확한 확률을 아는 사람에게로 흘러들어가"
- "제대로 이해하는 주식에서 멀리 벗어날수록 투자가 아니라 도박을 하는 자신을 발견하게 될 것"
- "많은 사람들이 처음엔 원칙을 갖고 시작하지만 곧 그것을 포기해버려"
- "정보혁명은 내가 가장 열심히 공부한 테마이자, 나에게 가장 귀중한 성과를 가져다 준 테마. 정보혁명은 결코 식어버릴 것 같지 않은 테마"
- "시장에서 단기적으로 무슨 일이 벌어질지는 거의 대부분 예측 불가능"
- "좋은 기업이라면 국적에 관계없이 투자해야"

– 자료: 『작지만 강한 기업에 투자하라』

7

마리오 가벨리|Mario Gabelli

가치투자 계보의
걸출한 실력자

"싸게 사도 안 오르면 무용지물이다. 주가를 끌어올릴 촉매를 찾아라. 촉매가 있으면서 저렴하게 사는 게 최고다. 앞으론 5D를 눈여겨보라."

월가의 슈퍼마리오
'튀어오를 기업만 골라 사라'

월가엔 유독 '워크홀릭'이 많다. 그래야 살아남는 게 또 세계금융의 중심지인 월가의 성공법칙이기 때문이다.

마리오 가벨리Mario Gabelli도 일벌레 하면 빠지지 않는 열정적인 월가고수 중 한명이다. 그의 업무스타일은 남들이 보기엔 대단히 빡빡하다. 전형적인 아침형 인간답게 새벽 5시면 어김없이 책상 앞에 앉는다. 그러고도 저녁 9시기 넘어야 퇴근한다. 이이디이기 띠오르면 일요일 오후리도 주지 없이 긴부회의를 소집한다.

하지만 정작 그에게 주식투자는 일이 아닌 취미인 모양이다. "내 일에 대해 한 번도 직업이라고 생각해본 적이 없다"는 그는 "주식을 고를 때가 세상에서 가장 행복한 순간"이라고 말한다. 주식에 대한 열정만큼은 따라올 사람이 없다는 게 지인들의 평가다. 월가는 이런 그에게 정력적인 게임 캐릭터인 '슈퍼마리오'란 별명을 붙여줬다.

가벨리는 피터 린치도 인정하는 베테랑 펀드운용사다. 피터 린치는 펀드비교 때 동일유형끼리 해야 한다는 걸 강조하면서 월가에서 가장 존경받는 펀드매니저인 존 템플턴과 함께 가벨리를 같은 반열에 놓고 비유하기도 했다.

어린 시절은 뉴욕의 브롱스에서 보냈다. 집은 가난했다. 10대 때부터 웨이터, 캐디 등의 아르바이트를 해야만 했다. "캐디 일을 통해 주식을 처음 알게 됐다"던 피터 린치와 같은 추억을 가진 셈이다.

어릴 적 고생이 많았던 탓인지 그의 조직 및 인재관리 철학은 꽤 특이하다. "나는 늘 박사민 뽑는다Get the PHD Attitude"며 "근성만큼 중요한 성공비결도 없다"고 한다. 여기서 박사Ph.D란 일종의 비유로 가난하고Poor, 배고프고Hungry, 성공에 대한 깊은Deep 열망이 있는 사람을 뜻한다.

아침형 인간의 전형 "주식 고를 때가 제일 행복"

그는 가치투자자다. 그것도 가치투자의 원조이자 산실로 꼽히는 컬럼비아대학 출신이다. 벤저민 그레이엄, 워렌 버핏, 찰리 멍거, 네이비드 도드 등과 같은 계파다.

그에게 주식을 가르친 스승은 컬럼비아대학의 로저 머리 교수다. 증권분석 전공학자로 벤저민 그레이엄과 함께 『증권분석Security Analysis』 5판을 공동 집필한 가치투자의 선구자다.

또 소문난 독서광이다. 늘 손에 읽을거리를 들고 다닐 만큼 책읽기에 대한 애정이 강하다. 워렌 버핏, 존 템플턴과 함께 월가의 대표적인 독서마니아 중 한 명으로 꼽힌다. "책이나 언론기사를 통해 많은 정보를 얻을 수 있다"며 "무조건 많이 읽는 게 최고"라고 조언한다. 그 역시 마치 소설에 빠져든 문학청년처럼 투자보고서 읽기를 멈추지 않았다.

단지 그가 가치투자자란 이유만으로 주목을 받는 건 아니다. 걸출한 투자 성적을 거둔 몇 안 되는 실력자란 게 집중조명의 근거로 더 타당하다.

대학졸업 후(67년) 그는 자동차부품 담당 애널리스트로 월가에 데뷔했다. 77년엔 독립해 '가벨리자산관리회사'를 설립했다. 이때부터 시작된 펀드운용은 그를 월가의 독보적인 펀드매니저로 키운 원동력이 됐다. 이때부터 98년까지 21년간 무려 연평균 21%라는 경이로운 수익률을 거뒀다.

2000년엔 자산규모만 200억달러를 웃도는 초대형 펀드로 성장했다. 모닝스타가 최근 발표한 미국펀드 수익률 '톱 10'에도 가벨리 이름은 빠지지 않는다. 환상적인 자산배분으로 유명한 '가벨리ABC'펀드가 최근 10년(98~2007년) 평균수익률 6.9%를 달성하며 열 손가락 안에 들었다. 기회포착을 위해 자산의 25~30%를 늘 현금으로 보유함으로써 안정적이면서 탁월한 누적수익을 거둘 수 있었다는 평가다.

그의 종목선정 스타일은 철저히 아날로그적이다. 인터넷보단 재무제표 더미에 파묻혀 일일이 손으로 작업을 하기 때문이다. 그래야(구식으로 해야) 수익이 한 푼이라도 높아진다는 게 그의 지론이다.

그의 관심사를 요약하면 2가지 화두로 정리된다. 가치투자의 영원한 화두인 저평가 부분과 매수 후 저평가를 해소할 수 있는 변수(호재)의 존재여부다.

"경영권 프리미엄·감춰진 자산(수익원)·촉매에 주목하라"

이를 위해 가벨리는 'PMV'라는 자신만의 저평가 기준모델과 함께 주가를 끌어올릴 재료인 촉매이론을 고안해냈다. 이 2가지 화두를 접근순서에 따라 다시 3가지 단계로 나눴다.

가벨리는 기업의 내재가치를 PMV_{Private Market Value}로 도출한다. PMV란 '기업가가 비슷한 성격의 자산을 매입하기 위해 지급하고자 하는 가치'다. 즉 기업의 진정한 가치는 시장보다 더 빠삭하게 내부정보를 갖고 있는 기업매수자로부터 알 수 있다는 얘기다.

그에 따르면 PMV는 3가지 특징이 있다. 우선 경영권 프리미엄이다. 기업매수자는 회생 프로그램을 가동하면 기업가치를 업그레이드시킬 수 있다는 판단이 들 때 기꺼이 웃돈을 주고서도 해당기업을 사늘인다. 가벨리 억시 PMV보다 훨씬 낮은 가격에 주식을 사들인 뒤 기업매수자가 달려들 때 경영권 프리미엄을 더해 되팖으로써 보상을 받는 전략을 구사했다.

둘째는 감춰진 자산이나 수익원을 발굴하는 것이다. 그는 PMV를 추정하기 위해 일반적인 표준 재무제표에 나타나지 않는 뭔가를 찾고자 했다. 눈에 보이지 않거나 과소평가된 자산·수익원·경쟁력 등을 기업매수자가 찾아내기 전에 먼저 발견하면 굉장한 이득을 얻을 수 있기 때문이다.

셋째는 PMV와 시장가격의 차이를 줄이기 위해 사건이나 사람 등과 같은 촉매_{catalyst}에 주목했다. 동인(動因)이 없다면 100년이고 200년이고 저평가 딜레마를 해소할 수 없을 수도 있어서다. 그는 "PMV에 비해 저평가된 종목이라도 비교적 단기간에 주가가 오르지 않고 시간이 걸린다면 수익률은 낮아질 수밖에 없다"며 촉매의 중요성을 강조한다.

가벨리의 3가지 공략 포인트 중 월가는 특히 촉매이론에 높은 점수를 준다. 가치투자자로 꼽히는 그도 저평가종목 발굴에 사력을 다했다. 좋은 걸 싸게 사야 훗날을 기약할 수 있기 때문이다.

문제는 그 다음 단계다. 그는 저평가 여부를 확인하는데 그치지 않았다. 싸게 샀다지만 오르지 않으면 무용지물이기 때문이다. 그래서 만들어낸 개념이 촉매투자다. 저평가 종목 중 주가가 오를만한 기업만 다시 한 번 간추린 것이다.

특정산업의 규제완화 등 정책변화, 기업의 숨겨진 자산(부동산 등)발견, 인수합병, 기업 구조조정, 놀랄만한 단기 실적개선 등이 대표적인 촉매다. 가령 1933년 미국에서 은행업 규제가 사라진 게 은행주의 촉매로 작용한다. 은행이 보험·증권업무를 볼 수 있고, 인수합병이 가능해지면서 은행주의 상승탄력이 강화됐기 때문이다. 또 다른 예는 1984년 케이블TV의 규제철폐 법안의 통과다. 규제가 풀리면서 관련주식이 상승하는 계기로 작용해서다.

촉매는 다시 2가지로 나뉜다. 특징적인 것과 환경적인 것이다. 특징적 촉매란 특정기업의 전망을 바꿀 수 있는 내부변화를 의미한다. 매각이나 구조조정 등의 예상이 기업전망에 우호적으로 작용할 수 있어서다.

환경적 촉매는 비즈니스 세계를 쥐락펴락하는 외부의 대대적 변화를 일컫는다. 일례로 냉전시대 종말 같은 것이다. 물건과 서비스를 팔 수 있는 새로운 시장이 열린다는 것은 주가를 끌어올릴 촉매로 작용하기에 충분해서다.

한편 가벨리가 주장한 촉매이론은 워렌 버핏의 주특기 중 하나이기도 하다. 워렌 버핏의 투자전략을 책으로 펴낸 적이 있는 며느리 메리 버핏은 "기업매각, 구조조정, 합병, 분사, 인수 등에 투자하는 차익거래는 버핏이 부를 일궈낸 가장 큰 비밀 가운데 하나"라고 평가한다. 버핏의 가치투자 성공스토리에 가벨리의 촉매이론이 결정적 기여를 한 셈이다.

물론 누가 먼저 기업변화를 주가상승 촉매로 활용했는지는 분명치 않다. 하지만 분명한 건 둘 다 촉매가 될 수 있는 변수에 주목했다는 사실이다.

큰 흐름에서 힌트 얻기 '신흥시장 중산층에 답 있다'

촉매이론과 관련해 그는 기업수익에 영향을 미치는 큰 흐름에 주목할 것을 강조한다. 경제·사회·정치적 환경변화로부터 돈 벌 기회를 챙기라는 뜻이다.

같은 맥락에서 그는 인구구조 변화에도 관심이 많다. 개개인의 소득변화가 새로운 시장창출 및 기업생사 문제로 직결되기 때문이다. 일례로 신흥시장 성장에 따른 중산층의 급증은 항공·관광 비즈니스를 키울 것으로 본다. "세계의 중산층은 앞으로 비행기를 많이 타게 될 것"이라며 "향후 5년간 이들 관련회사에 투자하면 분명 큰돈을 만질 것"으로 예측한다.

그는 또 현금장사를 하는 회사를 좋아한다. 때문에 그의 포트폴리오엔 늘 프랜차이즈 사업에 주력하는 회사들 위주로 채워져 있다.

최근 언론과의 인터뷰에서 그는 "주식투자자라면 향후 5DDeficit, Dollar, Dividends, Democrats, Deals에 주목할 것"을 주문해 화제를 모았다. 5D로 요약되는 여러 복합적 재료가 증시향방을 결정할 것이란 입장이다. 미국의 엄청난 재정적자Deficit를 차기정부가 어떻게 대처할 건지 중요하며, 금리인상에 따른 달러Dollar흐름도 증시에 영향을 미치기 때문이다.

게다가 2008년 대선을 앞두고 배당Dividends과 민주당Democrats도 주요변수로 떠올랐다. 최근 몇 년 새 활발하게 진행되고 있는 기업의 인수합병 붐Deals도 주식투자자라면 꼭 챙길 것을 권한다. 이들 5D는 지정학적 위기와 원자재 가격급등만큼 중요한 변수란 게 그의 판단이다.

가치투자 계보의 걸출한 실력자 중 한명인 그지만, 아쉽게도 주식투자와 관련된 미래전망은 조금 부정적이다. 그는 "앞으로 주식에 너무 많은 기대를 갖진 말라"며 "지난 15년간 두 자릿수의 고수익이 계속 나왔기 때문에 조만간 강세가 마무리될 것"이라고 내다본다. 대규모 조정국면에 들어서든지 아니면 약세로 돌아설 수 있어 기대수준을 낮출 필요가 있다는 충고다.

Advise　마리오 가벨리의 10대 투자원칙

1. 일보단 취미로 즐겁게 투자하라
2. 끊임없는 독서로 투자지평을 넓혀라
3. 안정적 현금보유로 투자기회를 포착하라
4. 저평가 여부를 판단할 수 있는 모델을 만들어라
5. 감춰진 기업자산 및 미래경쟁력을 읽어내라
6. 정부정책, 경영환경 변화 등 외부변수에 주목하라
7. 인구변화 및 돈 흐름에 민감하게 대처하라
8. 가능하면 현금장사를 하는 기업에 투자하라
9. 사건에 따른 종목영향 등 연상기법을 동원하라
10. 강세장 후반부엔 기대수준 낮춰 대비하라

8

마크 파버Marc Faber

투자본질을 꿰뚫는 닥터 둠(Doom)

"아시아는 새 시대에 진입했다. 20년 후면 완전히 달라진다. 무엇보다 중국역할이 부각된다. 생산·소비의 최대국가가 되는 건 시간문제."

새 술은 새 부대에
'아시아의 미래에 올라타라'

Q. 투자기회가 빡빡해지지 않나?

A. 기회는 늘 있다. 각국 중앙은행이 화폐를 찍어내는 한 투자자산 중 하나 이상은 늘 값이 뛴다. 이럴 때 투자기회가 생겨난다. 투자 판은 늘 새롭게 짜진다. 이 판에서 통용될 투자법칙을 꿰뚫어보지 못하는 게 늘 문제다.

Q. 아시아에 투자하는 게 옳은가?

A. 내 나이가 25살이라면 주저 없이 상하이나 호치민, 랭군, 울란바토르로 뛰어갈 것이다. 그곳에서 그 나라 말을 배우고 그 나라 아내와 함께 새롭게 시작할 것이다. 지금이 기회다. 새로운 아시아의 출현에 주목해야 한다.

Q. 유가문제가 골치가 아픈데….

A. 원유수급은 아주 빡빡한 상태다. 5~10년 안에 100달러나 200달러가 될 수도 있다. 36억의 아시아인구가 원유를 살 수밖에 없다. 아무리 봐도 유가는 계속 오를 것이다. 이건 시간문제다.

<가상인터뷰·저자 편집>

"투자자들이 대형재료에 들떠있을 땐 정작 다른 곳에서 새로운 기회가 생겨나죠. 아무도 관심을 갖지 않는 황무지에서 대박의 싹이 자라는 법이에요. 특정시장·부문에 관심이 몰릴수록 다른 곳의 상승잠재력은 더 커지죠. 인내심을 갖고 장기투자를 해야 하는 이유에요. 투자기회는 늘 있는데, 안타깝게도 그걸 못 찾아서 항상 문제죠. 새로운 게임이 펼쳐질 땐 새로운 투자법칙이 등장하게 마련입니다. 부(富)의 피라미드 위쪽에 서자면 서둘러 이걸 터득해야죠."

구구절절 옳은 말이다. 실제로 심각한 불황일 때조차 늘 승승장구하는 투자세계의 승부사들을 보면 틀린 말이 아니다. 그런데 문제는 아마추어가 새로운 투자법칙을 꿰뚫어본다는 게 말처럼 쉽지 않다는 사실이다.

알긴 알아야겠는데 어떻게 해야 그 비책을 손에 넣을지 풀리지 않는 수수께끼일 수밖에 없다. 새롭게 펼쳐질 판을 지배할 투자법칙을 이해한다는 게 사실상 불가능에 가깝기 때문이다.

하지만 이 사람의 훈수를 듣는다면 얘기는 달라진다. 그가 가진 특유의 혜안과 분석력 앞에선 미로처럼 얽힌 투자세계조차 '부처님 손바닥 안'처럼 한눈에 잡힌다. 그가 바로 마크 파버라는 인물이다.

국제자금 투자흐름 쥐락펴락 '비관사태 예측의 달인'

그는 글로벌 투자무대를 배경으로 활동하는 몇 안 되는 투자거물 중 한명이다. 상당한 영향력을 바탕으로 국제자금의 투자흐름을 쥐락펴락한다. 각국의 파워집단에 속한 거액자산가들 중 상당수가 그의 고객명단에 이름이 올라있다.

별명 중 가장 유명한 건 '닥터 둠Dr. Doom'이다. 원래는 '닥터 둠 앤 글룸Dr. Doom and Gloom'인데 줄여서 이렇게 부른다. 금융시장에 펼쳐질 향후의 비관적인 사태·사건을 누구보다 정확히 예측한다고 해서 붙여진 닉네임이다.

실제로 그는 80년대 이후 굵직한 금융관련 대재앙을 모두 예견했다. 단적으로 87년 블랙먼데이를 정확히 예측해 고객들에게 보유주식을 모두 현금화할 것을 권유했는데, 얼마 뒤 예견은 그대로 적중했다. 90년대 초 일본경제의 버블붕괴 예측도 틀리지 않았다.

심지어 97년의 아시아 금융위기까지 사전에 경고했다. 그가 '닥터 둠'으로 불릴 수밖에 없는 이유다. 그런데 정작 본인은 'Contrarian(역행투자자)'으로 불리길 원한다. 통념을 거스른 독자적인 투자판단을 인정해 달라는 메시지다.

마크 파버에 따르면 근본적인 투자기회는 경기변동에 있다. 개별국면을 확실히 파악하면 초과수익을 낼 수 있기 때문이다. 특히 경기순환이 늘, 그리고 비교적 빨리 발생하는 신흥국가일수록 투자기회가 더 많다는 입장이다. 물론 원인을 둘러싼 의견은 분분하다. 과소소비론·과잉투자론이 있지만 설득력은 떨어진다.

재미있는 건 특유의 심리적 분석이다. 심리적 경기변동에 따르면 지나친 낙관·비관론이 특정국면을 더 부각시키는데, 이때 경기변동 원인은 신용팽창에 따른 과잉투자 때문이다. 신용팽창이 궁극적으로 자금배분의 불균형을 야기하고, 이게 경제를 더욱 불안정하게 만든다는 얘기다. 그는 "지금도 대부분의 국가들은 시장금리가 자연금리보다 낮다"며 "이 결과 '신용팽창

→ 경기확장'으로 균형상태가 무너진 혹은 무너지려는 국가가 적잖다"고 조언한다.

97년 이후 아시아는 경기 7국면 중 6국면인 '절망과 바닥'을 막 지난 상태다. 6국면의 특징은 대량투매와 거래량 감소, 금리폭락, 외국자금 이탈가속 등이다. 지금은 한 사이클을 마무리한 후의 첫 단계인 0국면이나 슬슬 점화하기 시작하는 1국면에 도달했을 확률이 높다.

그렇다면 다음 단계는 2국면(회복)과 3국면(붐)이란 얘기다. 파버가 '아시아의 기회'를 강조하는 배경이다. 그는 "90년대 아시아의 위기는 한편으론 놀라운 투자기회였다"며 "가격은 절벽처럼 떨어지면 다시 탁구공처럼 튄다"고 전했다. 조만간 엄청난 투자기회가 온다는 얘기다.

파버의 논리다.

"아시아는 새 시대에 진입했어요. 20년 후면 완전히 달라질 겁니다. 새로운 번영의 중심지로 우뚝 서는데, 무엇보다 중국역할이 부각될 거예요. 생산·소비의 최대국가가 되는 건 시간문제로 악재가 있어도 능히 다뤄갈 수 있을 겁니다."

결국 중국의 잠재력을 주목하라는 조언이다.

아시아 '20년 후면 완전히 달라질 새 시대 번영중심지'

그는 또 세계를 배회하는 돈의 양이 불어났다는 데 주목한다. 이 뭉칫돈이 어딘가로 몰려가 붐을 만든다고 봐서다. 단 초기단계에선 눈에 잘 띄지 않는다는 게 문제다. 정작 모든 이들에게 보일 때는 마지막 단계일 때가 많아 염려스럽다.

2000년 전후 '신경제' 붐 때 상투를 쥔 게 대표적이다. 대부분은 새 조류의 뒷북을 쳤고, 재빠르게 대응하지 못해 큰 손해만 봤다. 몰락직전에 시장은 수직상승하게 마련인데, 이때 뒤늦게 뛰어들어 폭락의 희생양이 됐기 때문이다.

지금 다시 돈은 방황 중이고, 시장은 혼란스럽다. 그런데 이 혼란이 기회를 낳는다고 강조한다. 투자테마가 없어 불안할 때야말로 투자에 나설 절호의 찬스이기 때문이다. 길게 봐 미국증시는 더 이상 주도적인 투자대상이 아니다. 남은 건 미국채권, 미국부동산, 1차산품, 일본증시, 신흥시장, 외환시장 등이다. 물론 미국채권과 미국부동산은 향후 비중을 점차 축소해나갈 필요가 있다는 입장이다

그는 열광과 거품을 읽는 노하우도 자주 언급한다. 파버는 "자본주의엔 항상 투자열풍이 있으며 그때가 가장 화끈한 국면"이라고 봤다. 그에 따르면 낙관론은 들불처럼 온 세계를 뒤덮는다. 조만간 펼쳐질 '신시대의 새벽'을 기다리는 건 물론이다.

하지만 정작 투자열풍은 한발 앞서 저녁에 생긴다. 투기성 때문이다. 투기는 사이클의 마지막 상승단계에서 나타난다. 사이클이 길수록 열기와 폭락도 크다. 투자대가의 조언은 계속된다.

"열풍 때의 전형적인 특징은 군중행위에요. 분위기에 취하고 전염되죠. 그러다 한순간 패닉에 빠져들기도 하고요. 몇몇에 투기가 집중되면 열풍은 정점에 다가섰음을 뜻합니다."

더불어 그는 "금융열풍은 한순간에 꺼지지만 그 붕괴규모는 실물경제보다 훨씬 크다"고 경고한다. 당연히 투자열풍은 반대로 최적의 매도기회다. "눈앞의 이익을 놔두고 시장을 빠져나오는 투자자를 별로 보지 못했지만 이기려면 이 방법이 유일한 전략"이라고 덧붙인다.

저평가된 신흥경제국과 1차산품은 꾸준한 관심대상이다. PER(주가수익비율)만 봐도 신흥경제국 기업들은 대단히 낮다. 반면 기업실적은 꾸준히 개선되고 있다. 원자재인 1차산품 가격만 현실화되면 신흥경제국은 대형의 투자호재를 확보하게 된다.

신흥경제국은 △저가경쟁력 △급성장한 발전양상 △중국경제의 수혜 등이 강점이다. 2002년부터 국재원자재 값은 전반적으로 올랐다. 이는 본격적인 상승을 알리는 신호다. 그럼에도 불구, 1차산품은 최근 상대적으로 저평가됐다. 자본수의 역사상 원자재 값 상승률이 물가상승률·금리보나 낮은 적은 없었다는 게 그의 철학이다.

현재 1차산품의 시장가격은 70년대 초보다 낮다. 지금의 공급과잉 상태는 순식간에 공급부족으로 급변할 수 있다. 때문에 커피, 설탕, 고무, 밀, 옥수수 등 금보다 저평가된 1차산품의 투자기회가 탁월하다고 본다. 1차산품 시세와 신흥증시는 밀접한데, 1차산품 가격이 뛰면 이들 국가의 주가도 동반 상승한다는 게 투자대가의 경험담이다.

1차산품과 신흥증시는 같은 배 '다만 신흥시장 길은 비포장도로'

다만 신흥시장으로 향하는 길은 비포장도로다. 그의 경고를 들어보자.

"신흥시장은 유력한 투자대상이지만 그만큼 조심할 것도 많아요. 신흥시장으로 향하는 길은 결코 금칠된 고속도로가 아니죠. 생각보다 훨씬 위험하다는 점을 알아야 합니다."

경기변동의 호황·불황주기가 급격한 게 대표적인 위험이다. 조심할 건 함정이다. 전략상품의 가격하락이 그렇다. 신흥국가 대부분은 주력제품의 수출로 먹고사는데, 이게 의존성이 지나치면 위험하다는 논리다.

또 하나 유념할 건 경제활동의 중심지가 항상 바뀐다는 점이다. 지리적 이동이다. 결국 신흥경제의 경우 성장이 빠른 만큼 쇠퇴도 빠르다. '기대감 → 자금유입 → 과잉공급 → 업황쇠퇴'의 흐름이 선진국보다 훨씬 격렬하다.

때문에 매수 후 보유는 최악의 전략일 수 있다. 그때그때 과감한 자산 재배치가 필요한 이유다. 그는 "위기와 몰락 중엔 저평가자산을 살 수 있는 기회가 반복적으로 주어진다"며 "꺼진 붐은 다른 산업에서 다시 일어나게 돼있다"고 밝혔다. 새로운 지역·산업에서 생겨나는 새 기회에 마음을 열어두라는 조언이다.

향후의 '투자 1번지'는 미국보단 중국이다. 중국 금융시장의 성장은 역사상 유례가 없다. 그는 "우리는 새로운 부의 중심이라는 관점에서 향후 십 수년 안에 놀랄만한 변화를 보게 될 것"이라며 "상하이 부동산이 뉴욕을 추월할지 모른다"고 예측한다.

같은 맥락에서 인도의 방갈로르가 실리콘밸리를 대신할 수도 있다. '죽의 장막'이 한창일 땐 홍콩·대만·한국이 기회를 누렸지만 앞으론 중국도시들이 새로운 경제활동의 주축이 될 가능성이 높다. 중국을 향한 거대한 돈의 흐름은 이미 시작됐을지 모른다.

반면 미국의 리더십은 땅에 떨어졌다. 미국경제가 끊임없이 자본을 끌어들여야만 파티를 계속할 수 있는 구조인 까닭에서다. 투자여건이 개선되지 않으면 달러의 평가절하는 불가피하고, 이런 상황에선 금으로 돈이 몰릴 수도 있다.

적어도 당분간 달러가치의 급락 가능성은 매우 높다. 거대한 부채를 지고 있어 디플레를 감당할 능력이 없다는 생각에서다. 대신 투자바통은 떠오르는 아시아가 넘겨받게 되는데, 유력한 대안은 중국의 부상이다.

한편 파버는 개인투자자가 흔히 지향하는 지나친 고수익 기대에도 일침을 가한다. "매수 후 장기보유 전략으로 5% 이상의 수익률을 보장해준 투자는 지금껏 없었다"며 "성공적인 투자는 지금에서야 수익성 높은 관광자원으로 부각된 피라미드·앙코르와트 건설 정도였다"고 비유했다. 그만큼 고수익을 거두기가 쉽지 않다는 논리다.

물론 이론적으로 1,000년 전 1달러를 저축(연리 5%)했다면 지금 15해4,600경 달러에 달한다. 하지만 이건 현실적으로 불가능하다. 자연재해부터 혁명·공황 등에 이르기까지 숱한 걸림돌이 장기투자의 성과를 방해하기 때문이다.

그의 코멘트다.

"어떤 위대한 투자행위도 영원할 수는 없다고 봅니다. 자본주의 초기 구체적인 성공신화가 많았지만, 이후 지속된 건 전무했어요. 장기투자를 통한 초과수익은 사실 '반짝'할 뿐이죠. 무턱 댄 장기투자보다는 '고평가 → 저평가'

자산으로의 시의적절한 갈아타기뿐이에요."

무턱 댄 장기투자는 No! "고평가 → 저평가 자산으로 갈아타라"

그의 혜안은 방대한 지적 능력에서 비롯된다. 그는 투자활동과 연관된 재무지식뿐만 아니라 역사부터 철학·지리학 등의 분야까지 두루 섭렵했다. 때문에 그의 투자보고서와 조언은 딱딱한 전문용어보단 재미난 에피소드와 생활용어가 자주 언급된다. 숫자보단 일화가 더 많지만 투자 포인트만큼은 방대하고 깊다.

한국에서도 출간됐던 『내일의 금맥Tomorrow's Gold』이 단적인 예다. 자본주의 200년을 논리정연하게 요약하면서 역사에 한 획을 그은 유명 경제학자들의 논리와 분석을 곳곳에 보탰다. 투자자는 물론 경제학도에게도 '강력추천'이다.

그는 현직 세계최고의 투자전문가로 손꼽힌다. 특히 아시아를 비롯한 신흥시장에 일가견이 있는 것으로 유명하다. 그가 차린 펀드운용·투자자문사 '마크 파버 리미티드' 본부도 아시아의 중핵으로 평가받는 홍콩에 있다. 현재 회장직을 갖고 있으며 투자활동을 총괄한다.

한국시장에도 조예가 깊은데, 특히 박현주 미래에셋그룹 회장과 돈독한 관계를 유지하고 있는 것으로 알려졌다. 2005년엔 박회장의 초청으로 한국을 방문하기도 했다.

파버는 46년 스위스 취리히에서 태어났다. 취리히대학에서 경제학 박사학위를 받았다. 월가의 정크본드 전문금융사였던 드럭셀 번햄 램버트의 트레이더와 전무이사를 지냈다. 73년부터 홍콩에서 본격적인 활동을 시작했다. 그가 아시아경제에 탁월한 전문성을 쌓은 건 이때부터의 경험이 한몫했다.

90년에 '마크파버 리미티드'를 설립했다. 현재 월간 투자정보지 <Gloom, Boom and Doom>을 발행하고 있다. 이 정보지의 인기는 대단하다. 현존하는 이슈를 날카로운 분석력으로 재조명해 투자자들에게 방향을 제시하고 있기 때문이다.

특히 아시아에 강한 애정을 갖고 있다. 새로운 아시아의 출현에 고무돼 "만약 내가 다시 25살이 된다면 주저 없이 중국의 상하이나 베트남의 호치민, 미얀마의 랭군, 몽골의 울란바토르로 뛰어갈 것"이라고 말할 정도다.

마크 파버의 '신흥시장 투자포인트'

1. 제로국면(폭락 이후)
   - 상황: 경기침체 지속. 실질국민소득 감소 · 정체. 고실업. 정치 · 사회여건 불안. 외국인 투자 감소 등
   - 징후: 관광객 감소. 주식거래량 급감. 주가바닥. 증시저평가. 신문기사 비관론. 부실대출 심각 등
   - 사례: 97년 아시아 금융위기 이후 최근(2004년)까지 인도네시아 · 태국 등
   - 해설: 주식매수 호기. 바닥 지속돼도 추가하락 염려 없음. 아직 많은 저개발국가가 제로국면에 있음.

2. 제1국면(점화)
   - 상황: 세율인하. 외국인 투자우대. 원자재 가격상승. 유동성 개선. 기업이익 개선. SOC 투자증가 등
   - 징후: 현금자산 및 소비 · 자본지출 증가. 외국인 직접투자 증가. 심리지수 개선. 자사주매입 증가 등

- 사례: 90년 이후 중국. 93년 이후 러시아·동유럽
- 해설: 투자자극제 필요. 새로운 리더십(러시아 푸틴 등)도 중요. 신용팽창까지 뒤따르면 2국면 진입

3. 제2국면(회복)
- 상황: 임금상승. 생산증대. 낙관론 지배. 증시 과대평가. 부동산값 상승. M&A증가. 물가·금리상승 등
- 징후: 건설 붐. 외신기사 긍정적. 외국인 주식투자 증가. 두꺼운 외국증권사 보고서 봇물 등
- 사례: 92~94년 중남미. 최근 러시아·중국
- 해설: 낙관론 속 투자열기 확산. 기업실적 장밋빛. 낙관론의 오류 번성. 최고로 행복한 순간 인식

4. 제3국면(붐)
- 상황: 잉여생산 발생. 인플레 압력. 금리급등. 순간적 주가급락. 내부자 이익실현. 추격매수 등
- 징후: 투자열풍 절정. 부채비율 급등. 신도시 공사. 아줌마부대 증가. 투자급증. 외국인 투자 급등 등
- 사례: 89년 일본. 94년 중남미. 99~2000년 정보·통신·미디어업종 등
- 해설: 붐은 대중망상에서 출발. 투자자들인 시장 떠날 때. 신흥시장 증시는 이때가 대개 상투.

5. 제4국면(미심쩍은 하락)
- 상황: 신용확대 주춤. 기업수익 악화. 정부관리·CEO의 낙관론. 증시수급 악화 등
- 징후: 금융시장의 긴장감. 아파트분양가 상승. 공실률 증가. 매수추천 보고서 양산 등
- 사례: 80년대 초반 중남미. 94년 이후 태국·말레이시아 등
- 해설: 반등은 매우 교묘해짐. 반등에 속는 투자자 존재. 투매 없지만 거래 낮고 주가하락.

6. 제5국면(각성)
- 상황: 부도율 급등. 소비감소. 실적급락. 외국인투자자 이탈. 유명기업·개인 파산. 자금압박 증가 등
- 징후: 공사 중단건물. 실업률 상승. 증권사 구조조정. 투자보고서 얇아짐. 할인판매 성

행 등
- 사례: 98년 인도네시아 · 말레이시아 · 태국 등. 2002년 아르헨티나
- 해설: 3~4국면의 후유증. 냉엄한 현실자각. 고가매수 반성. 반등은 저가매수 아닌 손
  털 기회로 인식.

7. 제6국면(절망과 바닥)
- 상황: 투자자 주식포기. 거래량 급감. 자본지출 중지. 금리폭락. 외국인자금 이탈가속. 환
  율상승 등
- 징후: 증시기사 부정적. 외국증권사 비관론. 펀드환매 증가. 주식투자 실패경험담 증
  가 등
- 사례: 97년 이후 아시아. 2002년 중남미(아르헨티나)
- 해설: 3국면과 정반대. 깡통계좌 증가. 아시아증시는 6국면 이미 지남. 제로국면 혹은 1국
  면 도달.

– 자료: 『내일의 금맥』

9

마티 슈발츠Marty Schwatz

월가최고의
손절매 명인

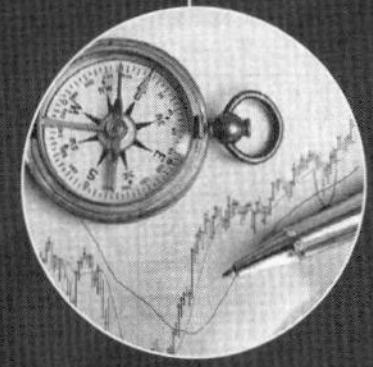

"증시는 전쟁터다. 판단이 틀렸다면 바로 손절하라. 잘 잃어야 잘 번다. 한두 번 수익 낼 때 조심해야 자만심으로부터 자유로울 수 있다. 물타기는 자살행위다."

물타기는 자살행위
'잘 잃어야 잘 번다'

"왜 많은 투자자들이 돈을 잃을까. 그건 그들이 실수한 것 이상으로 쓸데없이 돈을 잃기 때문이다. 잃어버리는 법을 배워라. 돈을 벌 때 제일 중요한 건 손실을 컨트롤하는 것이다(마티 슈발츠)."

주식투자로 돈 버는 방법은 수십, 수백 가지다. 하지만 잃는 이유는 딱 하나다. 손실관리의 실패다. 실패하는 사람은 다 똑같다. 욕심에 눈이 멀어 손실을 눈덩이처럼 키운다. 떨어지는 주식은 한시라도 빨리 버리는 게 상책이다. 손절매 잘하는 사람이 주식투자 9단이란 말이 있다. 10종목을 사 9종목이 떨어져도 손실만 짧게 끊으면 나머지 1종목 수익만으로 얼마든 만회할 수 있다. 가치투자든 차티스트든 손절매는 필수다.

산전수전 다 겪은 월가고수들이 손절매를 강조하는 데는 그만한 이유가 있다. 궁합이 맞지 않는 주식은 서둘러 버리는 게 좋다. 주저할수록 손실만 키울 수밖에 없다. 잘 잃어야 잘 따는 법. 수익은 통제하지 못해도 손실은 노력여하에 따라 얼마든 컨트롤할 수 있다. 적게 잃을 수만 있다면 등판기회는 늘 주어진다. 살아남아야 10%든 100%든 수익을 낼 수 있다.

이런 점에서 마티 슈발츠는 자타가 공인하는 손절매(損切賣, Loss-Cut)의 대가다. 물론 손절매는 주식고수라면 누구나 강조하는 투자철칙이다. 워렌 버핏도 "주식은 골프처럼 패자의 게임"이라며 '잃지 않는 투자'를 역설한다. 앙드레 코스툴라니는 "손절매는 개인투자자를 위한 거의 유일한 보험"이라고까지 했다. 뿐만이 아니다.

세계최고의 개인투자자로 이름을 남긴 니콜라스 다비스, 성장주 투자개념을 정리한 필립 피셔, 버핏이 추천한 유일한 고수 빌 루안, 수익률 5,600%의 신화 존 네프 등은 마치 약속이나 한 듯 손절매를 필수전략으로 삼았다. 하지만 마티 슈발츠는 손절매로 시작해 손절매로 끝나는 주식투자만으로 유명세를 떨쳤다.

손절매만 충실하면 성공은 따 논 당상

그는 어려서부터 다양한 아르바이트를 통해 사회를 경험했다. 7살 때 제설작업에까지 참여해 돈을 벌어봤다. 머리는 비교적 똑똑했던 것으로 알려졌다. 고등학생 땐 장학생으로 학교를 다녔다.

하지만 "수학을 못해 개인교습을 받아야 했다"고 고백할 만큼 숫자엔 약했다. 1967년 암허스트Amherst대학을 졸업한 뒤 컬럼비아 비즈니스 스쿨에 입학했다. 얼마 뒤 해병대로 입대, 베트남 전쟁을 치른 뒤 군복무를 마치게 된다. 제대 후 MBA를 마칠 때까지 몇 가지 고리타분한 아르바이트를 계속한 것으로 알려졌다.

첫 번째 풀타임 직업은 쿤 로브Kuhn Loeb사의 애널리스트였다. 처음엔 당시 유행했던 기본적 분석에 충실한 신참내기에 불과했다. 본인 역시 적잖은 종자돈을 주식에 투자하며 증권가에 익숙해지기 위해 노력했다.

하지만 월가에 익숙해질 무렵 불행은 다가왔다. 적잖은 파장을 던진 매도 보고서가 시장에 은밀하게 유출되면서부터다. 당시 그는 병원관련주의 주가수준이 업황에 비해 지나치게 고평가됐다는 내용의 보고서를 썼다.

하지만 발표하지도 않은 이 보고서가 은밀히 입소문을 타며 월가에 퍼진 게 문제의 사단이 됐다. 몇몇 큰손이 보고서 발표직전 해당주식을 내다팔면서 공교롭게 주가가 떨어지기 시작한 것이다. 어떻게 보면 불공정거래였다.

이후 뉴욕증권거래소에 출두해 6시간 넘게 조사를 받아야 했다. 그 대가로 넉 달간 월가를 떠나야 했고, 그는 불명예를 홀로 뒤집어썼다. 상당기간 동안 많은 사람들이 그를 보고서와 연관해 떠올렸고, 반대로 그의 설명은 들으려 하지 않았다.

가까스로 몇 군데 회사를 선선하나 유턴Hutton사에 나시 애닐리스트로 입사했다. 그동인 투자손실로 상당한 재산까지 탕진했다. 약세장이기도 했지만, 전산매매에 익숙지 못한 탓이었다.

이후 그는 기본적 분석에서 기술적 분석으로 투자스타일을 완전히 바꿨다. 치열하게 연구·분석한 건 물론이다. 가장 마지막까지 남아 사무실 문을 닫고 퇴근하는데 익숙해질 무렵 드디어 시장이 보이기 시작했다. 친구인 밥 졸리너Bob Zoellner가 시장액션을 분석하는 데 큰 도움을 줬다.

절치부심의 실패 후 미국최고의 매니저로 변신

마침내 78년 7만달러를 손에 쥐고 플레이어로서 시장에 도전장을 던졌다. 기술적 분석가로 전향하면서부터 그는 승승장구했다. 그의 변신이 완벽히 성공한 것이다. 말썽 많고 손해만 보던 무능력자에서 순식간에 미국최고의 독립 펀드매니저로 옷을 갈아입었다.

절치부심의 열매는 달디 달았다. 투자자로서의 탁월한 능력은 순식간에 월가사람들의 이목을 끌었다. 돈을 맡기는 사람이 늘면서 자신이 운용하던 독립펀드도 2~3개로 불어나기 시작했다.

와중에 스탠포드대학이 주관하는 주식투자대회에 나가 본인의 실력을 유감없이 발휘했다. 10번 참가해 모두 9번이나 우승했다. 더 놀라운 건 수익률이다. 우승 때의 평균수익률이 210%를 기록했기 때문이다. 그중 하번은 781%라는 천문학적인 수익을 올리기도 했다.

반면 손실은 단 한 차례도 보지 않았다. 지금도 미국최고의 펀드매니저로 왕성히 활동 중이다. 월간계산으로 봤을 때 그는 지금껏 -3% 이상 손실을 기록한 적이 없는 주식투자의 대가로 추앙받는다.

실제로 슈발츠는 "주식투자 때 손절매만큼 중요하고 결정적인 도구도 없다"고 늘 강조한다. 손절매야말로 기술적 분석의 투자효과를 극대화하는 마침표라고 봐서다.

그의 말을 더 들어보자.

"저의 경우 손절매를 배우고 난 뒤부터 정확하게 수익률이 높아지기 시작했습니다. 빠른 손절매를 통해 다음 게임에 대비하면서부터 오묘한 증시세계를 깨달았죠. 반대로 손해를 보고 있는 상태에서 물타기를 하는 건 자살행위 중 하나에요. 흔히 손실을 만회하고자 주식을 더 사게 되는데 이런 태도는 백전백패죠. 주식을 사기 전 반드시 손실 폭을 미리 정해두세요. 그리고 그 가격까지 떨어지면 꼭 매도원칙에 따라 팔아 버리세요. 잘못된 판단 때문에 손실을 키울 순 없기 때문이죠.”

그가 손절매를 완벽하게 지킬 수 있었던 건 그만큼 실천의지가 강했기 때문에 가능했다. 그도 그럴 게 사실 손절매와 탐욕은 백짓장 차이다. 손절에 실패하는 건 전적으로 욕심 때문이다. 손해보고도 팔 줄 알아야 하는데, 언젠간 오를 것이란 욕심 때문에 손절을 실시하지 못한다.

그도 과거엔 마찬가지였다. 그래서 늘 실패했다. 때문에 “큰돈을 벌겠다는 탐욕을 극복하는 것이야말로 가장 중요한 투자전략”이라며 “원칙 없이 부화뇌동하지 말 것”을 강조한다. 오랜 기긴 고통의 시간을 보내며 욕심이 얼마나 무서운 결과를 초래하는지 직접 경험했기 때문이다.

주식을 살 때부터 손절기준 정하고 또 지켜야

기술적 분석가로서의 변신과 함께 탐욕을 버리고 잘못을 인정한 순간 새로운 전법이 섬광처럼 눈에 들어왔다. 바로 손절매다. 탐욕 대신 그는 최대 3% 이상 잃지 않겠다는 손실 커트라인을 정하고 스스로 엄격히 지켰다.

‘물타기’가 없음은 물론이다. “손실이 반복되는 최대이유는 자만심과 부주의 때문”이라며 “잘못 판단했을 땐 빨리 손을 떼고 빠져나와 다음 기회를 대비하는 게 가장 확실한 대응책임을 깨달았다"고 말한다. 탐욕을 버리니 손실 대신 수익이 났다는 얘기다. 잃지 않으니 딸 수밖에 없는 매매습관을 몸에 갖출 수 있었다.

개인투자자라면 그에게서 가장 지키기 쉽고, 또 효과적인 자금관리법도 배울 수 있다. 역시 욕심과 직결되는 조언으로 아마추어들이 가장 빈번히 저지르는 실수 중 하나다. 즉 '잃어도 괜찮은 액수만으로 투자세계에 데뷔하라'란 메시지다.

거꾸로 말해 승률이 좋다고 해서 투자금액을 확대할 게 아니라 오히려 줄일 수 있어야 한다는 논리다. 같은 맥락에서 그는 또 "신용이나 남의 돈을 빌려 무리하게 투자하면 언젠가는 치명적 손실을 입게 된다"는 가르침도 빠뜨리지 않는다.

그는 이를 도박판에 비유해 설명한다. "도박판에 갈 때는 절대 신용카드를 들고 가선 안 된다"며 "도박을 하려면 잃어도 되는 만큼의 현금만 넣고 가라"고 했다. 이유는 간단하다. 증시야말로 무리한 투자가 치명적인 손실로 이어지는 전쟁터나 다름없기 때문이다.

결국 본인 말고는 모두 적이란 뜻이다. 따라서 살아남는 게 제일 중요하며, 그러자면 돈을 버는 것보단 손해 보는 법부터 배울 필요가 있다고 역설한다.

반대로 자존심은 욕심만큼 위험하다. 전쟁터에서 자존심 내세우는 사람 치고 생환하는 경우는 드물어서다.

앞서 설명처럼 그는 기술적 분석가로 완벽히 변신했다. 대부분 기본적 분석에 충실한 월가고수 중에선 드물게 차트분석에 공을 들인다.

특히 슈발츠는 이동평균선의 배열과 상향돌파 여부에 많은 관심을 쏟는다. 지금이야 비기(秘技)도 아니지만, 이동평균선의 정배열과 상향돌파를 중대한 매수신호로 이해한 거의 최초의 인물이 그가 아닌가 싶다.

그는 "이동평균선의 흐름을 거역하는 건 자살행위"라며 "개인적으론 시장상황이 좋지 않은(시장평균 이동평균선의 하향돌파) 가운데 특정종목이 상향돌파에 성공하면 큰 시세를 낼 수 있어 선호했다"고 밝힌다.

이동평균선 정배열 및 상향돌파에 안테나 집중

이밖에도 그는 이동평균선의 방향성과 결집·이격도 등을 통해 시장심리와 향후흐름을 정밀하게 분석했다. 추세분석에 이동평균선 만큼 높은 설명력을 지닌 차트노 없나는 이유에서나. 그는 "기술적 분석이 완벽힐 수는 없지만, 그럼에도 불구하고 예측력을 높이는 확실한 뭔가가 있다"며 "어떤 도구를 선택하든 자신만의 투자기법을 만들고 지키는 게 필요하다"고 강조한다.

이밖에도 슈발츠는 아마추어 투자자들에게 주옥같은 조언을 쏟아낸다. 본인의 경험을 예로 들며 "제아무리 고수라 해도 그들이 세운 전략을 그대로 따라하지 말라"며 몸에 맞는 자신만의 투자원칙 수립이 승패를 좌우한다는 입장을 견지한다.

자만심과 욕심을 컨트롤하기 힘들다면 아예 시장에서 발을 빼는 것도 좋다고 덧붙인다. "엄청난 이익을 올렸거나 큰 손실을 본 뒤엔 잠시 쉬는 게 낫다"는 쪽이다. 그의 트레이드마크인 손절매만큼은 아니지만, 일괄·집중매매에 대한 경고도 중요한 포인트다. 이는 거액을 한꺼번에 베팅하는 것이야말로 패가망신의 첩경이란 쓰디쓴 그만의 투자경험에서 비롯된 조언이다.

하지만 그가 가르치는 제일 중요한 투자 포인트는 역시 '잘 잃는 방법을 배우는 것'이다. 손절매에 익숙지 않은 투자자라면 슈발츠의 조언에 귀기울여 보는 게 어떨까.

Advise 마티 슈발츠의 10대 투자원칙

1. 잘못 판단했을 땐 인정하고 바로 대처하라
2. 큰 이익을 냈거나 손실을 본 뒤엔 매매하지 말고 쉬어라
3. 매수결정을 할 땐 손절기준을 명확히 정하라
4. 남에게 배우는 건 한계가 있으니 스스로 노력하라
5. 손해 보는 법을 배우되 투자자금은 보수적으로 굴려라
6. 이동평균선 징후를 무시하지 말라
7. 떨어질 때 더 사는 물타기는 자살행위다
8. 탐욕과 이기심, 자존심은 손실을 키우는 지름길이다
9. 원칙 없이 부화뇌동 말고 자신만의 원칙 세워라
10. 흐름과 추세를 읽는데 도움 되는 지표를 만들어라

10

마틴 즈웨이그 Martin Zweig

투자이론에 빠삭한 교수출신 대가

"중앙은행에 맞서지 말라. 투자기회는 시중의 돈 흐름과 양을 보면 알 수 있다.
금리와 증시는 반대로 움직이니 유심히 관찰하라."

블랙먼데이 예측
'나만의 편안한 투자기법 만들어라'

"어떤 방법을 사용하면 편안하게 투자할 수 있는지 고민해야 한다. 반드시 투자자라면 자신만의 편안하고 쉬운 시스템·투자법을 갖고 있는 게 좋다. 일단 이게 준비되면 투자자는 자신이 할 수 있는 일에만 집중하면 된다. 능력을 벗어나는 일을 하고자 시도하는 건 바람직하지 않다."

마틴 즈웨이그의 말이다. 그는 학자출신답게 자신만의 투자전략을 수립, 이를 철저히 지키며 투자해 왔다. 다른 월가고수들의 투자전략은 참고는 하되, 철저히 본인만의 해석방법을 통해 새로운 투자모델을 만들었다.

그렇다보니 그의 투자모델엔 수많은 변수들이 총동원된다. 월가는 그를 "투자와 관련된 모든 걸 분석해야 직성이 풀리는 사람"으로 인식할 정도다. 일각에선 그가 고려하는 투자변수가 무려 70개 이상이란 평가까지 있다.

그는 87년 블랙먼데이를 정확히 예측한 뒤 유명해졌다. 급락직전 자신의 투자자들에게 현금비중 확대를 권유함으로써 시장대응에 대성공했기 때문이다. 투자전략은 피터 린치와 비슷하다. 차이가 난다면 종목선정 때 피터 린치보다 더 신중하단 사실이다.

그는 1942년 미국에서 태어났다. 월가고수들을 대거 배출한 명문대 와튼스쿨(펜실베이니아대학) 출신이다. 69년 미시건주립대에서 박사학위(재무관리론)를 받은 뒤 여러 대학에서 재무관리를 가르쳤다. 교수가 되자마자 〈배런스〉 등에 주식에 관한 많은 글을 썼는데, 시장에서 한발 비켜선 학자적 관점의 분석원고는 많은 인기를 얻었다.

덕분에 모교들은 앞 다퉈 자랑스러운 동문, 혹은 뛰어난 졸업생으로 선정하기도 했다. 지금은 와튼스쿨 이사회 일원으로 활동 중이다. 『Winning on Wall Street(월가를 이기는 법)』을 비롯해 2권의 책을 썼다. 86년 첫 번째 뮤추얼펀드인 '즈웨이그펀드'를 설정했다. 98년 피닉스투자회사에 펀드일부를 매각하기 전까지 운용했다.

피터 린치보다 더 신중한 자세 '고려변수만 70개 이상'

그는 교수시절부터 증시를 다룬 뉴스레디 발긴사업에 관심이 많았는데, 이 작업은 상당기간 묵묵히 지속됐다. 글쓰기에 대한 열정 때문이었다. 성과물도 빼어났다.

학술잡지에 발표한 뒤 많은 이들이 감탄해 마지않았던 'Put-Call Ratio(풋·콜비율)'은 그가 고안해낸 최고의 걸작 중 하나다. 'Put-Call Ratio'는 대표적인 시장의 심리지표 중 하나로 주가의 고점과 저점을 판단하는 유용한 지표로 활용되고 있다. 풋옵션 거래대금을 콜옵션 거래대금으로 나눈 값인데, 50%대면 상승추세의 종료를, 또 150%대면 하락추세가 끝남을 의미한다. 많은 증시분석가들이 그의 'Put-Call Ratio'를 통해 시장을 진단한다. 한국에서도 투자심리의 과열여부를 판단할 때 자주 언급된다.

마틴 즈웨이그는 주식투자 성공원칙의 첫 번째 관문으로 금융정책을 읽을 것을 강조한다. 그가 말하는 금융정책이란 금리, 통화량, 지급준비금 등 통화공급과 관련된 내용이다. 쉽게 말해 금리정책의 추세로부터 돈 벌 기회를 낚으란 얘기다.

그렇다고 금리를 예측할 필요는 없다. 재할인율과 지급준비금 등을 관찰하면 시중자금의 증감여부를 확인할 수 있으며, 이를 통해 금리정책의 향방을 얼마든 추정할 수 있어서다. 통화당국 입장에선 경제성장 속도조절을 위해 선행적으로 정책도구를 사용할 수밖에 없는데, 이를 사전에 캐치하란 논리다.

특히 그는 재할인율을 중시했다. 연방준비위원회가 재할인율을 변경하면 이후 연방금리도 같은 방향을 띄기 때문이다.

더불어 할부채무액두 챙겨봤다. 할부채무가 줄면 가계부채도 감소하며, 이렇게 되면 금리 상승압력도 자연스레 사라지기 때문이다. 증시로선 호재일 수밖에 없다. 그는 늘 "중앙은행의 정책에 맞서지 말라"며 "금리와 증시는 반대로 움직인다는 점을 명심하라"고 했다.

투자힌트는 돈 흐름 "중앙은행에 맞서지 말라"

물론 그 역시 금리정책의 한계는 인정한다. 그래서 두 번째 관문을 강조한다. 바로 그가 기술적 분석이라 부르는 시장심리 영역이다. 그는 "금융정책은 장기적으로 잘 들어맞기 때문에 가장 중요하지만, 금리상승기 때 주가가 오르는 것까지 설명하진 못한다"고 밝힌다. 즉 단기적으론 금리와 주가가 동일방향으로 움직일 수도 있다는 뜻이다.

이 현상을 설명하는 게 시장심리다. 시장심리를 파악하는 잣대는 펀드의 현금비중이다. 펀드의 현금 보유비중이 높으면 환매부담이 세다는 의미로 시장을 비관적으로 보는 사람이 많다는 시으로 해석할 수 있다.

반대현상도 마찬가지다. 펀드가 현금 대신 현물비중이 높으면 매도압력이 낮아 낙관적으로 봐도 되기 때문이다. 다만 그는 한 가지 투자모델에 목매는 완고한 스타일은 아니다. "모델은 늘 진화해야 한다"는 지론 하에 쓸모없어진 지표는 과감히 버리고 새로운 모델을 찾는데 개방적이다.

즈웨이그 하면 생각나는 또 다른 투자지표는 프라임비율이다. 프라임비율이란 은행이 최우량고객에게 돈을 빌려줄 때 적용하는 금리다. 프라임금리의 특징은 변농성이 낮다는 섬이다. 워낙 새무상태가 탄탄한 고객을 내상으로 한 우대금리인 까닭에 금리변동이 가장 늦은 편에 속한다.

일반적으로 금리변동은 증시에 선행한다. 그런데 프라임금리는 시장금리 변동보다 또 늦다. 결국 시중금리 변화가 증시에 영향을 미칠 때쯤이면 프라임금리도 그때서야 변한다고 보면 된다. 즉 프라임금리 변동이 이뤄짐과 동시에 증시도 일반 시중금리 변화가 구체화되는 셈이다.

그는 프라임금리 기준점을 8%로 보고 그 이하면 금리가 조금만 하락해도 주가상승 계기가 된다고 해석한다. 만약 8%대 이상이면 어지간한 금리인상으로 주가상승을 이끌 순 없다고 본다.

그는 재할인율과 할부채무, 그리고 프라임비율 3가지를 합해 '화폐모델Monetary Model'로 불렀다. 여기에 '4% 모델(일종의 추세분석으로 매도신호 발생 후 그 다음 주 주가가 4% 이상 오르면 매수신호로 해석하고, 매수신호 발생 후 4% 이상 떨어지면 매도하는 것)'을 더해 '슈퍼모델'로 명명했다.

슈퍼모델은 중앙은행에 앞서는 추세를 사전에 파악해 시장심리보다 먼저 투자포지션을 정하는 그만의 투자원칙이다. 스스로 "슈퍼모델에 따라 투자할 때 가장 편안하고 쉽게 주식을 대할 수 있다"고 회고한다.

다만 슈퍼모델은 분할매매를 만나 보다 완벽해진다. 매매신호가 나와도 전량 매매하지 않고 조금씩 포트폴리오를 줄여나가야 실수를 줄일 수 있어서다. 이를 위해 주가지수선물을 적극 활용했다. 현물 변동규모만큼 선물을 매매함으로써 충격을 줄인 셈이다.

자신만의 슈퍼모델 개발 '통제 불능의 수집광으로도 유명'

마틴 즈웨이그는 전반적으로 신중한 투자자였다. 어느 월가고수들보다 종목 및 타이밍선정에 공을 많이 들였다. 낮을수록 저평가됐다는 의미에서 대접받는 PER(주가수익비율)만 해도 최소기준을 5배로 설정했다. 그 이하면 저평가가 아닌 부실회사일 확률이 높다는 이유에서다. 시장평균 PER보다 3배 이상 높은 종목도 당연히 경계대상이다.

같은 맥락에서 순이익보단 매출액을 중시했다. 순이익이야 얼마든 조정할 수 있지만, 매출액은 기업체질을 그대로 나타내기 때문이다. 매출액증가율은 매분기별로 점차 커져야함은 물론이다. 순이익은 추세적 안정성과 지속성을 높이 샀다. 적어도 과거 5년간 매년 순이익이 증가하되, 연간 최소 15%

이상을 커트라인으로 내걸었다.

부채비율은 업종마다 달리 적용했다. 즉 금융업과 제조업의 부채비율 적용은 절대 퍼센티지가 아니라 업종평균과 비교할 것을 권한다. 업종평균보다 월등히 낮을수록 우량하다는 걸 뜻한다.

동시에 그는 내부자거래를 자주 챙겨봤다. 회사의 진짜미래를 알 수 있는 신호일 수 있기 때문이다. 최근 3개월 동안 적어도 내부자의 주식매수가 3번 이상이고, 매도가 없다면 매력적이란 도장을 찍어줬다.

즈웨이그는 매수거래가 많을수록 높은 점수를 줬고, 매도가 잦을수록 경계신호로 해석했다. 한편 주요 포스트의 내부자거래 여부는 한국의 경우 금감원 공시Dart사이트에서 확인할 수 있다.

한편 그는 열렬한 수집광이다. 특히 복고스타일을 광적으로 좋아한다. 언론기사에 소개된 그의 사무실은 '부유한 어른의 놀이터'로 묘사돼 있다. 서내한 교통신호등과 1페니를 넣으면 껌이 나오는 자판기, 50년대식 주크박스, 오래된 주유기, 고등학교 때의 농구팀 유니폼 등이 곳곳에 진열돼 있다. 이런 그를 두고 친구들은 '통제 불능사태'란 평가를 내리기까지 했다.

바쁜 일상에도 불구, 스포츠도 즐긴다. 여유롭게 당구를 치려고 집안에 5만달러를 웃도는 고급당구대까지 설치했다. 매일 6마일씩 뛰면서 몸을 단련하는 달리기 마니아로도 유명하다.

1. 자신만의 편안하고 쉬운 투자모델을 만들어라

2. 고점 및 저점확인을 위한 심리지표를 챙겨라

3. 시중금리보다 빠른 재할인율로 금리추세 읽어라

4. 금리가 오르면 보수적으로 접근하라

5. 가계부채가 늘면 금리가 안 오르니 주식을 사라

6. 펀드의 현금비중으로 시장심리를 체크하라

7. 프라임(우대)금리가 변할 때 주가 움직임에 올라타라

8. 매매신호가 나와도 전량매매는 삼가라

9. 매출액 및 순이익은 늘 장기간 양(+)인 것만 챙겨라

10. 내부자가 사면 좋은 신호니 덩달아 사들여라

11

모틀리 풀Motley Fool

월가를 비웃는
개미군단의 대변자

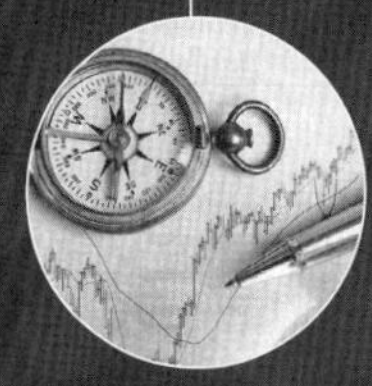

"상식을 무시하면 실패한다. 정보만 잘 챙겨도 기관을 이길 수 있다. 현금창출 능력이 뛰어난 소형주에 관심을 가져라. 대형주보다 낫다."

빛나는 해학적 투자지혜
'펀드에 속지마라'

햇볕 좋은 어느 주말 오후. 3부자가 나란히 할인매장에서 정답게 쇼핑 중이다. 아버지가 묻는다.

"저기 초콜릿 푸딩 보이니? 너희들 좋아하지? 아빠는 저 푸딩을 만드는 회사주식을 갖고 있단다. 사람들이 저 푸딩을 살 때마다 아빠와 우리 가족에겐 좋은 것이지. 그러니 푸딩을 더 사오너라!"

은행가이자 경제학자이던 아버지의 금융교육은 이후 두 아들을 걸출한 투자전문가로 키워냈다. 아들들은 지금도 "우습겠지만 우린 초콜릿 푸딩 덕분에 성공할 수 있었다"곤 회고한다.

현재 두 아들은 유명한 온라인 투자정보 사이트인 모틀리 풀Motley Fool, www.fool.com을 공동 설립해 운영 중이다. 월가에서 손꼽히는 투자전문가로 명성이 높다.

이들의 유명세는 참으로 독특하다. 여느 월가고수들과는 확실히 구분되는 기이한 철학과 코멘트, 행동으로 세간의 관심을 끌어 모은다.

먼저 복장이다. 형제는 기회가 있을 때마다 우스꽝스런 광대 모자를 쓰고 대중 앞에 나타나 그 어렵다는 주식을 시시콜콜 지지고 볶는다. 위엄과 권위는커녕 유머와 조롱이 흘러넘친다. 오죽하면 〈포브스〉가 "아마도 어릿광대 모자를 쓰고 TV에 출연해 주식에 대해 조언해도 사람들이 심각하게 받아들이는 미국에서 유일한 성인(成人)일 것"이라고 평가했을까. 이런 면에서 그들은 확실히 특수한 재능을 갖췄다.

튀는 복장으로 차별화 전략에 성공한데다 전달하려는 메시지는 단순 명쾌하다. 기발한 유머와 불손한 언행은 그 부산물이다. 심지어 시장의 권위에 맞서고자 가운뎃손가락을 들이대는 것조차 일상적이다. 주식이든 경영이든 심각한 건 싫고 상식을 따르며 단순한 걸 선호하니 추종자들이 줄을 서는 건 당연하다.

시장권위에 가운뎃손가락 '어릿광대 복장에 불손한 언행까지'

형은 데이비드 가드너David Gardner로 동생인 폴 가드너Paul Gardner보다 2살 위다. 데이비드는 노스캐롤라이나대학에서 영문학을 전공했고, 장학생으로 졸업했다. 이후 기자로 잠시 활동하다 사업구상을 이유로 미련 없이 사표를 던졌다. 그 아이디어가 바로 93년 설립된 모틀리 풀 설립으로 현실화됐다. 이때만 해도 모틀리 풀은 버지니아에 위치한 소재 멀티미디어 회사였다.

90년 브라운대학에서 역시 영문학을 전공했던 동생 폴은 회사설립 때부터 힘을 합쳤다. 둘 다 영문학 전공자로 투자학문과는 거리가 멀지만, 아버지의 금융·경제 조기교육 덕분에 걸림돌은 없었다.

회사설립 후 형제는 친구와 가족들을 위해 소규모 투자 뉴스레터를 발간했다. 온라인이 활성화되기 이전부터 가상공간에 투자 관련서비스를 제공한 경험을 밑천삼아 97년 투자교육 웹사이트인 'www.fool.com'을 탄생시켰다. 현재 모틀리 풀은 세계적인 멀티미디어 회사로 성장했다.

형제에게 '바보'란 단어는 이중적이며 해학적이다. 회사이름 중 'Pool'은 셰익스피어의 연극인 'As you like it'의 2막7장에 나오는 말이다. 궁중의 어릿광대를 뜻하는데, 그만이 왕의 면전에서 진실을 말해도 유일하게 참수형을 면할 수 있는 사람이었다.

즉 형제는 궁중광대처럼 거대 기관투자가들을 상대로 할 말은 하고 허도 찌르는 진실한 투자조언가가 되겠다는 포부를 회사이름에 '오버랩'시켰다. 실제로 형제는 사람들이 그들을 바보라고 불러도 전혀 개의치 않으며, 되레 바보라고 부를 것을 부추기고 이를 또 자랑스럽게 여긴다.

그들에게 밥을 먹여주는 소중한 고객 역시 '바보'로 불린다. 오죽하면 사내 업무매뉴얼조차 '바보규칙'으로 명명, 회사의 자유분방하고 개방적인 기업문화를 여실히 드러냈다. 그럼에도 불구하고 직원들에 대한 깊은 신뢰감이 곳곳에 배어나온다.

가드너 형제의 투자법은 지극히 상식적이다. 상식을 소홀히 해 투자에서 실패하는 경우를 많이 봤기 때문이다. 또 이들의 논리는 쉽다. 딱딱한 재무적 수치보단 흥미로운 일화를 통해 투자의 눈높이를 낮췄다는 평가다.

그렇다고 얼렁뚱땅 넘어가는 법은 없다. 형제의 투자기법은 다른 월가고수들의 그것보다 훨씬 엄격하고 촘촘하다. 특정종목이 이들의 추천 포트폴리오에 들기란 하늘의 별따기다. 통과시킬 만한 종목이 없으면 없는 대로 그냥 내보낼 만큼 원칙을 준수한다.

그렇다보니 형제의 추천종목은 거꾸로 월가에서 먼저 챙긴다. 수익률은 들쑥날쑥하지만 평균으로 보면 탁월하다. 94~2001년까지 자체적으로 구성한 포트폴리오의 연평균 수익률이 44%에 달해 같은 기간 S&P500지수의 19%를 2배 이상 따돌렸다.

최근 5년간 회원들에게 추천했던 주식은 평균 67% 올라 역시 시장평균(28%) 상승률을 넘어섰다. 투자전문 사이트인 머니닷컴은 이들 형제를 전 세계에서 가장 폭넓게 인정받는 증시조언자라고 호평하기도 했다.

엄격한 종목선정 유명 '자체 포트폴리오 연평균 수익률 44%'

형제는 특히 뮤추얼펀드를 혹평하기로 유명하다. 본인들이 직접 뮤추얼펀드의 실적을 꼼꼼히 조사해봤더니 내부분의 뮤추일펀드가 밑도 안 되는 서조한 수익률을 내고 있기 때문이다.

그들의 얘기다.

"과거 10년간 운용된 펀드를 들여다보니 무려 90%가 시장수익을 밑돌고 있어요. 맙소사! 상상해보세요. 대부분의 펀드가 엉터리로 운용되고 있다는 뜻이죠. 그래도 펀드를 사실 건가요?"

의미심장한 코멘트가 아닐 수 없다. 그래서 형제는 철저히 양극적인 사고방식을 지향한다. 돈과 정보력이 없는 '우리 편'은 연약한 꼬마인데 비해 '너희 편'은 조직화된 거인으로 본다. '우리 편'은 바보라고 불리는 형제와 개인투자자들을, '너희 편'은 월가와 중개인, 뮤추얼펀드, 분석가 등을 지칭한다.

바보들에게 날개를 달아준 건 인터넷이다. 과거 일부전문가와 부유층만 접근할 수 있었던 정보를 인터넷 덕분에 꼬마들도 쉽고 저렴하게 접할 수 있기 때문이다. 그들이 승승장구하는 데도 인터넷이 큰 역할을 한다. 실제로 형인 데이비드는 하루에 6시간씩 인터넷을 뒤져 정보를 챙긴다.

가드너 형제는 펀드를 사겠다면 인덱스(지수)펀드에 한정할 것을 추천한다. 비용이 적은 대신 수익은 주가지수와 동등하게 얻을 수 있어서다. 다만 훈수도 빠뜨리지 않는다. 가령 최근 국내에서도 유행하고 있는 ETF(상장지수펀드)의 경우 기초자산을 확실히 확인하고 중복투자를 피해야 분산효과와 함께 안정성을 확보할 수 있다고 조언한다.

사실 이들의 관심사는 시장수익률을 늘 웃도는 투자전략의 존재여부에 쏠려있다. 이른바 개별종목에 대한 투자다. 그중에선 소형주에 대한 애정이 각별하다. 길게 봐 소형주 수익률이 대형주보다 낫기 때문이다.

또 소형주는 규모가 작고 유동성이 낮아 기관투자가들이 관심을 갖지 않는다는 사실도 선호이유다. 소규모일수록 순이익 증가속도가 빠른데다 경영진 보유지분이 많아 실적을 키우려는 동기가 명확하다는 점 역시 소형주의 장점이다. 기준은 회사내부자가 발행주식의 최소 10% 이상을 보유하고 있는 종목이다.

하지만 소형주 투자는 기대수익이 높은 만큼 위험하다. 철저한 장부분석을 통한 검증이 꼭 필요한 이유다. 이런 점에서는 형제의 투자법을 보수적으로 보는 시각도 적잖다.

이들은 재무제표를 볼 때 수익의 지속성과 함께 연구개발비, 주식물량 증감여부를 눈여겨본다. 일정수준의 수익이 유지되고 연구개발비가 꾸준해야 하지만, 특별한 이유 없는 주식발행은 경계대상이다. 대차대조표에선 현금

항목을 집중적으로 분석한다.

그들의 말이다.

"무엇보다 현금창출 능력이 뛰어나야합니다. 현금이야말로 차곡차곡 이자를 벌어들이고, 또 필요할 때 즉시 투자할 수 있기 때문이죠. 당연히 부채는 없거나 있어도 적은 게 좋고요."

소형주에 대한 각별한 애정 "펀드를 사겠다면 인덱스만 하라"

이밖에도 모틀리 풀의 투자방법론은 몇 가지로 요약된다. 매출액이익률은 세금공제 후 연 7% 이상이되, 최근 3년간 일관성이 있어야 경쟁력이 높다고 평가한다. 또 상대강도가 90 이상인 경우 매력적으로 간주한다(최근 1년간 시장수익률의 90% 이상 상승한 경우). 가파르게 오를수록 추세가 살아있기 때문이다.

보유현금은 매출액의 20% 이상 혹은 주당 보유현금비율이 주가의 12.5% 이상일 경우 풍부하다고 보고 매수후보군에 올린다.

제일 중요한 건 일명 '풀 비율'로 불리는 주가이익증가비율이다. PER(주가수익비율)를 기업성장률로 나눈 것으로 이게 0.5 이하면 환상적이다(가령 주가 24달러에 주당순이익 2달러면 PER는 12배인데, 이때 기업의 추정성장률이 20%일 경우 주가이익증가비율은 0.6이 나온다). 적어도 1 이하라면 계속 보유하는 게 낫다는 입장이다.

결론적으로 이들 형제에게 낙점을 받기란 낙타가 바늘허리 들어가기처럼 힘들다. 극히 일부종목만 이들의 투자조건을 충족시키기 때문이다. 그도 그럴게 우량기업 치고 시장에서 소외됐을 확률이 낮은데다 주가까지 낮을 가능성은 더 없기 때문이다.

하지만 형제는 이런 종목을 여러 개 발굴하는데 성공했다. 그만큼 매수에 앞서 치밀하고 탄탄한 종목조사 단계를 그칠 수밖에 없다. 약 500만명에 달하는 전 세계 고객들이 그들의 코멘트와 행동에 열광하고 또 추종하는 이유다.

이들은 지금껏 4권의 책을 공저했는데, 모두 〈뉴욕타임즈〉가 선정한 베스트셀러 반열에 올랐다. 아울러 활발한 기고활동과 라디오진행을 통해 모틀리 풀 방식의 돈 버는 법을 설파 중이다. 종목발굴에 관심이 많다면 한번쯤 이들의 칼럼이나 방송을 들어보는 건 어떨까.

Advise   모틀리 풀의 10대 투자원칙

1. 세상일을 심각하게보단 상식적으로 보라
2. 정보만 잘 챙기면 기관투자가보다 나을 수 있다
3. 인덱스펀드 말고 펀드는 빛 좋은 개살구다
4. 규모가 작아도 탄탄한 소형주를 주목하라
5. 급등한 종목의 추세에 올라타는 게 좋다
6. 이익이 지속적으로 늘면서 현금 많은 기업을 골라라
7. PER가 낮으면서 성장률 높은 기업이 최고다
8. 적어도 회사내부자가 주식의 10%는 보유해야 한다
9. R&D비용은 전년보다 같거나 많아야 한다
10. 저가주는 좋지만 넝마주는 안 된다

12

벤저민 그레이엄Benjamin Graham

버핏이 추앙한 가치투자의 선구자

"주식투자는 아내를 고르는 일과 같다. 많은 걸 세심하게 검토한 뒤에 비합리적인 편애가 더해진다. 그런데 이것이 제일 강력하고도 지배적인 요소로 작용한다."

가치투자의 거장
'안전마진을 최대한 키워라'

늘 그렇듯 첫 단추를 잘 꿰는 게 가장 중요하다. 투자의 세계만큼 작심삼일의 허망함도 없기 때문이다. 실제로 계획을 잘 세우고 이를 철저히 지켜나가는 전략이야말로 월가고수들이 이구동성으로 강조하는 투자테크닉의 백미다.

주식투자도 마찬가지다. 의외로 주식초보자 치고 크게 잃거나 망한 사람은 별로 없다. 잃어도 소액에 불과하다. 잘 모르고 겁이 나는 만큼 기본상식과 룰을 누구보다 엄격하게 잘 지킨 결과다.

반면 실패케이스의 절대다수는 시간이 흐를수록 초심(初心)을 잃었다는 게 공통분모다. 타성과 익숙함은 경계대상이다. 몇 번 실전에 부딪혀본 결과 돈 좀 벌었을 때가 실은 제일 위험할 때다. 눈이 흐려지고 귀가 막혀서다. 결국 데뷔 때의 신중함과 성실함을 유지하는 게 성공투자의 지름길인 셈이다.

그렇다면 주식투자의 초심은 뭘까. 한마디로 압축하면 '가치투자' 정도가 아닐까. 가치투자란 포괄적으로 봤을 때 우량주 저가매수를 원칙으로 한 장기·분산투자를 뜻한다. 이는 거의 모든 주식서적·보고서가 추천하고 인정하는 투자지침이자 성공모델이다. 지키기 힘들어서 그렇지 실천만 한다면 투자성공은 '따 논 당상'인 까닭에서다.

30년대에 체계적 증권분석 설파 "정답은 내재가치에"

이 개념을 만든 사람이 바로 벤저민 그레이엄이다. 그는 투자정석으로 일컬어지는 '가치투자'의 선구자이자 증권분석의 창시자다. 1930년대에 최초로 체계적인 증권분서 이론을 수립해 월가에 '가치투자' 붐을 일으켰다. PER(주가수익비율), 장부가치, 순이익성장률 등 지금이야 기본적인 투자지표로 활용되는 개념도 그가 처음으로 일반화했다.

가치투자는 둘로 나뉜다. 미래의 현금흐름을 현재금리로 할인해 구하는 방법과 자산·수익·배당가치 등 3대 가치를 따르는 계산법이 있다. 전자는 워렌 버핏이, 후자는 벤저민 그레이엄이 고안해냈다. 버핏이 미래가치를 중시했다면 그레이엄은 과거·현재의 기업가치에 가중치를 뒀다.

공통섬노 있다. 세부과성에서 배낭·금리·EPS·BPS 능의 저평가지표를 사용한 긴 둘 다 똑같다. 그레이엄은 가치주 발굴의 진제조전으로 기업외직 요소는 크게 생각지 않았다. 시장의 변덕스런 정보를 경계했기 때문이다. 시장에 휘둘릴 시간에 내재가치를 분석하는 게 훨씬 낫다고 봤다.

그레이엄은 버핏의 스승이다. 버핏이 평소 "우리는 그레이엄이 심은 나무 밑에서 휴식을 취한다"고 할 만큼 그레이엄을 존경했다. <월스트리트저널>은 워렌 버핏, 피터 린치, 조지 소로스와 함께 그를 '시대를 초월한 가장 위대한 투자자' 반열에 올렸다.

그는 증권사 심부름꾼부터 시작해 대형펀드의 책임자·CEO가 되기까지 42년을 월가에서 보냈다. 25세 때 이미 연봉 60만 달러의 천재적인 펀드매니저로 활약했다. 그는 주식투자를 육감으로부터 과학으로 발전시킨 주인공이다. 처음엔 대공황에서 살아남기 위해, 나중엔 가르치는 일에 대한 순수한 사랑에서 대학교수가 됐다. 30여 년간 '투자론'을 가르친 탓에 '월가의 학장'이란 별칭도 유명하다.

그는 주식투자를 아내를 고르는 일에 비유했다. "많은 구체적인 사항들이 세심하게 검토된 뒤에 비합리적인 편애Unreasoning Favoritism라는 강력하고도 지배적인 요소가 더해지기 때문"이란 게 그의 설명이다.

같은 맥락에서 투자와 투기도 철저히 구분했다. 그에 따르면 '무모한 투자자'란 표현은 이율배반적이다. 아마추어가 빌린 돈으로 주식을 사는 건 그래서 투기다. 물론 때론 투기도 필요하다. 대신 투자자금과 투기자금은 나눠 운영돼야 한다.

그의 말이다.

"투기는 짜릿한 쾌감과 긴장감을 유발해요. 게임을 리드하는 동안 상당한 재미를 느낄 수 있죠. 자신의 행운을 시험해보고 싶다면 별도자금을 만들어 대박을 노리되 그 규모는 작으면 작을수록 좋아요. 절대 투기자금과 투자자금을 한 계좌에 섞어 운용·매매해선 안 됩니다."

주식·채권의 투자조화 중시 "주식시대에도 최소 25%는 채권에"

그는 또 채권투자와의 조화를 강조했다.

"굉장히 오랫동안 고민한 주제가 바로 주식과 채권(혹은 저축)의 포트폴리오 비율이었어요. 해답은 균등한 절충이었죠. 주식과 채권 모두 늘 일정비율을 유지해야 합니다. 적어도 둘 다 25% 미만이면 안 돼요. 나머지 50%는 투자자 개인의 확신과 판단에 따라 할당하는 게 좋습니다.”

주식과 채권 각각 장단점이 있기 때문에 하나라도 무시해선 곤란하다는 입장이다. 인플레시대엔 채권투자를 줄이는 대신 주식매수를 점차 늘리는 등의 유동적인 변화가 필요하다. 바람직한 포트폴리오란 그때그때 다르다는 얘기다. 다만 보수적인 투자자라면 상당부분을 채권에 넣고 나머지를 주식에 묻는 '절충투자'가 대안이다.

그레이엄은 역사를 중시했다. 과거흐름을 보면 미래대응이 가능해서다. 단기변동을 빼면 기업이익·배당이 지속적으로 상승했다는 점에서 과거 관찰은 일관된 투자전략을 세우는 데 도움이 된다. 또 일반인이 시장예측으로 돈을 벌기는 어렵지만 시장변동엔 대비해야 한다. 매매를 결정짓는 타이밍과 가지결정(가치보다 떨어질 때 매입, 올라갈 때 매도)과 직결되기 때문이다.

증시이론은 유명할수록 조심해야 한다. 많은 이들에게 알려지기 시작하면 신뢰도는 떨어진다. 군중효과가 발휘돼 더 위험할 수도 있다. 현명한 투자자는 '저점매수·고점매도'를 지향한다. 하지만 장세패턴이 불규칙해 이것도 확률이 떨어졌다. 차라리 대중심리에 흔들리지 않으려면 주식가치 변동에 따라 주식·채권비율을 조정하는 게 현실적이다.

시장조언자들에 대한 평가는 냉혹하다. 그의 코멘트다.

“돈 버는 법을 묻는 건 순진한 발상이에요. 수익은 고스란히 본인의 고유영역에 속하잖습니까. 투자조언은 다양한 경로·출처를 통해 얻어지죠. 그만큼 논리·조직적인 접근법이 없다는 말과 같아요. 금융정보 서비스회사의 예측·평가는 애매한 표현들로 가득해 얼마든 끼워 맞출 수 있습니다. 증권사는 수수료를 위해 잦은 매매를 권유할 수밖에 없고요. 이들의 정보는 투기를 부추기는 경우가 태반이죠. 문제는 단기이익을 원할수록 이들의 정보에 솔깃하게 된다는 점이에요. 현명한 투자자라면 조언·추천과 별개로 독립적인 판단을 해야겠죠. 후회보단 안전이 낫습니다.”

경계해야 할 건 이뿐만이 아니다. 그레이엄에 따르면 EPS(주당순이익)엔 함정이 감춰져있다. 한해 수익만을 중요하게 여기지 말라는 메시지다. 영업실적 부풀리기도 염려스럽다. 확실한 이익을 챙기려면 희석요소를 감안해야 한다. 얼마든 교묘한 조작이 가능한 회계장부 역시 주의대상. 특별비용이나 세액공제, 감가상각 등 분식(粉飾)거리가 많아서다.

그는 “혼란스럽겠지만 기업의 회계처리는 종종 믿을 것이 못 된다”며 “반드시 확인을 통해 진의를 가릴 것”을 권했다. 왕왕 타이밍만 잘 잡으면 엄청난 고수익을 안겨주는 전환증권(BW, CB 등) 역시 감춰진 진실이 많다고 우려한다.

EPS의 함정 “회계장부는 조작 가능, 후회보단 안전하게”

그의 증권분석은 초보자에게 큰 도움이 된다. 초보자라면 애널리스트의 코멘트 정도는 이해할 것을 강조한다. 주식가치를 결정하는 미래의 평균수익과 관련된 지표도 정복대상이다. 그레이엄은 “현명한 투자자는 미래가 적절히 예측된 종목군이나 과거실적에 바탕을 둔 예상치가 틀릴 것을 감안하고도 믿을만할 때만 투자한다”고 말했다.

이때 안전마진Margin of Safety이란 개념이 나온다. 안전마진은 그레이엄 투자전략의 핵심줄기다. 기업의 이자비용을 뺀 뒤 남은 영업이익이 소진될 때까지의 비율로 주가와 평가가치 사이의 차이다. 안전마진이 클수록 손실보단 이익확률이 높다.

안전마진은 리스크를 최소화하면서 수익률을 극대화한다. 안전마진을 확보하자면 자산가치가 시가총액보다 적어야 한다. 동시에 지속적인 수익으로 마진 자체를 늘릴 필요가 있다.

보수적인 투자자라면 우량채와 우량주의 분산투자가 권장된다. 시장연동형 포트폴리오를 짜려면 인기성장주와 대형주가 편입대상이다. 인덱스펀드도 대안이다. 저가매입(저평가)이 가능한데다 배당수익이 훌륭한 유틸리티업체도 괜찮다. 가격결정권까지 보유한 독점기업이 무난하다.

기업규모는 대형업체일수록 좋다. 과거 10년 이상 안정적인 수익을 내고 배당은 최소 20년 정도는 실시해야 보수적인 사람들에게 어울린다. 저점일 때 주식매수를 늘리되 꼭지조짐이 목격되면 주식 편입비중을 50% 이하로 떨어뜨리는 게 현명하다. 급등 때 매수하면 치명적인 시장위험에 노출되기 때문이다.

채권의 경우 원금고수를 지향한다면 절세혜택이 많은 국고채가 낫다. 적어도 1년에 한번은 포트폴리오를 점검하고 투자부담을 줄이는 차원에선 정액매매(적립식)도 권유된다.

공격적인 투자자라도 채권·주식의 분산투자는 필수다. 단 공격적이라도 고수익 때문에 고위험을 무조건 받아들여선 곤란하다. 고수익엔 반드시 큰 위험이 뒤따른다는 점을 명심해야 한다.

공격적인 투자전략은 △저가매수·고가매도 △신중한 성장주 매수 △가치이하로 폭락한 저가주 매수 등으로 분류된다.

그레이엄의 얘기다.

"평균이상 수익을 얻자면 인기 없는 대형회사나 저가주, 워크아웃 등 특수악재에 시달리는 기업을 공략하는 게 효과적이에요. 저가주라면 내재가치보다 50% 이상 낮아야겠죠. 과거실적은 좋은데 인기 없는 비우량종목도 괜찮죠. 빼어난 수익률을 내려면 뛰어나면서 덜 알려진 종목을 찾아야 해요. 이런 주식을 많이 편입하는 게 최고죠."

여성편력 심한 모험가 '명석한 두뇌에 극작가 경력까지'

그레이엄은 대단히 명석했다. 콜롬비아 졸업반일 때 그에게 아이비리그에서 강의제의(영어·철학·수학 등 3개 학과)를 할 정도였다. 이론에만 밝은 게 아니라 실무에도 능했다.

저서인『증권분석Security Analysis』과『현명한 투자자The Intelligent Investor』는 증권가의 필독서이자 불후의 명작으로 손꼽힌다. 특히 1940년에 쓴『증권분석』에서 추천한 종목은 이후 8년간 250% 이상 급등하는 성과도 거뒀다. 같은 기간 시장평균의 3배가 넘는 수익률이었다.

제자인 버핏은 스승의 투자원칙을 3가지로 요약했다. △투자는 사업하듯 하라 △시장의 변덕스러운 오르내림에 속지 말라 △충분하게 낮은 가격에 사라 등이다.

한편 그는 여성편력(?)이 심했고, 여행을 즐기는 모험가였다. 63세에 쓴 자화상에서 그레이엄 스스로 "비교적 크게 실패한 분야는 여자들과의 관계였다"고 회고할 만큼 여성편력이 대단했다. 실제로 그는 세 번이나 결혼했다. 혼외정사도 마다하지 않았다.

또 그의 자서전엔 유독 소설과 오페라가 자주 등장한다. 때때로 운율이 담긴 시를 읊기도 한다. 꽤나 서정적인 인물로 평가받는 이유다. 짧지만 극작가 경력도 갖고 있다. 1편의 단막극과 3편의 장막극 희곡을 썼다. 그 중 하나는 극장무대에까지 올라가 공연됐다.

지난 76년 사망했지만, 그레이엄은 여전히 20세기 최고의 분석가로 월가 사람들에게 명망이 높다.

1. PER의 역수가 AAA등급 회사채 수익률 역수보다 작은 종목
2. 현재 PER가 과거 5년간 평균 40% 이하인 종목
3. 배당수익률이 AAA등급 회사채 수익률의 2/3 이상인 종목
4. PBR가 0.35 이하인 종목
5. 주가가 주당 순유동자산의 2배 이하인 종목
6. 부채비율이 150% 이하인 종목
7. 유동비율이 200% 이상인 종목
8. 부채/순유동자산 비율이 4 이하인 종목
9. 과거 10년간 연평균 EPS증가율이 4% 이상 종목
10. 과거 10년간 8번 이상 흑자인 종목

13

사와카미 아쓰토 澤上篤人

농경투자 주창한
업계 이단아

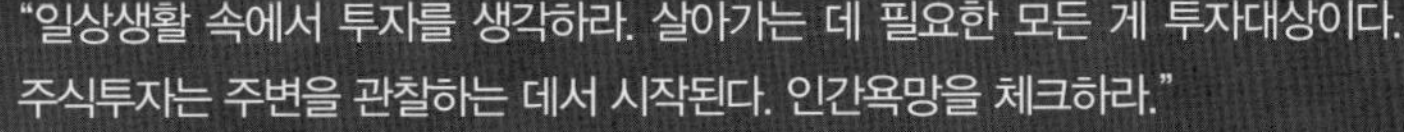

"일상생활 속에서 투자를 생각하라. 살아가는 데 필요한 모든 게 투자대상이다. 주식투자는 주변을 관찰하는 데서 시작된다. 인간욕망을 체크하라."

경제는 욕망 따라 진화
'짜잘한 경기논쟁은 잊어라'

\# 풍경 하나 = 1970년 어느 날 아침. 사람들이 즐겨보는 신문광고란에 이상한 문구가 눈에 띈다. 좀체, 아니 거의 볼 수 없는 개인광고다. 사연인즉슨, 방학 중인 학생으로 아르바이트를 하고 싶으니 자기를 좀 뽑아달라는 일종의 구인광고다. 그런데 여기엔 조건이 붙어있다. 기업분석이 너무 재미있어 이 일이 아니면 곤란하다는 당돌한 제안이다. 물론 돈은 안 줘도 상관없다니 도대체 어떤 인물인지 궁금해 하시 않을 수 없있는네….

\# 풍경 둘 = 그로부터 며칠 뒤 도쿄도심에 위치한 증권가의 한 건물 앞. 23살의 빼빼마른 일본청년이 외국계 금융회사 간판 앞에서 숨을 고른다. 그리곤 사무실 문을 열어 제친 뒤 힘차게 인사한다. "처음 뵙겠습니다. 사와카미 아쓰토(澤上篤人)라고 합니다." 구인광고를 낸 주인공이다. 며칠 뒤. 이 청년의 바람은 이뤄졌다. 스위스캐피털인터내셔널이란 투자회사에 정식사원이 된 것이다. 이 청년, 그로부터 30여년 뒤 일본열도를 뜨겁게 달군 당대최고의 펀드매니저로 성장했다.

사와카미 아쓰토 사와카미투신 회장. 그는 '일본 투신업계의 이단아'임과 동시에 샐러리맨들 사이에선 우상으로 떠오른 '사와카미 신드롬'의 주인공이다. '장기투자·적립식·단일펀드·샐러리맨·농경투자' 등의 단어는 '사와카미'의 상징어다. 샐러리맨을 부자로 키우겠다는 신념 때문에 1조원 가까운 기관자금을 거절했을 만큼 강단 넘치는 성격의 소유자다.

일찌감치 장기를 지향하는 적립식투자의 메리트를 주장해온 투자베테랑답게 언론은 그에게 '일본의 워렌 버핏'이란 별명까지 붙여줬다. 올해(2007년)로 37년의 투자경력을 자랑하는 사와카미 회장. 그는 여전히 회사의 대표 펀드매니저로 펀드운용과 투자결정에 기여하고 있다. 최근엔 한국에서도 몇차례 강연회를 가진 바 있다.

일본의 워렌 버핏 '일찌감치 적립식 강조한 37년 베테랑'

그는 1947년 나고야에서 태어났다. 나고야는 도요타·캐논 등 일본의 고성장 신화를 이끈 파워풀한 제조업체가 몰려있는 대표적인 공업지역이다. 그래서일까. 일찍부터 경제와 기업에 관심이 많았다. 당돌한 구인광고 덕에 애널리스트로 사회에 진출했지만, 특유의 열정과 성실함은 그를 낙점한 회사에 옳은 선택이었다는 확신을 심어주기에 충분했다.

하루 15시간씩 일에 파묻혀 살만큼 기업을 분석하고 투자전략을 세우는 게 재밌었다. 73년 제네바대학에서 국제경제학 석사를 마친 뒤 보폭은 보다 넓어진다. 86년엔 유럽의 유명한 투자은행인 스위스픽테트은행의 일본대표를 맡았다. 이후 그는 일본경제만이 아닌 글로벌경제의 거대한 흐름에서 일본의 개인투자자가 봉착할 수밖에 없는 필연적인 위기의 본질을 읽었다.

그는 저서에서 "부(富)의 대이동이 시작됐음에도 불구하고 운용을 모르고, 하지 않고, 또 못 하는 세대가 늘고 있다"며 "대책 없이 몰락하는 자와 탈출하려고 저항하는 자의 차이는 엄청날 것"이라고 경고한다.

사와카미 회장에 따르면 선택의 갈림길에서 탈출하는 솔루션은 하나뿐이다. '장기투자'다.

얘기는 계속된다.

"본격적인 장기투자는 시시각각 변하는 가격변동의 잔파도는 모두 무시하죠. 대형파도만 상대합니다. 대형파도란 경제전체에서 돈의 흐름이 크게 방향을 바꿔 움직이기 시작할 때 생기죠. 변화하려는 에너지만 축적돼 있다면 어떤 방향이든 상관없어요. 언젠가 어디선가 마그마는 분출합니다. 이 마그마의 분출을 미리 읽어 대형파도에 일찍부터 올라타는 게 위기를 기회로 바꾸는 장기투자의 매력이죠."

하지만 현실은 그렇지 않았다. 제로에 가까운 저금리에도 불구하고 은행예금을 선호하거나 펀드를 기피하는 일본투자자의 스타일이 너무 안타까웠다. 턱없이 후진적인 투자스타일인데, 개전의 정이 없다는 게 더 답답했다. 그만큼 고질적인 병폐였다.

증권사들의 수수료사냥 행태도 못마땅하긴 마찬가지다. 이대로라면 조만간 대부분의 개인투자자들이 낭떠러지로 떨어질 게 불을 보듯 뻔했다. 필요는 발명을 낳는다고 했는가. 자신이 직접 샐러리맨을 위한 투신사를 차리기로 결심했다.

결심은 곧 실천됐다. 일본최초의 독립형 투신사로 평가받는 사와카미투신은 이렇게 탄생했다. 때는 99년 8월, 일본증시가 한창 좋지 못할 타이밍이었다.

단기투자는 절대불가 '장기투자 운용방식은 아주 간단'

사와카미투신의 홈페이지(www.sawakami.co.jp)에 들어가면 이런 설립배경과 맥이 닿아있는 철학과 방침이 녹아있다. 대표이사 인사말 중 일부다.

"시간의 심판은 모든 걸 백일하에 들어낼 겁니다. 어떤 위대한 일도, 제 아무리 걸출한 것도 시간이 지나면 평가를 받게 돼 있죠. 우리는 우리가 믿는 장기투자를 성실하고 정직하게 추구하자는 데 뜻을 같이한 사람들이 모인 회사예요. 하나같이 시간이 흐름을 이기자는 데 동의했죠. 우린 부단한 연구와 강고한 행동, 그리고 끈질긴 인내력이 체화된 장기운용을 통해 샐러리맨 가정의 재산증식을 도울 겁니다."

자신감이 넘친다. 이밖에도 홈페이지 곳곳엔 사와카미펀드가 왜 일본 적립식펀드의 성공신화로 거론되는지, 왜 샐러리맨 사회에서 그의 인기가 연예인 뺨치는지 알려주는 힌트가 많다.

하지만 설립초기 이 회사는 그야말로 무명이었다. 회사위치도 일본의 증권가인 가부토초나 가야바초에서 지하철로 20~30분 거리에 떨어져 있었다. 직원은 30명 남짓에 불과했다. 펀드설정 당시 주목은커녕 그만그만한 또 다른 소형펀드에 불과했다. 실제로 첫 출발에 동참한 개인투자자는 487명(163억원)에 머물렀다.

하지만 곧 상황은 반전됐다. 거대투신사마저 벤치마킹할 만큼 독특한 투자철학과 수익률로 매년 승승장구했다. 남들은 30~40%씩 마이너스를 낼 때 꾸준히 5~10%의 플러스수익을 기록했다. 딱 2년(2001~2002년) 손실을 봤지만, 그것도 한 자릿수에 묶는 괜찮은 성과였다.

영업활동 없이 입소문에만 의지하는 경영방침도 특이하다. 마케팅비용을 아끼는 대신 고객에게 한 푼이라도 이익을 더 주자는 차원에서다. 그래도 회사는 잘만 굴러간다. 현재 가입자만 5만명을 가볍게 웃돈다. 고객의 70%는 적립식을 선택한 3040세대 직장인이다.

그가 생각하는 장기투자는 뭘까.

"장기투자자의 운용방식은 믿어지지 않을 만큼 기본에 충실해요. 불황이나 폭락 등 값 쌀 때 단호하게 매수하죠. 매수한 후에는 가격이 오를 때까지, 즉 시장의 가격병가가 높아실 때까지 3년도 좋고 5년, 7년이라도 끈질기게 기다립니다. 장기투자의 기본은 그것뿐이에요. 머잖아 장기투자의 운용성과는 분명 평가받을 겁니다. 게다가 장기투자는 국가경제에도 도움이 되죠. 정부를 대신해 민간부문의 투자를 이끄는 등 경기부양이 가능하기 때문입니다. 순기능이죠. 건전한 경제의 확대발전의 출발점이 바로 장기투자란 얘기에요."

그에게 단기투자는 'No'다. 1~2년짜리 투자자금은 아무리 거액이라도 받지 않는다. 사와카미펀드는 <닛케이비즈니스> 선정 2005년 펀드랭킹 13위를 차지했다. 노무라·골드만삭스 등 쟁쟁한 펀드들과 어깨를 나란히 한 셈이다. 이대로라면 몇 년 내 일본의 'No.1' 주식형펀드(수탁고 기준)가 될 게 확실시된다. 지금껏 누적수익률은 80%에 이른다. 일본 정기예금 금리(1년 만기)가

0.03%임을 감안하면 대단한 수익률이다.

싸게 사 비싸게 팔기 반복 "무딘 칼로 두들겨 부숴라"

사와카미펀드엔 3가지 투자원칙이 고집스레 적용된다. 샐러리맨 자금만 받고, 백화점식 펀드운용은 지양하며, 판매사 없이 직접 판다는 원칙이다. 때문에 임직원 대부분은 판매원이다.

반면 수수료는 싸다. 환매율은 사실상 '제로'다. 대표펀드는 2004년9월 설정된 '아리가토우(감사합니다)펀드'다. 주식형펀드에 투자하는 모태펀드Fund of Fund로 주로 사와카미펀드와 도요타주식펀드 등 수익률이 좋은 펀드에 투자해 인기가 높다.

그가 장기투자를 강조하는 건 '인간의 욕망' 때문이다. '조금만 더'라는 인간의 욕망이 경제활동을 지속시킨다는 논리다. 경제의 역동성이 욕망의 전파로 이뤄진다고 봐서다. 그는 "욕망이야말로 경제를 움직이는 원동력"이라며 "작은 움직임이 빠른 속도로 번져 눈 깜짝할 새에 불이 붙는다"고 했다.

대표적인 케이스로 최근의 일본경제 회복을 든다. 그럼에도 불구, 바닥에서 손을 대는 건 아주 어렵다. 장기투자자만이 승자가 될 수 있는 이유다. 그는 "한치 앞이 보이지 않는 하락시세에 태연한 얼굴로 살 수 있다면 장기투자자"라고 정의한다.

덧붙여 "앞으로의 예측은 불가능하지만 확실한 건 가치 있는 걸 싸게 사두면 실패하지 않는다는 점"이라고 밝혔다. 결국 쌀 때 사뒀다 오르면 파는 단순한 작업을 반복하는 게 '무딘 칼로 두들겨 부수는 위력'을 갖고 있기 때문이다. 그에 따르면 장기투자는 경제흐름에 올라타는 것만으로 충분하다.

또 그는 '농경형 투자'의 신봉자다. 파생상품·헤지펀드 등이 '수렵형 투자'라면 장기투자는 '농경형 투자'다. 달리고 베는 화려함은 없지만 시간의 에너지와 소박한 수고의 축적이 꽤 큰 성과를 낳는 투자방법이다.

봄에 모를 심어 가을에 벼가 익기까지 일정한 시간이 걸리듯 장기투자도 수익을 얻기까지 시간이 소요된다는 입장이다. 하룻밤 새 꽃이 피지 않듯 작물이 자라는 데는 대자연의 혜택을 듬뿍 흡수할 '시간'이 필요해서다.

결국 장기투자의 핵심은 시간의 무게를 내편으로 삼는데 있다. 중요한 건 씨를 뿌리는 타이밍이다. 장마철이나 가을걷이 후 모내기를 해선 곤란하다. 정확히 봄에 씨를 뿌려야 한다. 봄이란 바로 주가바닥권이다.

첫 출발은 주변관찰 "살아가는 데 필요한 모든 게 투자대상"

장기투자는 주가라는 숫자를 좇지 않는다. 그는 "인간이 살아가는 일상생활 속에서 투자를 생각해야 한다"며 "살아가는 데 필요한 모든 게 투자대상"이라고 말했다. 장래수요에 대비하는 기업을 사 두면 그 니즈가 현실화될 때 엄청난 투자수익을 안겨준다고 봐서다. 장래수요를 예측하기 어려운 만큼 장기투자자는 역설적으로 더 싼 값에 주식을 살 수 있다.

그의 코멘트다.

"주식투자는 주변을 관찰하는 데서 시작되죠. 남들보다 빨리 새 흐름을 간파하면 고수익이 보장됩니다. 필요성을 느끼는 사람이 많아지면 가격은 올라요. 이런 심리확산에 장기투자의 힌트가 숨어 있습니다. 미리 사뒀다 나중에 많은 사람이 사러오기를 기다리는 식이에요. 시간을 사는 셈이죠.”

그러자면 느긋한 인내력이 필수다. 예상대로 안 된다고 도중에 던져버리면 무용지물이다. 장기투자자에게 현재가 어떻다는 사실은 의미가 없다. 경기논쟁이 대표적이다. 그는 “경기전망이 위를 향한다면 그때가 사야할 때”라며 “저금리의 최종국면에서 주식을 사는 건 합리적인 투자행동”이라고 전했다. 더 중요한 건 불황·디플레 하는 게 지속되지 않는다는 사실이다.

시장이 거들떠보지 않을 때 사서 장기간 보유하면 된다. 'Buy & Hold'전략이다. 경기가 회복되면 80%의 회사는 주가가 오른다. 회복시기가 빗나갈 순 있어도 회복된다는 사실 자체는 반드시 실현된다. 장기투자자에게 리스크는 없다. 중간에 못 참고 피는 게 리스그리면 리스그다.

매수·매도타이밍은 금리 사이클에 따라 정해진다. 불황·저금리·디플레는 확대경영할 때다. 반면 호경기·금리폭등·인플레 우려 땐 축소경영이 좋다. 합리적인 투자운용은 경기(금리) 사이클에 맞춰 주식·현금·채권 등의 순서로 운용대상을 이동하는 것이다. 즉 자산배분의 전환이다.

그는 '고금리기(채권) → 기업리서치 열중(주식매수 대기) → 저금리 돌입(채권매각·주식매입) → 불황·저금리기(주식 대량매입) → 경기과열기(주식보유) → 경기과열기(주식매도) → 금리반등 시도기(MMF 등 단기운용)' 등의 전략을 자주 추천한다.

이를 위해선 손익계산서보다 대차대조표가 제격이다. 장기 수익성의 질을 타진할 수 있어서다. 그는 “장기투자자에겐 2등 그룹이 좋다”며 “선행그룹

주가가 오를 때 2등 그룹은 저가부근에서 얼마든 살 수 있기 때문"이라고 밝혔다.

매매타이밍은 금리 따라 '2·3·5법칙의 투자효율성'

종목을 고를 땐 '2·3·5법칙'을 보자. 직접적인 종목정보만 보면 위험하다. 경제·경기의 커다란 변동과 변화조류를 읽는 게 훨씬 중요하다. 장기투자엔 외적변동 요인의 체크가 필수다.

기업분석에 20%, 해당기업이 처한 사업환경 전반의 조사에 30%, 향후의 커다란 조류 속에서 어떻게 사업을 전개해나갈 것인지 추론하는 데 50%를 배정하는 게 좋다.

그의 조언을 더 들어보자.

"리서치의 20%는 대차대조표로 기업과거를 파헤치는 데 몰두해야죠. 그것도 10년 이상을 횡축으로 나열해놓고 변화를 살펴야합니다. 30%가 할당된 사업환경 점검은 경쟁상대 조사에서 시작되죠. 환경은 시시각각 변해요. 새로운 흐름을 타고 입지를 강화하려는지 확인해볼 필요가 있죠. 50%는 장기항해에 씁시다. 내가 경영자라면 어떻게 할까라는 기분으로 상상력을 동원해보는 게 도움이 될 거예요."

사와카미펀드는 2006년 10월말 현재 시가총액 합계가 2,096억엔에 달한다(발행가격 상한은 1조엔). 투자비율은 일본주식이 93.57%로 압도적이며, 나머지 6.43%는 현금·예금 등 유동성에 투자돼 있다. 업종별로는 전기기기

(20.03%), 기계(13.12%), 화학(10.2%), 수송용기기(9.16%) 등의 편입비중이 높은 편이다. 제7결산기(2005.8.24~2006.8.23)엔 24.6%의 수익률을 거뒀다.

14

알렉산더 엘더 Alexander Elder

월가최고의 테크니컬 분석가

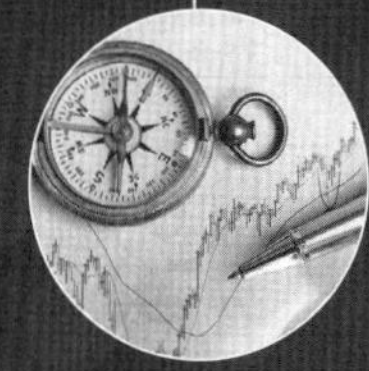

"승자가 되려면 건강한 심리상태, 논리적인 매매시스템, 훌륭한 자금관리가 필수다. 이것들은 3개의 의자다리와 같다. 이중 하나만 없어도 넘어지게 돼있다."

이유 있는 승자의 고독
'3대 신화 극복하라'

알렉산더 엘더는 러시아(레닌그라드) 출생이다. 에스토니아에서 유년기를 보냈다. 16세에 의대에 입학한 후 22세 때 전문의를 끝냈다. 의사로 근무하던 23세 때 탈출, 미국에 망명했다.

우여곡절 끝에 74년2월 케네디국제공항에 입국했다. 여름옷을 입은 채였고 25달러가 전부였다. 영어를 구사했지만, 미국문화에 대해선 문외한이었다. 76년 정신과 레지던트였던 그는 캘리포니아로 가던 중 엥겔의 『How to Buy Stocks』를 읽다 주식과 첫 대면했다.

후에 자서전에서 "(이 책을 통해) 주식시장에 대해 전혀 몰랐지만 돈을 만드는 아이디어가 나를 사로잡았다"고 고백했다. 뉴욕으로 돌아온 후 『Kind of Care』란 주식 책을 샀고, 이후 본격적으로 증시와 주식·옵션을 파고들었다.

그는 레지던트를 마치고 뉴욕의 정신분석기관에서 공부했다. 저명한 의학지의 편집자로 활동하기도 했다. 당시 주식매매는 그의 일상이었다. 사무실엔 일주일에 몇 번만 나갔고, 대부분 시장에서 시간을 보냈다. 매매하는 동안 계좌기록을 바닥에 내던지기를 수없이 반복했다. 그러다 매번 병원 일로 되돌아갔고, 또 읽고 생각하고 테스트하다 다시 매매하러 갔다.

매매결과는 서서히 향상됐다. 승리요인은 컴퓨터가 아니라 자신 안에 있다는 걸 깨닫고 나서부터다. 정신분석학은 그에게 매매에 대한 통찰을 제공했다. 이후 전문투자자로 활동하면서 저서를 집필하고 소프트웨어를 개발했다.

88년에는 투자자 양성전문기관인 'Financial Trading Seminars'를 설립했다. 심리학과 기술을 접목한 투자법을 얘기하는 그는 세계적으로 몇 안 되는 최고의 기술적 투자자로 평가받는다.

망명자 출신의 의사 '정신분석학 이해한 뒤 투자자로 전업'

알렉산더 엘더는 증권가의 투자심리를 주도면밀하게 분석했다. 그에 따르면 수식투자에 있어 최대의 적은 '통제력 상실'이다. 고통으로 몸부림지거나 즐거움으로 어찔 줄 몰라 하는 등 자신을 못 다스리니 십중팔구 깡통이라고 못 박는다.

아마추어의 딜레마를 꼬집은 책도 썼다. 투자심리를 다룬 거의 유일한 명저로 평가받는다. 『심리투자법칙Trading for a living; Psychology, Trading Tactics, Money Management』이다. 아마추어와 베테랑은 생각부터 다르다.

프로들은 부분만 보지 않는다. 시장을 분석하며 반응을 관찰한 후 실현 가능한 계획을 세운다. 철저히 현실을 주시한다. 겉에서 보면 고독할 정도다. 반면 패배자들은 자신만의 환상에 빠져 매매한다. 결과는 패배뿐이다.

그의 얘기다.

"시장은 당신의 어머니가 아니에요. 그곳엔 당신의 입에 우유를 넣어주는 대신 당신으로부터 돈을 가져가는 방법을 찾는 거친 남자와 여자만이 존재하죠. 시장은 혹독할 뿐 아니라 비싼 대가를 요구합니다. 게임을 시작하기도 전에 게임 뒤편에 서있는 셈이죠."

유명한 이론도 만들어냈다. 이것을 '개인투자자가 빠지기 쉬운 3가지 신화'로 설명했다.

먼저 지식의 신화The Brain Myth다. 학력이 높은 사람이 성공한다는 신화다. 패배자들은 늘 성공투자자들이 가지고 있을 법한 '투자의 비밀'을 궁금해 한다. 허풍쟁이에게 거금을 줘 예언서도 산다. 하지만 "성공매매는 맹장수술을 하거나 법정에서 소송하는 것보다 훨씬 쉽다"고 말한다. 승자와 패자를 가르는 건 지식도 비밀도, 교육도 아니라는 메시지다.

다음은 저자본 신화Undercapitalization Myth다. 큰돈으로 투자했으면 성공했을 것이라는 신화다 패배자들은 늘 '조금만 돈이 더 있었으면 성공했을 텐데…'라고 아쉬워한다. 미련이다. 그는 "패배자는 자본이 부족한 사람이 아니라 정신이 발달하지 않은 사람"이라고 전한다.

자동매매시스템 신화Autopilot Myth가 세 번째다. 어딘가 돈벌어주는 자동항법장치가 있을 것이라는 믿음이다. 이는 탐욕과 게으름, 수학적 무지가 빚어낸 '패자의 법칙'이다. 매매시스템으로 돈 번 사람은 그것을 판 사람밖에 없다. 그는 "시스템이 유효하면 그걸 왜 팔겠는가"라며 "족집게 종목발굴은 애초부터 불가능하다"고 밝힌다.

실제로 자동항법장치가 있음에도 불구, 항공사가 조종사에게 고임금을 주는 건 왜일까. 사람만이 예상치 못한 사건에 대응할 수 있기 때문이다.

그의 설명이다.

"매매의 승자가 되기 위해선 건강한 심리상태, 논리적인 매매시스템, 훌륭한 자금관리가 필수에요. 이들 셋은 세 개의 의자다리와 같죠. 이중 하나만 없어도 넘어지게 돼있습니다. 패자는 단지 하나 혹은 기껏 두 개의 다리로만 의자를 세우고자 해요."

혹독한 시장 "어리석은 집단 떠나 홀로 분석하고 매매하라"

증시전문가에 대한 쓴말도 잊지 않는다. 애널리스트의 전망 역시 고장 난 시계가 하루 두 번은 정확히 시간을 맞추듯 일정시점에서만 각광을 받는다고 본다. 당장 "거래량은 주가에 선행한다는 말로 유명해진 '요셉 그랜빌'도 오래 가진 못했다"고 평가했다. 언론에서 살 발릴수록 종말이 가까워신나는 입장이다.

이는 특히 파생(선물)시장에서 두드러진다. 매매는 숨겨진 심리적 현상 때문에 매우 어려운 게임이다. 주식·선물·옵션은 도박의 매력을 높여주는데다 지적이고 세련돼 보이기까지 한다. 하지만 이는 오판이다. 그는 "시장 곳곳엔 위험이 널려있다"며 "매매는 가장 위험한 인간의 행동이며 전쟁의 축소판"이라고 전한다.

때문에 흥분이나 두려움을 느끼면 매매를 중단하는 게 바람직하다. 자칫 감정이 개입되면 싸움은 하나마나 지기 때문이다. 그는 매매실패자를 알코올중독자에 비유한다. 최악의 상황에 다다라서야 문제를 깨닫는 우를 범해서다.

집단심리란 정복대상이다. 그의 말을 다시 들어보자.

"매매는 매수세와 매도세가 싸우는 전쟁터에요. 베테랑들은 이들 사이의 힘의 균형을 발견하고 승리하는 그룹에 돈을 겁니다. 힘이 비슷하면 옆으로 비켜서는 게 현명하죠. 누가 이길 건지 이성적으로 확신이 설 때만 매매하세요. 주가는 회사가치를 중심으로 연결된 고무줄이에요. 수요와 공급의 교차점이 가격입니다."

매매는 흔히 조바심으로 연결된다. 다른 사람이 낚아챌까 서둘러 결정한다. 똑똑한 투자자는 시장이 조용할 때 진입해 격변기 때 이윤을 취한다. 가격과 거래량, 미결제약정 등이 대중행동을 반영한다. 시장은 거대한 군중집단이다. 매매순간 최상의 지혜를 가진 사람들과 경쟁하는 무대다.

베테랑은 독립적으로 생각한다. 홀로 분석하고 매매한다. 집단은 어리석을 수 있지만 개인보다 강하다. 또 추세를 만들 힘이 있다. 그는 "추세를 거스르면 안 된다"며 "결코 집단과 논쟁하지 말 것"을 권한다. 그런데 기업의 내부자들은 지속적으로 수익을 낸다.

차트분석은 내부자들의 매매를 파악하는데 도움이 된다. 차트는 내부자를 포함한 시장참가자들의 행동을 반영한다. 그들도 차트에 행적을 남길 수밖에 없다. 그들을 따라 하는 게 아마추어가 할 일이다.

기관투자가는 주머니가 깊고(돈이 많고), 정보 네트워크가 견고하다. 때문에 대중보다 앞선다. 대중은 집단으로 미치고, 한명씩 천천히 제정신으로 돌아온다. 대중이 똑같은 공포에 사로잡혀 한꺼번에 내던진 뒤에야 주가는 뛰기 시작한다.

최고의 매매시스템일수록 단순 "적은 수수료에 민감해야"

더불어 잘 준비된 매매계획이 필요하다. "사이렌의 노래를 듣고 싶어 자신의 몸을 돛대에 묶은 오디세우스처럼 행동할 필요가 있다"고 말한다. 아름답다고 뛰어내려선 안 된다는 얘기다.

또 전문투자자답게 수수료에 민감할 것을 강조한다.

그의 코멘트다.

"적은 수수료는 작은 방해물이 아니에요. 성공의 중요한 장벽이죠. 아마추어가 장시간 시장에 남아있으면 1년 동안 수수료로 자기자본의 50%나 그 이상을 소비하게 될 수 있어요. 가능한 낮은 수수료를 찾아다니세요."

심지어 대부분의 아마추어들이 그냥 넘기는 주문가와 체결가의 차이(체결오차)까지 최소화할 것을 권한다. 그에 따르면 차트보다 더 결정적인 지표가 있다. 증시전문가들의 투자의견이다. 그는 "증시전문가들과 반대로 매매하는 것도 가치가 있다"며 "이들의 행동은 개인의 행동보다 훨씬 원초적"이라고 밝힌다. 때문에 이들의 의견은 대개가 중요한 반대지표라고 했다.

그는 "최고의 매매시스템일수록 단순하고 명확하다"며 "단지 몇 개의 요소로만 구성돼 있을 뿐"이라고 잘라 말한다. 정보가 넘치고 투자의견이 판치는 한국증시를 염두에 두면 그의 분석은 적잖이 의미심장하다.

1. 당신이 오랫동안 시장에 남아있을 것이라고 결심하라

2. 가능한 많이 배워라. 되도록 많은 것을 읽고 듣되 모든 것에 대해 건전한 회의를 갖도록 하라. 전문가의 말을 액면 그대로 받아들이지 말고 질문하라

3. 탐욕을 갖고 매매에 뛰어들지 말라. 배울 수 있는 시간을 가져라. 몇 달이나 몇 년 후에도 시장은 더 많은 기회를 가지고 기다릴 것이다

4. 시장을 분석하는 방법을 발전시켜라. A가 일어나면 B가 일어날 것이라는 식이다. 확신을 줄 수 있는 분석방법을 사용하라. 역사적 자료를 갖고 직접 시험해보라

5. 자금 관리계획을 세워라. 첫 번째 목표는 오래 살아남는 것이다. 두 번째는 자본을 지속적으로 증가시키는 것이다. 세 번째가 많은 이익을 얻는 것이다. 세 번째를 첫째로 놓지 말라

6. 투자자는 어떤 매매시스템에서도 가장 약한 연결고리라는 것을 알아라. 손실과 충동적인 매매를 어떻게 피하는지 배우도록 하라

7. 승리자들은 패배자들과 달리 생각하고 느끼고 말한다. 자신의 내면을 들여다보라. 환상을 버리고 낡은 사고와 행동방식을 버려라

15

앙드레 코스톨라니|Andre Kostolany

유럽서 월가 뒤흔든 Mr. 주식

"주식투자는 90%가 심리전이다. 불투명하고 제멋대로 움직이는 게 당연하다. 소신 있게 늘 생각하며 투자하라. 대중심리와 추천종목에서 벗어나라."

투자는 심리게임
'남들이 열광할 때는 빠져나올 타이밍'

코멘트 1 = "증권시장은 지금도 여전히 불투명하다고 말한다. 하지만 만약 증권시장이 투명하다면 그건 더 이상 증권시장이 아니다. 투자자들 스스로가 쓸데없는 수다로 혼탁하게 만들고, 그 혼탁한 물에서 낚시질을 한다. 매스컴은 이런 '증권시장의 가르침'을 널리 퍼뜨린다. 언론보도와 해설에는 온통 혼란만이 가득하다."

코멘트 2 = "나는 주식투자에 대해선 영원한 낙관론자다. 모르는 게 약이다. 때문에 시장은 음악적으로 잘 훈련된 내 귀에 불협화음을 울려대지만 나는 전혀 듣고자 하지 않는다. 추세가 불리하게 전개될 때는 일부러 자기최면을 걸고 확신을 갖고 기다린다. 비관론의 해악에 대해 나는 일찍부터 터득했기 때문이다."

　'Mr. 주식' 혹은 '주식투자의 달인'으로 불리는 유럽 증권계의 거목이다. 미국출신이 아니면서 월가를 쥐락펴락한 거의 유일한 인물로 평가받는다.

　헝가리 출신으로 18세에 증권계에 입문했다. 대학에선 철학과 예술사를 전공했지만, 졸업 후 그는 장장 80년을 투자자로 살아왔다. '역발상투자자'로서 오직 실전을 통한 경험을 바탕으로 진정한 주식고수의 반열에 올랐다. 이미 35세에 자본수입만으로도 잔고가 넘쳐 은퇴를 결정했다.

하지만 한창 때의 은퇴는 우울증을 낳았고, 결국 저널리스트와 작가로 새 경력을 쌓기 시작했다. 이후 여러 곳에서 초청받는 인기절정의 초청강사로 이름을 날렸다. 전 세계 10개 도시에 집을 갖고 있었고, 4개 국어에 능통했다. 지난 99년 파리에서 생을 달리했다.

그의 투자조언은 쉽다. 누구나 고개를 끄덕이는 단순·명쾌한 논리를 자랑한다. 투자용어를 재미있게 수필형태로 풀어썼다는 호평을 받았다. 특유의 유머와 박학다식함이 녹아난 칼럼·저서는 정평이 자자하다. 예술가적 기질까지 타고나 유려하고 재치 넘치기까지 했다.

그의 저서 『Die Kunst über Geld nachzudenken(돈, 뜨겁게 사랑하고 차갑게 다루어라)』는 출산 즉시 베스트셀러 1위를 차지했고, 최징기 베스트셀러 목록에 오르는 금자탑을 쌓았다. 나중에 자본주의와 투기를 가르치는 대학교재로까지 사용됐다. 돈에 대한 세계역사와 다양한 성공·실패사례를 통해 경제·금융을 쉽게 기술했다.

이밖에 『Kostolanys Borsenseminar(투자의 비밀)』과 『Kostolanys Borsenpsychologie(투자는 심리게임이다)』도 손색없는 증권관련 투자서적으로 꼽힌다.

역발상투자로 35세에 은퇴 결정한 주식의 달인

그는 증권시장을 '정글'로 불렀다. 역시 적잖은 돈을 수업료로 지불했다. 조직적 투기만큼 증권가의 컴퓨터를 경멸했다. 머리로 생각하지 않고 컴퓨터의 시세계산에 의존하는 투자자를 극도로 싫어했다. 거기엔 환상이 빠져 있어서다.

또 성공적인 투자자는 100번 중 51번을 이기고 49번은 잃는다고 본다. 부화뇌동 투자보단 소신파 투자를 권한다. 그래서 투자를 '지적유희'라고 정의했다.

그는 돈과 투기를 사랑하고 즐겼다. 동시에 자본주의와 주식시장 예찬론자로도 유명하다. "자본주의 최고의 동력원은 역시 주식시장"이라며 산업사회의 혁명적 변화를 높이 평가했다.

그에 따르면 증시는 90%가 심리학으로 이뤄졌다. 대중심리만 계산할 수 있으면 더할 나위 없이 좋겠지만, 이건 불가능의 영역이다. 투자심리학이란 기술이 아닌 예술에 가까워서다.

때문에 증시가 불투명한 건 당연하다. 그래서 자주 술주정뱅이처럼 행동한다. 호재에 울고 악재에 웃을 뿐 아니라 해석도 제멋대로다. 그는 "증권시장은 커다란 심리게임이 벌어지는 현장"이라고 단정한다. 그만큼 미신과 우상숭배에 귀를 기울이는 건 위험한 발상이다. 최면술에 걸린 노름꾼은 결국 망할 수밖에 없다는 게 그의 경험담이다.

같은 맥락에서 차트의존은 금물이다. "차트를 좋아하는 사람들은 컴퓨터로 게임을 하는 룰렛 도박꾼과 다를 바 없는 미치광이"라며 "그들에게 최대의 불행은 게임시작과 함께 돈을 땄을 때"라고 평가한다. 왜냐하면 첫 게임에서의 승리가 사고력을 상실시키기 때문이다.

허풍스런 증권가도 경계대상이다. 이 점에 대해선 할 말이 많다.

"증권가는 누구나 자신의 정보가 최고라고 주장한다. 액면대로라면 천재와 예언가들로 넘쳐난다. 특히 혼란스러울 때 도사라고 자처하는 이들이 우후죽순처럼 나온다. 그들을 따르느니 차라리 점쟁이의 말을 믿는 게 낫다. 큰 성공을 거둔 투자자는 대부분 총명한 분석가요, 뛰어난 군중심리학자다. 특정사건과 시장반응이라는 두 개의 퀴즈를 동시에 푸는데 성공했다.

하지만 대부분은 완전히 독자적이며 제멋대로 투자한다. 투자자는 사색가여야 한다. 미친 군중과 컴퓨터로부터 멀리 떨어질수록 좋다. 군중심리는 전쟁터의 깃발과 같다. 깃발이 솟으면 무조건 그 뒤를 따라 행진하고, 내려지면 불안과 걱정에 휩싸인다.

대중심리에 감염돼선 곤란하다. 자유롭게 투자할 수 있도록 빚을 져선 안 되며, 결코 백과사전처럼 많은 걸 알아서도 안 된다. 시장예상은 정반대로 움직이는 게 태반이다."

증시는 술주정뱅이 '차트분석은 도박꾼이나 하는 것'

코스톨라니에 따르면 주가는 장기적으로는 기업가치에 따라 결정된다. 하지만 단기적으론 수급영향을 더 받는다. 여기서 수급은 곧 투자심리다. 대전제는 '주식투자 = 심리게임'이다. 심리를 아는 게 그만큼 결정적이다.

심리란 낙관과 비관 둘뿐이다. 심리조합엔 정치·경제·금융 등 모든 변수가 개입한다. 또 때때로 변덕스럽다. 제아무리 악재라도 대중심리가 낙관적이면 주식을 사들인다. 반대로 어떤 황제주도 비관이 넘치면 하락한다.

주가란 '경기·유동성·심리'의 3박자다. 경기는 나머지 둘을 이끄는 조건·배경이다. 경기가 바닥을 치고 올라갈 때가 주식투자의 호기다. 조만간 유동성과 심리가 동반 개선되기 때문이다.

유동성이란 통화량과 신주발행 등 수급과 연관 있다. 장기적으론 금리영향을 받는다. 결국 '주가(시세) = 유동성(돈) + 심리'다.

그렇다면 어떤 주식이 좋을까. 거시경제가 좋지 않거나, 금리가 높아 위기에 빠진 기업이 좋다. 향후 주가와 경제가 일치할 때 더 많은 이익을 낼 수 있어서다. 단 이 기준은 굉장히 느슨하다. 때문에 종목발굴에 그다지 연연할 필요는 없다.

생선보단 생선을 잡는 기술이 더 중요하다. 종목선정은 후순위 과제다. 사기로 했다면 언제 사야할지가 더 결정적인 잣대다. 다만 종목선정과 관련해 경기에 따라 업종민감도가 달라지는 까닭에 종목보단 업종이 우선이다. 보유종목의 리스트를 보고 지금이라도 역시 샀을 것인지 검토하는 게 좋다.

시세변화에 민감하게 반응하는 것도 곤란하지만 언젠가 오른다는 생각에 그 주식을 잊고 지내는 것도 금물이다. 400년 증시역사는 폭등과 폭락의 반복이다. 또 등락은 철저히 사람들의 심리를 반영한다. 따라서 참가자의 심리상태를 체크하는 게 타이밍전략의 핵심이다.

관건은 '남들과 반대로'다. 주관이 흔들릴 것 같으면 인터넷 연결까지 끊어야한다. 종업원 추천메뉴는 먹지 않듯 증권사 추천종목도 믿어선 안 된다.

매매타이밍 잡기란 하늘의 별따기다. 그는 "아마추어든 프로든 비쌀 때 사서 쌀 때 파는 일을 수없이 반복한다"며 "팔자가 대세라면 사자는 외롭지만 효과적"이라고 주장한다. 매입했다면 그 다음은 인내심 차례다. 모든 게 생각과 다르게 진행될 수 있지만 참아야한다.

곧 장기투자다. 장기투자야말로 모든 거래방법 중 가장 최고의 결과를 낳는다. 단 완전히 새로운 상황이 전개되면 즉시 매도하는 게 낫다. 인내심을 넘어 예측 가능한 위험범위까지 벗어났을 때다. 이땐 섣불리 손실을 회복하려 했다간 회복불능의 상태까지 떨어진다.

시장참가자의 심리와 관련해선 모든 사람의 입에 주식투자라는 말이 오르내릴 때가 무조건 하차할 시점이다. 단 오르는 주식은 절대 팔지 않는다. 보유종목이 우량주라면 차라리 증시를 떠나 여행가는 게 낫다. 매도유혹을 잘 잠아내는 게 관건이다.

매도유혹 참는 게 관건 "우량주라면 차라리 여행이나 가라"

기업실적을 맹신해선 곤란하다. 전가의 보도처럼 여겨지는 실적자료 등은 왕왕 조작되거나 그럴싸하게 포장되기 때문이다. 때문에 실적을 챙기되 행간을 살피는 노력이 필요하다.

특히 주가를 결정하는 1순위 투자지표인 금리는 반드시 챙겨야한다. 그는 "금리를 내린다는 소리가 들리면 무조건 주식시장으로 달려가라"고까지 말한다. 금리야말로 시장의 모든 걸 반영한다고 믿기 때문이다.

한편 코스톨라니에 따르면 적극적인 추천종목은 더 높은 수준의 경계령을 의미한다. 내부자도 마찬가지다. 이들은 회사·업황은 잘 알아도, 시장은 모른다. 몇몇은 거짓정보를 흘려 혼란을 주기도 한다. 이런 종류의 정보·자료는 전혀 눈여겨볼 필요가 없다.

통계에 대한 집착도 위험하다. 충격적인 호·악재가 증시흐름을 순식간에 역전시키기 때문에 지나간 통계에 사로잡혀선 큰 흐름을 망친다고 경고한다. 그것보단 독자적인 판단이 중요하다. 남의 말에 쫑긋하는 사람들에게 정보는 곧 파산일 뿐이다. 결국 타인으로부터의 고립을 통해 대중심리를 극복하라는 게 그의 메시지다.

더불어 단기투자는 금물이다. 단언컨대 망할 수밖에 없는 매매법이란 이유에서다.

그의 얘기다.

"진지한 사고·전략 없이 시세변동에 오락가락해선 안 된다. 어떤 도구를 써도 시세를 정확히 포착하긴 힘들다. 증권사는 고객을 단기투자자로 만들기 위해 별의별 수단을 다 쓴다. 때문에 증시에선 머리보단 엉덩이가 돈을 벌어준다. 단기움직임에 현혹돼 겁을 먹거나 놀랄 필요는 없다. 어떤 뉴스든 단기영향일 뿐이다. 대중은 낙관하면 악재 속에서도 주식을 산다. 기회는 얼마든 있다."

즉 수학적 지식에서 비롯되는 정확한 단기데이터보단 시장·인간심리를 믿는 게 더 타당하다는 입장이다.

- "증권시장은 90%가 심리학으로 이뤄진 예술영역"
- "증권가는 허풍스럽고 자주 술주정뱅이처럼 움직여"
- "빚을 지지 않아야 자신의 생각을 온전히 따를 수 있어"
- "호황일 때 특히 방자… 행복감에 풍선 터질 수 있다는 걸 망각"
- "투자자는 사색가… 미친 군중과 컴퓨터로부터 멀리 떨어져야"
- "주식을 사기로 했다면 언제 살 건지가 더 결정적인 잣대"
- "놀라 당황하거나 신나 들떠있는 심리가 상승·하락 만들어"
- "단위면적당 바보가 가장 많은 곳이 증권사 객장"
- "장기투자야말로 모든 거래방법 중 가장 최고의 결과를 낳아"
- "모든 사람의 입에 주식투자라는 말이 오르내릴 때가 무조건 하차시점"
- "전문가들이란 두 눈을 가리고 싸우는 검투사들과 같아"
- "폭락은 갑작스럽고 격렬하게, 상승은 티 안 나고 부드럽게 와"
- "섬세한 직관과 본능 가진 여자의 말 한 마디도 주의해서 들어야"

– 자료: 『투자는 심리게임이다』

16

우라가미 구니오 浦上邦雄

주식 4계절론 정립한 최고 분석가

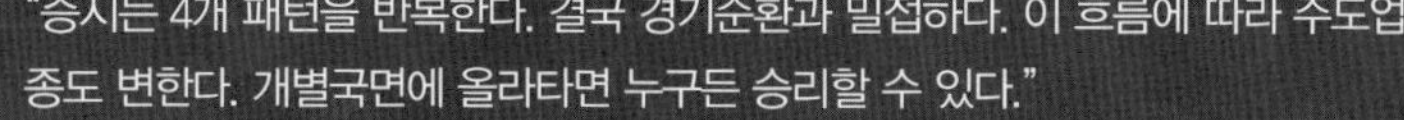

"증시는 4개 패턴을 반복한다. 결국 경기순환과 밀접하다. 이 흐름에 따라 주도업종도 변한다. 개별국면에 올라타면 누구든 승리할 수 있다."

돌고 도는 증시
'한발 앞서 찜하라'

"증시란 게 언뜻 무질서하고 예측이 불가능한 것처럼 보이죠. 하지만 길게 보면 일정한 패턴의 4개 국면을 반복하고 있다는 걸 알 수 있어요. 포인트는 바로 경기순환이죠. 이게 주식장세와 밀접히 연관돼 있어요. 경기는 2~3년 단위로 국면이 바뀌는데 여기에 맞춰 증시를 리드하는 업종 및 그룹도 따라 변합니다. 인스턴트 때문에 음식이 계절감을 잃어가고 있다지만 역시 제철 음식이 맛도 좋고 가격도 싸잖습니까. 각각의 국면에 맞는 투자종목을 고른다면 개인투자자들도 리스크는 낮추면서 투자효과는 극대화할 수 있을 기예요."

주식투자자 치고 실적장세·금융장세니 하는 말을 모르는 이는 거의 없다. 하루가 멀다 하고 증권면을 장식하는 단골 투자용어인 까닭에서다.

이 단어를 만든 이가 바로 앞의 코멘트 주인공인 우라가미 구니오(浦上邦雄)다. 그는 일본이 낳은 세계적인 애널리스트로 명성이 자자하다. 동양인으로서는 드물게 월가에서 이름이 통한다. 저서 『주식시장 흐름 읽는 법』은 투자자라면 누구나 읽어야할 증권업계의 고전으로 손꼽힌다.

그는 이 책에서 40년간 주식장세와의 접촉으로 터득한 주식장세를 4개 국면으로 구분·개념화했다. 펀드매니저·애널리스트들에겐 필독서로 자리 잡은 지 오래다. 복잡한 증시를 알기 쉽게 풀어썼다는 점에서 초보자들에게도 장세파악을 위한 훌륭한 지침서로 권유된다. 실제로 수많은 투자자들이 그의 이론을 장세분석에 자주 인용한다.

(역)실적·(역)금융장세 창시자 "증시흐름은 반복한다"

증시는 순환한다. 각 국면별 대세종목·업종이 반복돼 돌고 돈다는 뜻이다. 이른바 '증시 4계절'로 금융·실적·역금융·역실적장세가 여기에 해당한다. 금융장세에서 시작해 역실적장세로 마무리되는 증시 4계절은 뒤바뀜이 없이 순서대로 진행된다.

그의 얘기다.

"강세장 초기인 금융장세는 4계절로 보면 봄이에요. 잔설이 남아 있는 추위 속에서도 매화꽃 봉오리가 하나둘 피어나듯 금융완화라는 춘풍을 등에 업고 경기회복에 나서죠. 이윽고 한 여름의 태양을 받아 강력한 실적장세가 펼쳐집니다. 하지만 이것도 어느새 금융완화의 종말을 고하는 가을벌레 소리의 압박을 받죠. 금융긴축이에요. 이렇게 해서 역금융장세는 빠른 속도로 서산에 지는 가을 해처럼 서둘러 찾아옵니다. 금융긴축에 더해 외부로부터의 쇼크재료가 겹치면 호황의 여운 같은 가을단풍을 즐길 새도 없이 갑자기 눈발이 내려요. 겨울, 즉 역실적장세가 도래한 겁니다. 경기불황기죠."

그에 따르면 투자자는 4개 국면만 구별할 줄 알면 성공투자가 가능하다. 4개 국면의 전환기를 체크한 뒤 각각의 국면에서 크게 활약하는 종목을 선취

매하면 주식투자의 흥미와 성과를 올리는 건 물론 투자 리스크도 피할 수 있기 때문이다.

우라가미의 방법론은 거시경제로부터 개별종목을 찾아가는 '톱다운Top down'방식이다. 숲을 살핀 뒤 나무를 챙겨서다. 이는 '바텀업Bottom up'으로 요약되는 월가의 일반적인 가치투자와 접근법이 사뭇 다르다.

월가출신 투자고수의 절대다수는 기업의 내재가치 분석을 통해 거시경제의 한계를 극복하는 데 익숙하다. 개별요소보단 집단흐름을 중시하는 성향이 강한 동양권에서 '우라가미식(式) 투자법'이 환영받는 이유다.

금융장세부터 보자. 거시지표(후행)는 나쁘지만 저금리로 인한 유동성장세가 펼쳐지는, 계절로 따지면 봄이다. 불경기에서의 주가상승은 주가의 선행성을 단적으로 표현한다. 이때 기관투자가들은 자금조달이 쉬워져(금리하락) 주식의 매입적기로 판단한다. 기업이익은 여전히 마이너스시반 주가가 뛰는 배경이나.

다만 상승 정도는 미미하다. 조만간 정책당국은 경기대책을 발표한다. 금융완화책과 함께 SOC투자를 늘린다. 금융장세엔 주가가 떨어져도 거래량은 는다. 때때로 비정상적인 과열신호까지 있다. 조만간 펼쳐질 경기 및 기업실적 회복을 기대하기 때문이다. 그는 "기업실적이 하락세라도 금융장세의 징후가 보인다면 이상적인 매입단계"라며 "은행·증권주(금리인하)와 공공서비스·전력·가스·항공주(경기부양)가 괜찮다"고 전한다.

경기순환 따라 '금융 → 실적 → 역금융 →역실적장세'

금융장세는 동트기 직전의 어둠 속에서 출발한다. 이후 경기대책이 서서히 효과를 발휘하면서 민간부문 활성화로 이어진다. 물론 여전히 기업투자는 신중하다. 이렇듯 실적장세는 회의 속에서 자란다. 생산이 증가한 후 기업실적에 잡히기까진 1년이 걸린다. 이는 실적장세로의 이행을 확인하는 중요한 포인트다.

실적장세에선 매입을 서둘러야 한다. 본격적인 회복세를 확인한 뒤 매수하면 그만큼 파이가 줄어들어서다. 금리도 서서히 오른다. 대개 실적장세는 금융장세보다 길다. 전반기엔 소재산업이 후반기엔 가공산업이 각광을 받는다. 단 실적장세 땐 재무구조가 좋은 우량주는 투자효율이 그리 좋잖다. 역으로 경기순환주가 많이 뛴다 이후 고수익의 중소형주로 인기가 전환된다. 경기확장이 성장주 투자에 대한 확신을 심어줘서다.

여름(실적장세) 다음은 가을(역금융장세)이다. 경기확대가 마냥 지속될 순 없다. 경기후퇴와 기업수익 감소는 피하기 힘들다. 이때 정책의 최우선목표는 경기후퇴를 짧게 가져가는 데 맞춰진다. 그래서 후퇴기간은 통상 활황보다 짧다. 약세장은 금융긴축에서 비롯된다. 역금융장세로 전환될 땐 패턴이 복잡하다. 외부쇼크로부터 야기되기도 한다.

다만 이 국면에서 경기는 아직 최고조에 있고 기업수익도 여전히 증가세다. 그의 코멘트다.

"역금융장세 땐 주가가 떨어지면 싸다는 느낌에 매입찬스로 오해하는 투자자가 많죠. 하지만 역금융장세는 그것을 알아차렸을 때 이미 고점에서 대폭 하락한 뒵니다. '천정 3일, 바닥 100일'이란 말처럼 천정에서의 매각은 거의 불가능해요. 예방조치로 최초 금리인상이 시행될 때 대비해야겠죠. 주식투자를 보류하고 현금화한 뒤 단기금융상품으로 전환하는 게 좋아요. 보유하겠다면 역실적장세까지 버틸 수 있는 초우량기업에 한정해야 합니다."

역실적장세는 겨울이다. 금리·실적·주가 모두 하락한다. 역실적장세는 최종국면에 가까워지면 가까워질수록 주가가 높아 보인다. 금리도 떨어지지만 기업수익은 더 감소한다. 미래전망이 비관적이면서 도산기업도 늘어난다. 주가가 아무리 떨어져도 기업실적이 더 안 좋아 비싸 보인다. 서둘러 빠져나오는 게 최선이다.

역금융장세가 '이상적인 매도시점'이라면 역실적장세는 '현실적인 매도시점'이다. 역실적장세 때 인기를 끄는 종목은 그다지 질이 좋지 않다. 이땐 우량주 매입찬스다. 우량주는 약세상에서 주가가 높아 보인다는 이유만으로 떨어진다. 약세장 땐 옥석구분조차 없기 때문이다.

집중투자 권유 "장세개막 전 선도주에 올라타라"

우라가미에 따르면 종목 선정기준은 크게 두 가지다. 자산가치와 성장가치다. 물론 가장 중요한 건 시황국면에 맞춰가면서 유연하게 업종·종목을 골라야 한다는 점이다. '금융장세(금리민감주)→실적장세(소재·시황산업, 가공·내구소비재)→역금융장세(고수익 중소형주)→역실적장세(대형 우량주)' 등의 순서다.

테마주는 경기 순환국면과 실적이 뒷받침되는 경우에 효과적이다. 반짝

인기는 경계대상이다. 최선책은 선도주에 올라타는 것이다. 금융·실적장세 등 상승기 땐 선도주 투자가 가장 효과적이다. 역금융·역실적장세 땐 불황 저항력이 강한 업종의 대표선수가 좋다.

단기매매라면 타이밍에도 신경을 써야 한다. 그는 "만능차트는 없지만 어쨌든 테크니컬 분석도 필요하다"며 "거래량과 타이밍 인디케이터Timing Indicator, TI 등을 통해 장세전환을 포착한다면 도움이 된다"고 강조한다. TI란 전년동기대비 주가등락률이 12개월 이동평균선을 상향 돌파한 크로스시점을 매입신호로 본다는 지표다.

더불어 "골프는 타구를 멀리 날리느냐보다 미스 샷을 줄이는 게 관건인 것처럼 주식투자도 똑같다"며 "리스크를 피하는 게 투자세계의 프로"라고 말한다.

박스권 장세에서 투자심리와 역행하는 게 정답이다. 반면 대세장세는 시장의 기세에 이끌려 순응 투자하는 게 좋다. 박스권 상향 이탈 때가 매입타이밍이란 얘기다. 거래량 동반 후 갭이 발생할 때가 특히 괜찮다. 수출주와 내수주처럼 분산투자한다면 전혀 타입이 다른 종목으로 구성하는 게 좋다.

물론 분산투자보단 집중투자가 권유된다. 우라가미는 "항상 최선의 종목을 보유하는 게 효과적"이라며 "아닌 것은 차근차근 버려가며 언제나 최선의 우량주만 보유해야 한다"고 전한다.

그에 따르면 주식투자의 왕도는 성장주 장기투자다. 그런데 현실적으론 어렵다. 20~30년에 걸쳐 기술혁신을 거듭할 기업은 잘 없어서다. 성장주도 미래엔 그저 그런 순환주로 전락할 수 있다. 때문에 주식장세 4국면과 테마 계절풍을 타는 종목을 그때그때 고르는 게 최선이라는 입장이다.

계절 따른 테마주 투자도 유망 '추천종목은 글쎄'

증권사에 소속된 전문가라면 각종 정보를 공급받을 수 있다. 요즘엔 일반투자자도 여러 정보를 간단하게 얻을 수 있다. 단 중요한 건 판단은 자신의 몫이란 점이다. 전적으로 투자자 자신의 정보 분석력과 책임에 속한다. 공부가 필요한 이유다.

그의 투자조언을 들어보자.

"추천종목을 맹목적으로 받아들이면 곤란해요. 흔히 투자설명회 때 많은 투자자들이 유망종목 코멘트에 귀를 기울이지만, 정작 강사의 논리전개에 무리가 있는지 여부는 별로 관심이 없어요. 대세를 거스르면서까지 매입을 서두를 필요는 절대 없습니다. 주식장세 4국면 정도만 챙겨도 이런 우를 피할 수 있는데 참 안타깝네요."

그는 1931년생으로 49년 고베시립 제일신항상고를 졸업했다. 같은 해 니코증권에 입사한 후 본격적으로 주식과 인연을 맺었다. 니코의 리서치센터에서 주임연구원을 거친 후 니코국제투자고문 투자분석부장과 니코투자신탁 고문을 맡으며 동경 증권가를 주름잡았다.

그 후 일본의 테크니컬 애널리스트협회 회장을 역임하기도 했다. 최근엔 미국의 '키더 피보디 증권' 도쿄지점 수석고문으로 재직 중인 것으로 알려졌다. 언론기관 선정 애널리스트 인기투표에서 오랜 기간 '베스트 5'에 랭크되는 최고의 투자분석가로 활동해왔다. 저서로는 『주식시장 흐름 읽는 법』을 비롯해 『일본의 주가분석』, 『주식시장』 등이 있다.

1. 전문가일수록 기본에 충실하며 또 철저히 지킨다

2. 멀리 보내기보단 실수를 줄여야하듯 리스크를 관리하라

3. 금리와 기업실적, 주가는 늘 연동돼 움직인다

4. 보고서를 읽되 판단은 전적으로 본인이 하라

5. 금리인하처럼 증권가 최대호재는 경기부양책이다

6. 단순히 싸다는 이유로 매입하면 꼭지를 잡을 수 있다

7. 천정에서의 매각은 거의 불가능하니 시그널을 잘 챙겨라

8. 영향력이 큰 기관투자가의 동향파악은 필수다

9. 양극화장세의 대안으로 해외 분산투자를 시도하라

10. 테마주보단 선도주에 올라타는 게 가장 좋다

11. 맹목적인 무시보단 차트로부터 도움도 받아라

12. 박스권에선 투자심리와 역행하는 게 정답이다

13. 분산투자보단 집중투자가 좋다

14. 아닌 것은 버려가며 늘 최선의 우량주만 사라

15. 성장주 장기투자는 주식투자의 왕도다

17

워렌 버핏 Warren Buffett

전설로 남은
오마하의 현인

"현명한 투자란 복잡하지 않다. 당신의 역량 내에 있는 기업들만 평가할 수 있으면 된다. 가치주는 생활주변에서 찾아라. 10년 보유할 주식이 아니면 단 10분도 보유하지 말라."

장기 · 집중투자
'복리의 마술을 부려라'

\# 에피소드 1 = 노인은 꼭두새벽부터 일어나 책에 빠져든다. 아침을 먹은 뒤엔 신문가판대까지 걸어가 신문을 산다. 점심은 보통 햄버거와 콜라로 해결한다. 짬짬이 집에서 미식축구 중계를 보거나 인터넷 카드게임을 즐긴다. 사는 집은 한눈에 봐도 낡아빠진 단독주택. 벌써 50여 년째 살고 있다. 술을 먹지 않는 대신 체리콜라를 즐긴다. 하지만 돈은 엄청나게 많다. 10년 넘게 세계 부호랭킹 'No 3'에 들 정도다. 하지만 경호원은커녕 운전도 직접 할 만큼 소박하다. 더 놀라운 건 돈을 제대로 쓴다는 사실이다. 2006년엔 사상초유의 기부액 370억달러(약 35조원)를 게이츠재단에 내놨다. 이것도 모자라 회사 지분 99%를 또 기부하겠다고 밝혔다. 매년 5월이면 1만5,000여명 이상이 이 노인을 만나러 오마하로 몰려드는 이유다.

\# 에피소드 2 = "빌딩 꼭대기에 있는 사무실은 깨끗했지만 입구엔 그 흔한 간판조차 없다. 사무실에 들어섰더니 한쪽 벽엔 금융 관련서적이 즐비하게 꽂혀 있다. 첫인상은 다정하고 건강한 느낌이다. 큰 입이 익살스럽고, 굵고 네모난 안경을 쓴 눈빛은 지적 호기심이 가득하다. 그는 다리를 책상 위에 올려놓은 채 펩시콜라를 마시며 중서부 특유의 사투리로 활달하게 말한다. 말

투는 확신에 차 있지만, 빠르고 은유적으로 표현해 주의를 기울이지 않으면 의미를 알기 어렵다. 만약 조금만 더 천천히 말하고 배우처럼 제스처를 사용하면 어느 누구든 단숨에 매료시킬 수 있을 것 같다.” - 존 트레인 -

＃ 에피소드 3 ＝ 2007년 10월25일. 한국증시의 시선은 온종일 대구에 쏠렸다. 국빈급에 준하는 대우를 받으며 전용기를 타고 방문한 노년의 VIP 때문이다. 오전 10시에 입국해 오후 4시에 떠났으니 시간으로 보면 딱 6시간 한국에 머물렀지만, 영향력과 후폭풍은 대단했다. 언론의 리얼타임 취재기사는 금방 여의도 증권가에 퍼졌다. “한때 갖고 있었다”는 말만으로 해당주식의 주가가 무섭게 올라가는 진풍경까지 펼쳐졌다. “한국주식은 여전히 매력적”이란 말과 함께 그날 종합주가지수는 강한 오름세로 마감됐다. 뒷얘기도 두고두고 인구에 회자됐다. 세계최고의 부자답게 수화물을 직접 챙겨 나오는 인간적이고 소탈한 모습 때문이다. 기자회견 땐 지갑을 보자는 돌발질문에 묵묵히 돈을 꺼내 600달러라고 거침없이 답했다.

　워렌 버핏. 참 대단한 인물이다. 주식투자자 치고 그를 모른다면 매매를 ‘허투루’한다고 할 만큼 지명도와 영향력이 상당한 거물이다. 2007년 현재 77세인데, 11세 때 주식투자를 시작했다니 투자경력만 벌써 66년째다. 가히 금세기 최고의 투자자답다.

　그의 이름 앞엔 최고의 찬사가 잇따른다. Mr. 투자귀재·전설적인 투자자·오마하의 현인 등 일일이 헤아릴 수 없는 극찬이다. 실제로 그는 지금껏 연평균 20% 이상의 고수익을 꾸준히 거둬온 마이더스의 손이다.

65년 그가 경영권을 인수한 뒤 투자기반으로 삼은 버크셔 헤더웨이 Berkshire Hathaway의 주가는 무려 1만배 이상 불어났다. 지금은 1주 가격만 13만달러에 육박한다. 세계에서 제일 비싼 주식이다.

버핏은 또 코카콜라, 질레트, 아메리칸 익스프레스, 갭, 워싱턴 포스트, 디즈니 등 유수기업들의 최대 주주명단에도 등재돼 있다. 원래 섬유회사였던 버크셔 헤더웨이를 투자자문업으로 전환시킨 뒤 현재 최고경영자로 활동 중이다. 빌게이츠 MS회장과도 절친하다. 그가 직접 쓴 책은 없지만, 그의 투자기법을 다룬 책은 상당히 많다.

투자경력 66년째의 금세기 최고고수 명성

버핏은 1930년 네브라스카주 오마하에서 태어났다. 대단하다면 대단한 집안에서 자랐지만(부친이 43년부터 10년간 공화당 하원의원 역임), 유년시절은 비교적 평범했다. 단 돈과 투자에 대해선 예외다. 나이에 걸맞지 않게 일찌감치 투자고수의 '싹수'가 보였다. 열정이 있는데다 재능까지 뒷받침됐다. 마치 사진을 보듯 한번 본 수치는 웬만하면 기억해낼 정도였다. 역시 주식중개인을 역임한 부친의 영향을 많이 받은 결과가 아닌가 싶다.

그는 독서광이다. 초등학교 시절 집 근처 도서관의 책을 거의 다 읽었다니 존경스러울 따름이다. 8살 땐 부친이 직접 쓴 주식 책을 읽기 시작했다. 11살 땐 직접 주식투자에 나서 5달러를 벌기도 했다(최근 한국방문 땐 더 일찍 주식투자를 하지 않은 게 후회된다고까지 했다.). 이후엔 골프공을 회수해 재판매하는 사업수완까지 발휘한다.

압권은 신문배달이다. 그는 일찍부터 시작한 신문배달로 돈을 벌어 대학까지 마쳤다. 13살 땐 신문배달로 번 25달러로 중고게임기(핀볼)를 사 이발소에 설치한 뒤 1주일에 50달러 이상의 수입을 거두기도 했다. 어리다고 무시할까봐 그럴싸한 회사이름까지 내걸었다. "인생이 그렇게 즐겁고 행복할 수 있는 것인지 그때 처음 알았다"고 회고할 만큼 대박까지 냈다.

고등학생 땐 농지 45에이커를 1,200달러에 사면서 투자대상을 부동산으로까지 확대한다. 이러다 보니 고등학교 졸업 무렵 그는 이미 자산 6,000달러의 어린 부자가 돼 있었다.

고등학교 졸업 후 처음엔 수재들만 모인다는 와튼스쿨에 진학했다. 하지만 이미 방대한 독서와 다양한 실전경험을 쌓은 그에게 와튼의 수업은 지루하기만 했다. 그래서 네브라스카 수립대로 옮겼다. 대학졸업 우 하버느 경영내학원에 지원했지만 실패했다.

대신 당시 컬럼비아대학 교수였던 벤저민 그레이엄의 『현명한 투자자』란 책을 읽고 그의 투자이론에 감명 받아 수제자가 됐다. 스승이 이사로 재직 중인 보험회사GEICO를 직접 방문, CEO와 대면한 뒤 그 회사주식을 사기도 했다. 당시 그 CEO는 "학생이라기보다는 유능한 애널리스트와 대화하는 느낌이었다"고 회고했다.

대학원 졸업 후 고향으로 내려갔다. 아버지의 증권회사에서 잠시 근무하다 그레이엄이 세운 투자회사에서 일하고 싶어 무보수로 입사했다. 56년 그 회사가 해산하면서 재차 귀향했다. 이때 초보수준의 가치투자를 통해 15만 달러를 손에 쥐었다.

11세 때 주식투자 "더 일찍 시작했어야 했다" 후회

귀향과 함께 자신이 직접 펀드를 운용하기로 결심하고 친인척 위주로 투자자를 모아 작은 펀드를 설립했다. 열정과 능력은 곧 수익으로 되돌아왔다. 투자자들은 시간이 갈수록 크게 불어났다.

하지만 버핏은 69년 "저평가 주식을 더 이상 찾을 수 없다"는 이유로 펀드를 해산했다. 57~69년의 13년간 버핏의 펀드는 연평균 30%의 고수익을 냈다. 망해가던 섬유회사였던 버크셔 헤더웨이의 경영권은 이 와중(65년)에 완전히 장악했다. 펀드해산 때 개인재산으로 이 회사의 지분을 사들인 그는 이후 최대주주이자 회장자격으로 여러 보험사를 인수, 투자기반을 쌓아간다.

그가 월가에 본격적인 모습을 드러낸 건 70년대부터다. 72년 "성욕에 가득 찬 남자가 무인도에 있는 것 같다"며 증시거품을 경고한 뒤 73년 증시는 미침내 폭락했다. 하지만 이듬해인 74년 반대로 "성욕에 가득 찬 남자가 하렘에 있는 것 같다"며 "이제 투자를 시작할 때"라고 입장을 바꾼다.

이때부터 그의 주식사냥은 본격화된다. 워싱턴포스트의 최대주주에 오른 게 시발점이다. 80년대 이후 버핏은 보유주식을 줄이기 시작했다. 블랙먼데이 직전엔 단 3개 종목만 보유했다. 선구안이 유감없이 발휘된 것이다.

88년 다시 투자에 나섰고, 이땐 코카콜라 주식을 대거 사들였다. 질레트, 아메리칸 익스프레스, 웰스 파고 등도 이때부터 본격 매입했다. 90년대 후반 버핏은 다시 투자에 소극적인 모습을 보였다. IT기업이 폭등할 때조차 잔뜩 엎드린 채 관찰만 했다.

하지만 곧 신경제 거품이 꺼지면서 그의 가치투자가 옳았음을 유감없이 증명해냈다. 지금도 그는 글로벌무대를 대상으로 활발하게 투자하고 있으며, 당대최고의 거물답게 증시를 쥐락펴락하고 있다.

버핏의 투자전략은 몇 가지로 압축된다. 한 단어로 요약하면 '가치투자'다. 즉 내재가치보다 저평가된 우량주를 싼값에 매수한 뒤 제값이 될 때까지 줄곧 보유히는 투자법이다. 어찌 보면 단순하기 짝이 없는 이 전략만으로 그는 천문학적인 부를 일궜다.

버핏의 가치투자 이론은 스승인 벤저민 그레이엄과 필립 피셔로부터 큰 영향을 받았다. 그레이엄에게서 계량적 분석을 배웠다면 피셔로부터는 질적 분석을 배웠다. 그레이엄이 재무제표를 높이 샀다면 피셔는 '사람·조직'에 몰두했다. 굳이 구분하면 그레이엄보단 피셔의 존재감이 더 컸던 것 같다. 버핏은 "그(피셔)는 훌륭한 기업이 실제로 어떻게 만들어지지 완벽히 이해하고 있다"며 "나도 그의 생각에 설대석으로 몽소한나"고 평가힌다.

그레이엄·버핏 '가치투자 현인을 길러낸 2인의 스승'

그렇다면 버핏은 기업가치를 어떻게 평가할까. 그가 생각하는 훌륭한 기업가치는 장기에 걸쳐 이익률이 꾸준히 성장하는 경우다. 그래야 미래에 대한 합리적이고 신속한 판단이 가능해서다. 실적이 들쑥날쑥하면 미래가치의 추정이 어렵다는 이유에서다. 결국 향후 돈을 벌 수 있느냐가 관건이다. 이와 관련해 그는 "10년을 보유하지 않겠다면 10분도 가져선 안 된다"는 입장이다. 미래이익을 알자면 과거실적을 챙겨야 한다. 과거 장기간 실적증가가 꾸준하고 일관된 기업이 앞날도 밝다. 물론 우량하지만 실적변동이 불가피한 경기순환 기업이라면 활황직전, 바닥직후 매입하는 게 최선이다.

버핏은 기업가치를 따질 때 미래이익 할인법을 사용한다. 일단 기업의 적절한 이익성장률을 추산했다면 돈의 시간가치만큼 할인율을 적용한다. 여기엔 예금금리와 인플레이션 및 기회비용까지 포함된다. 이 합계(할인율)가 15%라고 치자. 현재의 1만달러는 5년 후 3만3,522달러가 돼야 한다. 이게 바로 내재가치다. 할인율을 최저 목표수익률로 봐도 된다. 최소한 이 정도는 돼야 주식투자로 '+알파'를 얻을 수 있기 때문이다.

때문에 그는 현재주가는 신경 쓰지 않는다. 오직 장부가치를 중시한다. 장부가치 증가야말로 주주에 대한 최대의 보상이다. 주당 장부가치를 빠르고 지속적으로 증가시키면 순이익은 저절로 늘어난다. 장부가치는 실체에 근거한 산물로 실저평가를 위한 지표로 꽤 효과적이다. 주기는 급변해도 장부가치는 극단적인 사건이 없는 한 일정해서다.

실제로 버핏 역시 버크셔 헤더웨이의 장부가치를 19달러에서 4만달러 넘게 키워냈다. 복리론 연 24%의 성장세다. 물론 순익과 내재가치는 증가하지 않고 장부가치만 오를 수도 있다. 발행주식 증가와 다른 기업의 인수 후 덩치 키우기, 단순예금으로 인한 이자수익 등일 때다. 순이익만 해도 가변적이다. 구조조정·자산매각 등으로 얼마든 순이익 조작이 가능해서다. 대놓고 회계처리로 주주를 속이기도 한다.

버핏은 특히 자기자본이익률ROE을 잘 활용했다. 기업의 이익성장률을 진단하는데 이만한 지표도 없기 때문이다. 자기자본에 비해 높은 이익을 거두는 기업만이 장기 성장이 가능하다. 그는 조작이 가능한 이익성장률보단

ROE가 더 중요하다는 입장이다. ROE가 높을수록 주주가 제공한 자본을 효율적으로 사용했다는 의미다.

사실 기업규모가 커질수록 높은 ROE를 유지하기란 어렵다. 일정한 ROE를 유지하자면 ROE를 초과하는 순이익성장률을 보여야 한다. ROE가 높아도 부채가 적은 회사가 좋다. ROE기준은 또 업종마다 다르다. 경기순환에 따른 일시적 ROE 상승도 유념해야 한다. 경기순환주가 주로 해당한다. 주식 환매나 구조조정 등으로 분식할 공산도 존재한다. 결국 단기 ROE보단 그 추세를 챙기는 게 미래이익 예측에 도움이 된다.

인플레·수수료(세금) 등 감안하면 연 15% 수익률이 마지노

그는 현재주가가 적당한지 여부를 알아보는 방법도 제시한다. 기업가치를 100% 확실히 판단할 순 없지만, 주가란 기업이 창출하는 이익 이상의 가치를 지닐 수는 없다는 건 확실해서다. 잠시 과대평가될 수 있지만, 곧 조정받기 마련인 까닭에서다. 특히 상승장에서 이런 오류가 잦다. 기대심리와 투기 욕기가 절묘하게 결합된 결과다.

따라서 장밋빛 미래를 그대로 믿어선 곤란하다. 존재하지 않는 미래에 돈을 투자하는 건 엄청난 실수이기 때문이다. 현재주가가 적당한지 여부는 할인율을 적용한 현재가치가 유지되자면 매년 몇%의 이익성장을 유지해야 하는지 살펴보면 단적으로 알 수 있다.

앞서 설명처럼 그는 늘 투자수익률 15%를 마지노선으로 제시한다. 인플레이션, 수수료·세금, 투자위험 등을 고려했을 때 최소한 이 정도는 돼야 세후수익이 남는다는 계사에서다. 실제로 버핏은 15%가 예상되지 않는 기업은 쳐다보지도 않았다.

물론 내재가치 우량주의 저가매입은 기본이다. EPS(주당순이익)와 연간 이익성장률, 장기 평균PER(주가수익비율), 배당률 등을 종합비교한 뒤 10년 후 15%의 수익률이 가능한지 계산하면 된다. 그러자면 현재 인기리에 거래 중인 주식을 당장 매입하진 말고 주가가 더 떨어질 때까지 기다려야 한다. 아무리 좋은 회사라도 비싸게 사면 15%의 수익달성은 힘들어져서다.

매년 15% 이상의 일관된 이익성장률을 기록하는 기업의 주가가 내재가치보다 낮게 거래될 때야말로 매수적기다. 이때 미래의 이익성장률 예상치도 15%를 넘어서야 한다는 조건이 붙는다. 하지만 미래수익을 예상하는 건 상당히 어렵다. 따라서 버핏은 미래가치에 더 높은 점수를 주고 거래하는 기술주에 부정적이다. 변화는 투자자에게 수익보다 위험을 의미하기 때문이다.

실제로 기술주는 신중한 투자자에게조차 예측을 불허한다. 기업미래를 예측할 수 없다면 가치평가 역시 당연히 불가능하다. 기술혁신의 속도가 빠른만큼 이익이 줄어들 위험도 크다. 차라리 핵심 사업을 수십 년 간 중단 없이 성장시켜 온 로테크(전통) 기업이 더 좋다.

코카콜라는 콜라만으로 100년을 영위했다. 변화는 매출과 이익확대뿐이었다. 확실한 게 좋다. 시장이 성장하고 변해도 10년 전 시장을 이끌던 기업이 여전히 선두에 서있다면 안심된다. 미래예측이 불가능한 종목에 과도한 비용을 지불해선 안 된다. 그는 "맥주거품 같은 기업을 사면 곤란하다"며 "불확실한 미래예측에 근거한 기술주 투자는 자칫 본전 찾기도 힘들다"고 했다.

1규칙 '돈을 잃지 않는다', 2규칙 '1규칙을 꼭 지킨다'

버핏에겐 손실을 피하는 그만의 규칙이 있다. 그는 큰돈을 벌겠다는 욕심보다 잃지 않겠다는 겸손한 자세 덕분에 오히려 대박을 냈다. 사실 '잃지 않겠다'는 투자원칙을 천명하고, 또 이를 철저히 지켜낸 월가 최고수의 명인이 바로 버핏이다.

물론 떨어지지 않을만한 저평가 우량주만 골라 장기에 걸쳐 투자하는 그에게 사실 손절매는 필요 없어 보인다. 가치분석 자체를 잘못하지 않은 이상 떨어질 가능성은 희박해서다. 충분히 싼값에 산다는 점도 추가하락 가능성을 낮춘다.

하지만 이런 그도 손절매는 강조한다. 버핏은 우량주 발굴과 함께 손실방어를 대단히 중시했다. 그의 첫째 매매규칙은 '논을 잃지 않는다'이고, 눌째 규칙이 '첫째 규칙을 반드시 지킨다'로 알려졌을 만큼 손실관리를 최우선과제로 삼는다. 때문에 종목선정 단계 때부터 예상손실을 낮추고자 실수를 최소화하는 데 역점을 둔다. 실수를 줄이면 손절매할 필요가 없거니와 수익도 예상대로 늘어나기 때문이다.

'잃지 않는 투자자'답게 그에겐 유명한 일화가 따라다닌다. 90년대 그는 미국기업의 한 CEO와 골프를 쳤다. 라운딩 중에 그 CEO는 버핏에게 내기제안을 했다. "이번 홀에서 당신이 2달러를 걸고 티샷을 해 홀인원을 하면 1만 달러를 주겠다"는 매력(?)적인 내기였다.

충분히 재미삼아 해봄직한 내기였지만 버핏은 단호히 거절했다. "그렇게 확률 떨어지는 도박은 안 한다"며 "이길 확률이 없는데 요행을 바라는 건 투기꾼이나 할 짓"이라고 정색하며 얘기했다. 그만큼 그는 '대박투기'를 혐오했다. 실제로 그는 첨단기술로 무장한 고성장종목보단 전통적인 대기업투자에 주력했다.

그는 "주식은 골프처럼 패자(敗者)의 게임"이라며 "라운딩 동안 실수를 가장 덜 하는 사람이 승자가 되듯 주식투자도 마찬가지"라고 했다. 물론 "손실을 전혀 내지 않을 순 없지만, 손절매 등으로 이를 최소화하는 게 필수"라고 강조한다. 반대로 데이트레이딩은 장기적으로 잃는 게임이다. 장기 고수익은 보유기간과 매수가격의 함수라는 게 그의 투자철학이다.

한편 월가엔 '버핏수학'이란 말이 있다. 버핏수학의 핵심은 돈이 저절로 불어나는 복리의 마법이 기저에 깔려있다. 그는 "본질적으로 투자는 단순하며 미적분 같은 건 전혀 필요 없다"고 했다. 대신 포트폴리에 가장 큰 변수를 시간으로 꼽는다.

세금, 인플레, 무분별한 종목선정보다 더 중요한 건 물론이다. 게다가 시간은 이런 위험요소를 더 확대시킨다. 따라서 시간을 우군으로 삼는 게 무엇보다 급하다. 이는 투자의 최대목적이 세후수익률이란 점에서 일맥상통한다. 시간은 훌륭한 기업에겐 친구지만 그렇지 못하면 적이 된다. 매출과 순익이 꾸준히 증가하면 주가는 뛴다. 이것이 바로 버핏수학의 가르침이다.

버핏수학 '황금알을 낳는 복리효과를 누려라'

그의 입을 통해 직접 장기투자의 백미를 들어보자.

"돈의 복리효과는 황금알을 낳는 거위와 같아요. 복리의 매력은 시간이 흐르면서 마술을 부리고 투자자산의 가치도 급속도로 증가시키죠. 본질적으로 투자는 시간에 비례해요. 오직 시간이 투자자의 포트폴리오에 가장 큰 영향을 미치죠. 세금과 인플레를 감안하면 시장평균보다 단 몇%라도 나은 수익을 내야 시간이 도와줍니다. 복리의 마술The Magic of Compounding을 명심하세요. 오늘의 1센트는 어느 날 10억달러에 달할 겁니다. 가진 돈을 투자하지 않고 쓸데없이 소비하거나 그냥 둬선 곤란해요. 기회비용을 줄이자면 적은 돈이라도 적극 활용하세요."

같은 맥락에서 그는 한시라도 빨리 투자세계에 뛰어들 것을 강조한다. 앞서 투자해야 시간의 힘을 빌려 큰 수익을 낼 수 있기 때문이다.

그가 97년 칼테크Caltech에서 강연한 내용을 잠시 들어보자.

"눈 깜짝할 새에 큰돈을 벌기란 힘듭니다. 시간이 오래 걸린나는 걸 인식하세요. 돈을 모으는 건 눈덩이를 언덕 아래로 굴리는 것과 비슷해요. 눈을 굴릴 때는 가급적 긴 언덕 위에서 시작하는 게 중요하죠. 저는 56년짜리(당시 기준) 언덕에서 굴렸습니다. 그리고 가능하면 잘 뭉쳐지는 눈을 굴리는 게 좋겠죠. 처음 시작할 땐 작은 눈뭉치만 있으면 됩니다. 저는 신문배달로 종잣돈을 마련했어요. 손실을 보지 않겠다는 각오로 잘 아는 회사에만 투자한다면 작은 눈뭉치만 갖고 시작해도 충분합니다. 그리고 56년 뒤에 저를 찾아와 그 방식이 실제 어떤 결과를 가져왔는지 얘기해 주세요."

장기투자의 권유는 곧 단기매매의 경고와 같다. 버핏은 "단기매매는 결국 수익률을 갉아 먹는다"며 "단기수익에 현혹되는 건 어리석은 일"이라고 말한다. 자주 매매할수록 수익은 더 악화되기 때문이다. 그는 "고수익은 자주 사고팔아서가 아니라 소수종목을 잘 선정해 장기보유하면서 그 기업의 성장을 지켜볼 때 보장된다”고 가르친다.

때문에 현명한 투자자라면 시장유혹을 버텨낼만한 인내심이 필수다. 그는 “투자자가 할 일이란 뛰어난 통찰력과 경영능력을 갖춘 경영자를 둔 우량기업의 주식을 내재가치보다 낮은 가격에 사는 것뿐”이라고 지적한다. 수익률은 보유기간이 결정한다. 보유기간이 길수록 종목선정 능력과는 관계없이 수익을 올릴 수 있는 기회가 더 많아지는 법이다. 버핏은 “높은 회전율은 투자자에게 어떤 경제적 가치도 주지 않는다”고 질타한다.

버핏은 수익이 시장평균을 뛰어넘을 수 있는 몇 가지 테크닉을 설명한다. 먼저 저가매수다. 고수익을 얻으려면 되도록 가장 낮은 가격에 주식을 매입하자는 얘기다. 저가일수록 기대수익률은 높다. 연중최저치라면 더 큰 부를 창출할 수도 있다. 물론 기업의 성장성과 우량성은 필수다 회사익 장래성을 분별력 있게 평가하고 적정가에 매수할 준비를 갖추는 게 필수다.

“호흡은 길게 하되 투자종목은 몇 개로 압축하라”

집중투자도 승산이 있다. 분산투자는 안전할 진 몰라도 고수익엔 큰 도움이 되지 않는다. “분산투자는 무지에 대한 보호책일 뿐”이란 입장이다. 적절한 분산투자는 개별종목 리스크인 ‘비체계적인 위험’을 줄여주지만, 시장 폭락 같은 ‘체계적 위험’까지 커버하진 못한다. 성장잠재력을 갖춘 회사 8~12개면 충분하다. 가능한 보유종목은 줄이는 게 낫다.

거래비용을 줄이는 것도 방법이다. 대부분 돈을 벌려는 목적이 무색할 정도로 너무 자주 매매해 되레 수익을 깎아내린다. 이것마저 복리로 계산하면 엄청나다. 수수료를 한 푼도 들이지 않고 투자할 순 없지만, 아주 싸게 거래할 수 있는 방법을 찾으란 메시지다. 거래비용을 줄이는 또 하나의 방법은 배당금을 모두 재투자하는 것이다. 시세차익 외에 추가적인 배당이익이 있다면 달성해야 할 목표수익 자체가 낮아져서다.

심리정복은 성공투자자의 필수과제다. 버핏에 따르면 투자자는 타자요, 시장은 메이저리그 투수다. 투수(시장)가 던진 수천 개의 공(종목) 중 어떤 걸 쳐야할지 타자(투자자)는 고민해야 한다. 섣불리 휘두르면 안 된다. 좋은 공이 아니면 걸러야 한다. 야구라면 삼진으로 끝나겠지만, 증시는 누구도 타자를 독촉하지 않아 괜찮다. 투자자의 스트라이크는 오직 방망이를 휘둘렀는데 못쳤을 때뿐이다. 펀드매니저만 해도 매번 휘둘러야하는 압박감이 있잖은가.

하지만 개인은 얼마든 기다릴 수 있다. 유혹은 해도 강요하진 않는다. 가장 선호하는 존일 때만 휘두르면 된다. 이렇게 하면 타율 9할도 얼마든 가능하다. 여유자금이 있다고 조바심에 주식을 사는 우를 범해선 안 된다. 한 번에 하나씩 신중하게 투자하는 게 좋다. 그는 “매수후보 종목을 압축해둔 뒤 적정가격대까지 기다리라”며 “타석에 서있다 보면 자제력과 인내심을 기르고 이는 또 근면성, 추리력을 길러줘 궁극적으로 높은 수익을 보장해줄 것”이라고 했다.

버핏은 또 통계(수학)적 함정에 날 선 비판을 주저하지 않는다. 통계에 얽매이다간 연쇄적인 실패만 반복한다는 이유에서다. 투자는 확률게임이다. 많은 투자자들이 자신도 모르는 새 수십 가지 변수를 안고 있는 복잡한 주식선정시스템에 의존해 스스로를 함정에 빠트린다. 방대한 자료가 혼란만 낳는다는 점을 알면서도 스스로 늪에 빠진다.

실제로 그의 사무실엔 컴퓨터와 전화기조차 없다. 통계적 함정에서 비켜서기 위함이다. 주식투자 모형에 더 많은 구성부품을 첨가시킬수록 시스템을 더 복잡하게 만들고, 결국 고장이 잦아진다는 경험도 한 몫 한다. 애널리스트의 예측이 자주 틀린 건 이런 이유에서다.

잘못된 예측은 또 다른 잘못된 예측을 낳는다. 이럴 바에야 무작위로 주식을 선정하는 게 낫다. 지나치게 생각이 많으면 실수를 낳는 법이다. 그래서일까. 버핏은 웬만하면 월가에 가지 않는다. "읽을 가치가 있는 리포트가 거의 없다"고 할 만큼 득 될 게 없기 때문이다. 그는 "월가예측은 믿지 않는 게 좋다"며 "자칫하면 통계의 희생양으로 전락한다"고 경고한다.

쉽고 간단한 제품 내놓은 생활밀착형 독점기업 'Welcome'

아마추어 투자자들이 버핏의 가치투자로부터 당장 실천 가능한 종목발굴법을 배울 수 있다면 그건 단연 '독점기업'일 것이다. 그는 "경쟁 없는 독점이 가능하도록 진입장벽을 높이 세운 회사만큼 매력적인 투자대상도 없다"고 주장한다.

그의 말을 더 들어보자.

"종목발굴의 최대원칙은 독점이에요. 독점은 시장지배력이죠. 이게 높으면 장기간 기업실적이 안정적일 수밖에요. 시장이 아무리 변동해도 독점기업은 휘둘리지 않죠. 생활주변에서 독점 가능성이 있는 업종과 기업을 고르세요. 그리고 과거실적이 꾸준히 늘었는지 살피세요. 감이 잡힐 겁니다. 또 대부분의 독점은 가격결정권을 의미해요. 안정적 수익확보를 거들어주죠. 경쟁우위의 지속이란 그만큼 중요합니다. 브랜드파워와 소비자 로열티가 높은 제품과 서비스만 잘 챙겨도 우량주를 고르는 데는 아무런 문제가 없죠."

버핏은 경쟁자가 없거나 특허권·브랜드·독창성 등이 탁월한 제품·기업위주로 매수했다. 이 조건들을 갖춰야 내재가치가 지속적으로 증가한다고 확신한다. 현금흐름이 과거에도 우수했고 앞으로도 나빠질 이유가 없는 건 물론이다. "시장이 폐쇄된 이후에도 살아남을 수 있는 기업을 사라"는 게 핵심전략이다.

사업내용이 단순하고 이해하기 쉽다면 더 좋다. 그래야 정확히 알고 투자할 수 있어서다. 오랜 역사노 중요한 반난근서나. 같은 세품을 상기간 변함없이 생산한 기업이리먼 독점에 띠른 최고의 수익이 기능해서디. 또한 "유망기업이란 꼭 필요한 제품을 만들면서 그 제품 외에는 대안이 없어야 추후에 정부규제까지 피할 수 있다"고 강조한다.

반대로 수시로 회사전략을 바꾸고, 업종전환을 꾀하는 기업은 극도로 조심한다. 버핏이 IT관련 성장주를 기피하는 이유도 과대평가 여부와 함께 인수합병 등 신사업과정에서 실수를 범할 확률이 높기 때문이다.

그가 선호한 독점기업은 생활주변에서 흔히 만나는 회사로 이른바 소비재산업에 속한다. 즉 '소비자 독점기업'이다. "죽기 전까지 절대로 팔지 않을 것"이라고 밝힌 그의 보유종목을 살펴보면 하나같이 일상생활에서 늘 접하는 제품과 서비스를 생산하는 생활밀착형 기업이다. 생활필수품이면서 동시에 반복적인 구매가 일어나는 경우다.

소비자에게 잘 알려져 있느냐 여부로 투자가치를 판단한 건 물론이다. 이때 나오는 말이 '프랜차이즈(독점력)'다. 버핏에 따르면 프랜차이즈란 가격결정력을 지닌 회사다. 회사가 제품가격을 결정하기 때문에 어떤 풍파라도 능히 극복한다. 경영진의 실수나 인플레이션 정도는 위협요인이 아니다. 어떤 악재에도 일정수준의 영업성적을 거둘 수 있다. 당연히 현금흐름은 좋을 수밖에 없다. 대체재가 없고 규제도 덜하면서 소비자에게 꼭 필요한 제품을 생산한다는 건 그만큼 중요하다. 결국 프랜차이즈란 독점기업의 다른 말이다.

1. 다른 사람의 충고보단 자신의 판단을 따르라
2. 가격수용자가 돼선 안 되며 시장이 늘 옳다고 가정하지도 마라
3. 주식투자 땐 사업에 대한 상식과 지식이 학문적 공식보다 훨씬 중요하다
4. 큰 그림을 그리기 위해선 매일의 주가변동을 무시하라
5. 증시예측은 대부분 잘못됐거나 매매만 부추기니 신경 쓰지 마라
6. 주식투자란 기업재산을 공유이지 사고팔기를 반복하는 건 아니다
7. 투자세계에선 망가질 수밖에 없는 오만보단 겸손함을 갖춰라
8. 시간을 포트폴리오의 자연스런 친구로 만들어라
9. 과도한 분석 탓에 수렁에 빠지거나 더 많은 실수를 저지르지 말라
10. 자신의 능력 안에서 평가할 수 있는 기업들만 상대하라

18

윌리엄 오닐 William J. O'Neil

지지 않는 실전게임의 명승부사

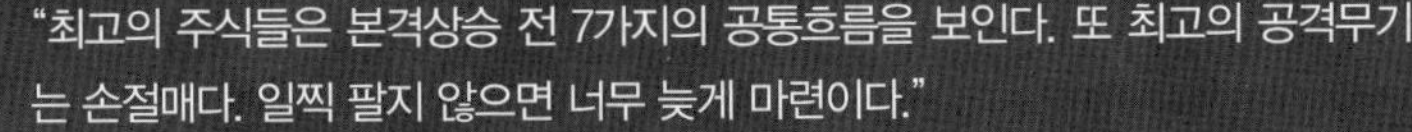

"최고의 주식들은 본격상승 전 7가지의 공통흐름을 보인다. 또 최고의 공격무기는 손절매다. 일찍 팔지 않으면 너무 늦게 마련이다."

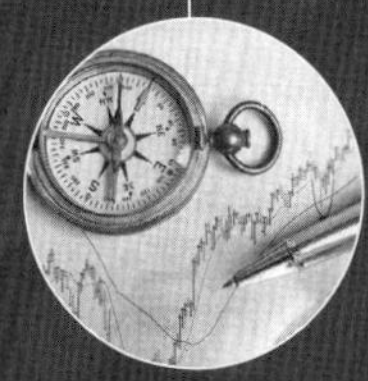

약세장의 강자
'최고의 주식은 새 트렌드로부터 나와'

윌리엄 오닐. 그는 약세장에 강한 투자자다. 결코 지지 않는 게임을 펼쳐서다. 그럴 수밖에 없는 게 그가 고안한 'CANSLIM모델'은 시장상황과 무관하게 평균 이상의 성과를 올려주는 투자방법으로 오랫동안 시장검증을 받았다. 이 모델에 '성공하는 주식들의 7가지 특징'이란 부제가 붙은 건 이런 이유에서다.

이 모델은 상승장 때만 효과를 발휘하는 반쪽짜리 투자모델과는 차원이 다르다. 그래서인지 모델이 소개된 지 한참이 지난 지금까지도 월가엔 'CANSLIM'이란 단어가 심상찮게 거론된다. 오닐이란 이름은 몰라도 'CANSLIM'을 모르는 투자자는 거의 없을 정도다.

그는 대공황으로 신음하던 1933년 오클라호마에서 태어났다. 텍사스의 중하층 가정에서 자랐다. 어린 시절 아버지를 여의고 가난하게 자란 오닐은 남부 감리교 대학을 졸업한 뒤 58년 처음으로 직장생활을 했다. 당시 전통 있는 증권회사 중 하나였던 '히이든스톤 앤 컴피니'의 주식중개인이 그의 첫 직업이었다.

성공하는 주식들의 7가지 특징 'CANSLIM모델' 창시자

물론 주식과의 인연은 좀 더 빨랐다. 공군에 복무하던 53년 주식과 첫 대면을 했다. '프록터 앤 갬블'에 300달러를 투자한 게 처음이었다. 이때부터 성공하는 주식들의 특징에 대해 연구하기 시작했다. 하이든스톤은 이런 그에게 날개를 달아줬다.

당시 수익률이 월등했던 '드레이퓨스'펀드를 3년간 집중분석한 결과 그는 'CANSLIM모델'을 만들어냈다. 모델의 설명력은 대단했다. 이 투자방식을 적용해 62~64년의 26개월간 오닐은 무려 2,000%의 투자수익을 거뒀다. 불과 1년 만에 5,000달러의 투자원금을 20만 달

러로 키워내는 수완을 발휘했다. 덕분에 그는 30세의 나이에 뉴욕증권거래소(NYSE) 죄연소 회원이 됐다.

63년 오닐은 증권사를 그만뒀다. 그리고 리서치 겸 투지지문회사인 '윌리엄 오닐 앤드 컴퍼니'를 설립했다. 현재 이 회사는 글로벌 600여 기관투자가에게 투자정보와 분석보고서를 제공한다. 이후 투자전문지인 <Daily Graphs>와 <Investors Business Daily> 등을 연이어 창립했다.

특히 84년 설립한 <Investors Business Daily>는 창간 4년 만에 10만부를 돌파한 뒤 90년대 말엔 30만부를 넘어서는 인기절정의 전문지로 성장했다. 현재 이 신문은 '서부의 월스트리트저널'로 불릴 만큼 명성을 자랑한다. 오닐 스스로 '월스트리트의 유일한 경쟁지'라고 평가하는 등 자부심이 대단하다.

현재 그는 이 신문사 회장으로 재직 중이다. 88년 펴낸 『최고의 주식 최적의 타이밍How to Make Money in Stocks』는 초판에 이어 2판까지 모두 밀리언셀러

반열에 올랐다.

　높은 투자수익을 거둔 최고의 종목을 고르기 위한 출발점은 과거 최고수익률을 올렸던 종목을 잘 관찰하는 데서부터 시작한다. 이런 주식들의 공통점을 찾아내는 것이다. 오닐은 "1950~2000년까지 600개의 성공적인 투자수익률을 거둔 회사를 철저히 분석했다"며 "이들 최고의 주식들이 본격적인 상승행진 직전에 어떤 주가흐름을 보였는지 읽어낼 수 있었다"고 밝혔다.

　공통분모는 7가지로 요약됐다. 오닐은 이를 'CANSLIM모델'로 명명했다. 'CANSLIM'은 주가급등 직전의 초기 상승단계에서 나타나는 7가지 주요 특징을 조합한 말이다.

◇ C(Current Quarterly Earnings per Share, 현재 주당 분기순이익) = 슈퍼스타 종목들은 시세 폭발에 앞서 직전 1~2분기 순이익이 급증했다. EPS(주당순이익)증가율은 높을수록 좋다. 매출액이 20% 늘었다면 순이익도 최저 그 이상은 늘어야 한다. 실적 부풀리기에 속아선 안 된다. 반드시 전년의 같은 분기와 놓고 비교해야 한다. 일회성으로 끝나는 특별이익은 실적에서 빼야 한다.

◇ A(Annual Earnings Increases, 연간 순이익 증가율) = 성장열쇠를 찾자는 차원이다. 반짝 실적증가가 아님을 확인하자면 연간 EPS증가율을 알아보는 게 효과적이다. 최근 3년간의 연간 EPS증가율이 증가추세여야 한다. EPS증가율은 최소 25~50% 이상이어야 한다. 증가율은 클수록 좋다. 신규상장사라면 최대한 길게 순이익이 큰 폭으로 늘어나는지 살펴야 한다. PER(주가수익비율)보다 중요한 게 EPS증가율이다. '저PER주 = 매수후보'는 아니다.

◇ N(New Products · New Management · New Highs, **신제품 · 경영혁신 · 신고가**) = 주가상승을 위해선 뭔가 새로운 게 필요하다. 신제품·서비스가 대표적이다. 새로운 사고를 도입하는 경영혁신일 수도 있다. 신제품이 살아가는 방식을 혁신적으로 변화시킬수록 좋다. 인터넷 포털개념을 최초로 도입한 AOL과 야후는 98년 가을부터 99년 정점 때까지 500%나 올랐다. 신고가 종목은 더 오르고 신저가 주식은 더 떨어진다.

◇ S(Supply and Demand, **수요와 공급**) = 수급이 최고잣대다. 대개는 발행주식수가 적은 게 좋지만 유동성이 떨어진다는 게 단점이다. 발행주식수보단 유동물량에 주목한다. 과도한 주식분할은 부정적일 수 있다. 공급물량의 급증을 초래하고 주가흐름을 둔하게 만든다. 2~3차례의 주식분할은 그 주식이 천정을 쳤다는 징후다. 자사수 매입은 긍정적인 신호다. 주가하락 때 거래량이 적으면 매도세가 크지 않아 긍정적이다.

◇ L(Leader or Laggard, **주도주 · 소외주 여부**) = 주도주를 사라. 싸 보인다고 저가주를 사면 상승장에서도 오르지 않는다. 활황업종에서 선두를 달리는 2~3개 종목은 놀라운 성장률을 보여준다. 또 주력품목에선 시장점유율 1위여야 한다. 주도주가 비싸다는 이유로 대안을 찾는데, 결코 주도주에 미치지 못하는 게 현실이다. 보유종목 중에선 수익률이 최저인 주식부터 판다.

◇ I(Institutions Sponsorship, **기관투자가의 뒷받침**) = 리더의 움직임을 좇아라. 주가가 뛰려면 큰 수요가 필요하다. 대규모수요의 원천은 기관투자가(펀

드, 연기금, 은행 등)다. 최고의 주식이라면 으레 다수의 기관투자가가 보유하고 있다. 최근 어떤 종목을 새로 비중 있게 편입했다면 눈여겨봐야 한다.

◇ M(Market Direction, 시장의 방향) = 앞의 6가지를 다 지켰어도 시장방향과 어긋나면 75% 이상 떨어진다. 강세장·약세장 여부를 판단하는 건 그만큼 중요하다. 최선책은 종합주가지수나 업종평균지수 등 시장전반의 움직임을 챙기는 것이다. 시장흐름은 정확히 짚을 수 있다. 특정국면에선 특정산업이나 지수가 활발히 움직이곤 하는데, 이런 걸 시그널로 삼으면 좋다. 거래량 증감을 올바르게 해석하는 것도 중요하다.

오닐에 따르면 손절매는 최고의 공격무기다. 큰 손실로부터 스스로를 보호하는 강력한 방어책이기 때문이다. 손실만 줄어도 10번 중 3·4번 맞추는 걸로 큰 재산을 모을 수 있다. 성공투자자의 1덕목은 손실한계를 미리 정하고 최소화해야 한다는 점이다. 그는 "손절한도 밑으로 떨어지면 현금화한 뒤 다른 종목을 찾는 게 좋다"며 "한도는 7~8%로 제한할 것"을 권한다.

결단과 실행은 즉각적이고 동시에 이뤄져야 한다. '떨어졌으니 오르겠지'라는 건 안이한 생각이다. 손절매는 일종의 보험이다.

'손절매는 빨리, 이익실현은 천천히'가 원칙이다. 최선의 매도타이밍은 주가가 오를 때다. 상승세를 타고 있고, 모든 사람들에게 아주 강하게 보일 때가 매도시점이다. "정확히 천정에서 팔려고 하지 말라"며 "늘 일찍 팔지 않으면 너무 늦게 마련"이라고 덧붙였다. 설사 오래 보유하면 더 큰 이익을 취할 순 있겠지만, 주가폭락 때 빠져나오지 못할 수 있다는 점을 강조했다.

분산투자엔 반대다. 그의 코멘트다.

"많은 투자자가 너무 과도하게 분산투자를 하죠. 최고의 실적은 집중에서 나와요. 아주 정통하고 또 관심을 집중할 수 있는 몇 개의 바구니에만 달걀을 담는 게 좋습니다. 보유종목이 많을수록 나중에 빠져나오기 힘들어요."

투자종목은 최대 4~5개를 넘지 말 것을 권유한다. 다른 주식을 사고 싶다면 보유종목 중 가장 수익률이 떨어지는 것과 대체하는 게 좋다. 보유기간은 중요한 문제가 아니다. 원칙고수와 시장움직임이 더 중요하다.

단 손해가 난 주식은 매수 후 최장 3개월 내에 팔아야 한다. 그는 "포트폴리오는 항상 좋은 주식들로 채워둬야 한다"며 "꽃밭에 잡초는 필요 없다"고 잘라 말했다. 데이트레이딩은 반드시 'No'다.

주식투자에 익숙하려면 최소 2~3년이 필요하다. 더불어 새로운 트렌드를 주목할 필요가 있다. 그는 "최고의 주식 중 60% 이상은 항상 주도업종에서 나온다"고 강조했다.

오닐은 주식투자를 선택이 아닌 필수로 본다. 투자 신천지에 살면서 주식을 멀리 하는 건 일종의 직무유기란 입장이다.

그의 말을 끝으로 들어보자.

"여러분은 복 받은 세대입니다. 무한한 기회가 있기 때문이에요. 독창적인 아이디어는 물론 혁신적인 산업이 속속 나오고 있습니다. 새로운 개척시대죠. 이런 시대에 단순히 자신의 직업에 안주해 월급만 받는 건 충분치 않아요. 하고 싶은 걸 하고, 가고 싶은 곳을 가며, 갖고 싶은 걸 갖기 위해선 반드시 지혜롭게 저축하고 투자해야 합니다. 성공할 수 있는 기회는 매년 찾아와요. 스스로 준비해 이 기회를 잡아야죠. 그럼 작은 도토리가 거대한 참나무로

커가는 걸 볼 수 있어요. 성공하려는 당신의 의지가 제일 중요한 요소에요"

1. 손실이 적고 감수할 수 있는데도 손절매를 하지 않는 것

2. 주가가 하락하는데 물타기를 해 비극적인 종말로 치닫는 것

3. 평균 매입단가를 높이기보다 낮추는 것

4. 고가주식을 소량 매수하기보단 저가주식을 대량 매수하는 것

5. 너무 빨리, 너무 쉽게 돈을 벌려고 하는 것

6. 주변 말이나 루머에 솔깃하거나 시장전문가 의견 듣고 주식 사는 것

7. 배당금 욕심에, 혹은 단지 낮은 PER에 현혹돼 이류주식 고르는 것

8. 주식 선정기준이 없거나 안목이 없어 처음부터 제대로 주식을 고르지 못하는 것

9. 낯익은 전통기업 주식만 매수하는 것

10. 좋은 정보와 훌륭한 조언을 제대로 알아보지도 따르지도 못하는 것

11. 차트활용 없이 신고가 종목의 매수를 두려워하는 것

12. 떨어지는 주식은 붙잡으면서 오르는 주식은 조금만 이익나면 쉽게 파는 것

13. 세금과 수수료를 너무 걱정하는 것

14. 주식매수 후 언제 어떤 상황이 되면 그 주식을 팔지 전혀 생각하지 않는 것

15. 기관이 적극적으로 매수하는 좋은 주식을 사는 게 얼마나 중요한지 이해 못하는 것

16. 단기 고수익을 노려 선물과 옵션에 과도하게 집중 투자하는 것

17. 시장가격에 거래하지 않고, 매매주문 때 미리 한계를 정해 예약 주문하는 것

18. 중요한 결정을 필요한 순간에 결심하지 못하는 것

19. 주식을 객관적으로 보지 못하는 것

19

조지 소로스George Soros

두 얼굴의
헤지펀드 제왕

"사회과학은 연금술이다. 시장은 투자자들의 오해 때문에 정상상태에서 벗어났다 다시 되돌아오길 반복한다. 균형점에서 멀어질 때가 투자기회다"

불균형 선호
'한국은 투자하고픈 나라'

"저랑 센트럴파크를 함께 걷지 않겠습니까?"

'세계금융계의 황제'로 불리는 조지 소로스도 사랑 앞에선 어쩔 수 없나 보다. 데이트신청 땐 그저 그런 평범한 남자에 불과(?)했다. 소로스 퀀텀펀드 회장이 최근 극비리에 결혼했다. 상대는 함께 센트럴파크를 걸었던 재미교포 음악가(제니퍼 전). 98년 처음 인사를 나눈 뒤 8년 만인 2006년 가을 하나가 됐다.

소로스와 한국과의 인연은 각별하다. 97년 외환위기 당시 김대중 전 대통령에게 경제자문을 한 게 계기가 됐다. 99년엔 서울증권을 인수해 화제를 낳았다. 그러다 이번엔 한국여인을 평생의 반려자로 삼았다. 2006년 10월 한국방문 땐 "북한의 핵실험은 세계경제에 큰 영향을 미치지 않는다"며 한국경제의 여러 이슈에 대해 투자전략을 소개했다.

조지 소로스. 그의 이름 앞엔 각양각색의 수식어가 따라붙는다. 요약하면 '두 얼굴의 사나이'로 불릴 만큼 세간의 평가는 극단적이다. 마이더스·연금술사·제왕처럼 투자재능을 높이 산 별칭이 있는가하면 한편에선 마피아·투기꾼·대부처럼 부정적인 닉네임도 적잖다. 아시아 외환위기의 주범으로 꼽히면서 '자본주의의 악마'로 불리기도 했다.

실제로 그의 행보를 보면 평가가 엇갈리는 건 당연하다. 그는 헤지펀드의 대가다. 냉혹한 자본논리를 내세워 그간의 금융질서를 순식간에 뒤집음으로써 수익기회를 창출해낸다. 파운드·엔·바트화 공격이 대표적이다.

이렇게 벌어들인 천문학적인 수익 중 상당액을 또 국제적인 자선사업에 투입한다. 쉽게 말해 개같이 벌어 정승같이 쓴다는 논리다. 그래서일까. 그는 한 언론과의 인터뷰에서 스스로를 '금융·박애·철학적 투기꾼'이라고 지칭했다.

사회과학은 연금술 "오락가락은 숙명, 이것이 투자기회"

소로스를 이해하자면 그의 특별한 이력을 살펴보는 게 먼저다. 남다른 성장과정이 오늘의 그를 만들었기 때문이다. 그는 1930년 헝가리에서 유태인으로 테어났다. 유년시절 늘 나치의 학살위협 속에서 살아야 했다. 변호사였던 아버지에게 많은 걸 배운 그는 고생 끝에 영국에 유학(런던경제대학)할 수 있었다.

이때 철학자인 '칼 포퍼'에 매료돼 그의 사상에 심취했다. 첫 직업은 영국의 팬시공장 견습생. 취직이 안 돼 겨우 얻은 일자리였다. 세일즈맨 시절도 있었는데 이때가 그가 기억하는 가장 밑바닥 시절이다. 그러다 런던의 모든 은행장에게 편지를 보냈고, 53년 같은 유대인 사장의 배려로 금융기관에 취업했다.

월가엔 56년 입성했다. 잠시 철학공부를 이유로 일을 그만둔 뒤 66년 월가에 복귀했고, 73년엔 자신의 이름을 딴 헤지펀드를 설립했다.

나치의 폭압정치를 경험한 주인공답게 그는 일찍부터 소수자에게 관심을 가졌다. '칼 포퍼'의『열린사회와 그 적들』은 일종의 방향타 역할을 했다. 그에게 '열린사회'는 평생화두다. 기부를 하는 것도 파시즘·공산주의처럼 개인이 집단에 복종하는 닫힌사회를 막기 위해서다.

자선활동은 79년 백인우월주의의 피해자들인 남아공 흑인학생을 지원하면서 비롯됐다. 이후 '열린사회재단Open Society Fund'을 설립해 매년 엄청난 금액을 기부한다. 동유럽에 수백만 달러를 기부한 건 열린사회의 실현을 염두에 뒀고, 또 그럴만한 능력이 있었기 때문이다.

반체제인사들에게 지원금을 보낸데 이어 최근엔 순수문화 활동에까지 지원을 확대됐다. 그는 "단순히 투자자일 땐 이윤만 챙겼지만 거물이 된 뒤엔 사회적 책임을 의식하지 않을 수 없었다"고 회고했다.

투자성향은 아주 공격적이다. 고위험·고수익의 전형적인 투자패턴을 반복한다. 그는 '재귀성Reflexity 이론'이란 투자원칙을 철저히 좇는다. 생각과 현상이 괴리돼 균형점이 깨졌을 때 투자기회가 생긴다는 이론인데, 그가 직접 만들었다.

시장은 투자자들의 오해 때문에 정상상황에서 벗어났다 되돌아오곤 하는데, 이걸 미리 알고 길목을 지키면 돈을 벌 수 있다는 논리다. 그에 따르면 세상은 불완전하다. 기대와 현실은 늘 일치하지 않는다. 이때 균형점에서 먼 상태일수록 재귀성은 심화된다. 꼭지와 바닥에서 시세가 급반전하는 건 바로 재귀성 때문이다. 이런 이유로 그는 "사회과학은 과학이 아닌 일종의 연금술"이라고 정의한다.

세계최대 헤지펀드 퀀텀 설립 '불일치 많은 환시장 선호'

소로스가 환시장을 좋아하는 건 그만큼 불일치가 많기 때문이다. 사실 환율은 경제현실보단 정치적 배경과 더 깊은 연관을 가진다. 중앙은행의 금리정책이 대표적이다.

그에 따르면 모든 환율체제는 결함을 가진다. 불균형 상태에 있을 때야말로 레버리지를 최대로 늘리는 기회다. 그가 유럽통화를 눈여겨보는 건 인위적 정치조직인 EU로부터 비롯되는 역동적 불균형 때문이다.

그의 얘기다.

"외환시장은 서로 얽혀있죠. 수많은 변수가 동시에 일어나 서로 영향을 미치죠. 향후 세계는 정치·경제문제가 확대되는 쪽으로 해체될 겁니다. 통화당국끼리의 협력도 느슨해지고요. 자국이익만 추구하나보니 금융시장의 변동확대는 불가피합니다. 변동이 클수록 기회는 많아지죠."

그는 세계최대 헤지펀드인 퀀텀펀드를 만들었다. 이 펀드는 69년 설립된 이래 26년간 연평균 35%의 수익배당금을 나눠줬다. 하루에 23%나 폭락했던 블랙먼데이(87년) 때 7억 달러의 손실을 입고도 그해 연말결산 때 14%의 고배당을 실시했다. 이는 피터 린치나 워렌 버핏 등 전설적인 투자자들도 거두지 못한 호성적이었다.

퀀텀펀드는 레버리지와 분산투자, 그리고 장단기전략을 골고루 섞어 위험과 수익을 적절히 배분한다. 주식·금리·외환의 3대 핵심투자처를 바탕으로 가끔 일반상품과 산업에 투자하기도 한다.

이렇다 할 투자스타일은 없다. 상황에 맞게 끊임없이 스타일을 바꿔가는 게 특기다. 시장은 늘 잘못 굴러간다는 가정 하에 투자는 시작된다. 단 무슨 피해든 20% 안에서 제한한다.

퀀텀펀드는 69년 400만 달러로 출발한 '더블이글펀드'가 전신이다. 73년엔 1,200만 달러의 소로스펀드로 변신했다. 짐 로저스와의 분업관계가 높은 생산성을 낳았다. 선투자(소로스)·후조사(로저스)가 원칙이었다.

하지만 둘의 관계는 점차 악화됐다. 81년 소로스는 위기에 직면했다. 동업자인 로저스와 반려자인 아내에게서 결별했다. 일벌레답게 스트레스도 엄청났다. 그해엔 22%의 손실을 냈다.

하지만 개인적으론 삶의 태도를 긍정적으로 바꿨다. 플라자합의 때는 엔화·마르크화를 잔뜩 매입해 큰 성과를 냈다. 반면 블랙먼데이 땐 재빨리 후퇴해 그나마 손실을 줄일 수 있었다. 93년엔 유럽통화시장에서 벌어들인 돈만 11억 달러였다. 〈파이낸셜 월드〉가 선정한 93년 월스트리트 100대 고소득자 중 랭킹 1위에 올랐다.

현재 그는 실무는 전문딜러에게 맡기는 등 그룹의 일상경영에는 참가하지 않는다. 큰 승부를 걸 때만 직접 진두지휘한다.

현장과 이론 틀 탄탄한 빼어난 논객 '신흥시장에 관심'

그는 실물경제에 밝은 투자자일 뿐 아니라 나름의 이론 틀을 갖춘 논객으로 알려졌다. 상아탑 경제학만으론 앞날의 흐름을 예측하기는커녕 현실경제의 분석조차 어렵다는 독설까지 퍼붓는다.

학구열도 높다. 87년 펴낸 『금융의 연금술』에서 "내 꿈은 케인스가 '고용·이자·화폐에 관한 일반이론'을 만들어 30년대 대공황을 설명했듯 80년대의 대공황을 설명할 수 있는 일반 재귀이론을 정립해내는 것"이라고 밝혔다.

90년대 이후 그의 관심사는 서방에서 신흥시장으로 옮아갔다. 러시아, 중부유럽, 아시아 등이 그의 사정권 안에 들었다. 그는 새로운 지역에 진출할 때 항상 '자선과 민주'의 쌍두마차를 몰고 가는 걸로 유명하다.

그와의 식사 한 끼를 원하는 외국대통령이나 고위각료도 수두룩하다. 국제통화위기의 주범으로 비난하던 각국 정부도 요즘엔 돈독한 관계를 위해 러브콜을 보낸다. G7의 OB모임인 G7평의회는 그를 정식멤버로 추대해 회의에 매년 초청한다. IMF의 최고위층은 그와의 핫라인을 개통해 평상시 의견을 교환한다.

막강한 정보 수집능력과 날카로운 판단력, 엄청난 자본 동원력이 그의 최대무기다. 한국에 대한 조언도 잊지 않는다. "지배구조 및 제도개선으로 한국은 투자하고 싶은 몇 안 되는 나라"라며 "다만 국내소비를 늘려야 향후 경제위축 때 안정된 흐름을 유지할 수 있다"고 충고했다.

1. 자신만의 투자이론과 원칙을 정하라

2. 모든 수단을 총동원해 리스크를 회피하라

3. 무엇보다 자신이 아는 분야에 투자하라

4. 예측하기보단 시나리오에 따라 대응하라

5. 대세를 거스르되 굴절지점에 촉각을 곤두세워라

6. 위기상황이 와도 흔들리지 말고 인내하라

7. 실수나 오판이라고 생각되면 즉시 수정하라

8. 펀드의 높은 수수료를 늘 생각하라

9. 늘 소득보다 적게 소비(검소)하라

10. 가진 것보단 지금 하는 일을 사랑하라

20

존 네프 John Neff

PER 소개한 월가의 3대 전설

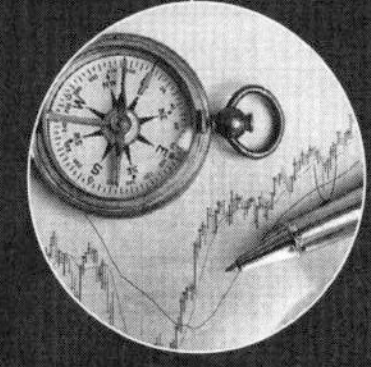

"PER야말로 주식시장 최고의 심판관이다. 헷갈릴 땐 복잡하게 고민 말고 저PER주만 사라. 모두가 팔 때 사들이는 역발상 투자도 필수다."

5,600% 신화배경
'투자는 완벽하게 거꾸로'

당대 최고명성을 자랑하는 펀드매니저다. 펀드매니저들이 자신의 자산을 관리해줄 펀드매니저를 꼽을 때 으레 첫 손가락에 꼽히는 인물이다. 실제로 <포천>이 이런 질문을 했을 때 그는 늘 1위였다. 대중적이진 않아도 업계에선 선망의 대상이자 전설로 군림하는 '투자의 달인'이다.

월가에선 그를 워렌 버핏·피터 린치와 함께 '3대 전설'로 꼽는다. 대형펀드를 30년 이상 히트시킨 거의 유일한 펀드매니저로 기억된다. 투자전문지 <배런스>는 매년 연초 시장최고의 전문가를 초청해 '라운드테이블'을 갖는데, 그는 이 행사의 단골손님이다. 월가에서도 단연 돋보이는 멤버들로 채워지는 이 모임에 33년간 무려 26차례나 참석했다.

그는 1964년 6월부터 95년 12월까지 윈저펀드를 운용했다. 31년간 무려 5,546.4%의 놀라운 누적수익률을 거뒀다. 같은 기간 S&P500지수 상승률을 월등히 앞선 건 물론이다. 윈저펀드는 이 기간 57배나 커졌고, 그 덕에 미국의 최대펀드로 변신했다.

55년 1월 존 네프는 단돈 20달러만 쥔 채 월가에 들어갔다. 돈이 없어 히치하이킹으로 월가에 도착했다. 투자에 대해선 야구보다 더 몰랐다. 당시 월가는 피폐했다. 똑똑한 청년들은 모두 대기업 입사에만 공을 들였다.

하지만 그는 주식중개인으로 성공하고 싶었다. 우여곡절 끝에 겨우 애널리스트로 내셔널 시티뱅크에 입사했다. 유년시절은 힘들었다. 어린 나이였지만 인내를 배우지 않으면 안됐다. 하지만 이게 큰 도움이 됐다. 그는 "참아야한다는 걸 일찍 배웠는데, 이게 성공투자에 큰 도움이 됐다"고 회고했다. 유행을 따르면 잃기가 쉬워서다.

달랑 20달러 들고 월가 입성 '첫 직업은 애널리스트'

골프캐디·편의점 등에서 아르바이트를 했고, 공부엔 애정이 별로 없었다. 군복무 중 주식서적을 탐독했다. 대학에선 호기심과 숫자능력, 자기표현력, 사세덕이 빛휘돼 주식골입의 영에까지 안았다. 스능인 로빈스 박사는 펀더멘털 분석학파의 거두인 벤자민 그레이엄의 후계자였다. 로빈스 박사에게 투자지식의 상당부분을 배웠다.

월가시절 일은 즐거웠고 또 매력적이었다. 하지만 애널리스트로서 첫 보고서는 무시됐고, 예측도 틀렸다. 마음을 다잡고 다시 공부해 분석작업의 완성도를 높였다. 봉급은 적었지만 사교모임에 적극 참가하는 등 열심히 살았다.

투자기법도 서서히 빛을 발하기 시작했다. 가능한 많은 양의 데이터를 수집해 일정한 규칙에 따라 처리한 후 결과를 뽑아냈다. 훌륭한 조언자도 많이 만났다. 하지만 조직은 고리타분했다. 변화가 필요했고, 이 결과 63년 원저펀드 운용사인 웰링턴에 합류했다.

하지만 윈저펀드는 생각보다 어려웠다. 방향감각을 상실했고 환매까지 이어졌다. 과거 움직임만 보고 미래추정을 하니 당연한 결과였다. 패인은 '무모한 투자'였다. 예측 가능한 환경에서 예측 가능한 기업을 선정할 것을 조언했고 회사는 그에게 웰링턴 최초의 '1인 포트폴리오 매니저' 임무를 맡겼다. 미래 가능성이 높은 종목에 치중한 결과 수익률은 높아졌고, 배당은 두둑해졌다.

존 네프하면 'PER(주가수익비율)'란 개념을 뺄 수 없다. PER란 개념·원리를 처음으로 소개한 이가 그다. PER란 시가총액을 순이익으로 나눈 간단한 원리다. 하지만 설명력만큼은 타의 추종을 불허하는 절대명제로 인식된다.

지금도 여전히 기업의 내재가치를 설명할 때 빠지지 않는 기본척도다. 그는 "PER야말로 주식시장 최고의 심판관"이라며 "이리저리 헷갈릴 땐 복잡하게 고민할 것 없이 '저PER주'만 골라 매입할 것"을 주장한다. 그를 '가치투자자'로 규정하는 건 이 때문이다.

다만 그의 가치투자는 워렌 버핏·존 템플턴 등과는 다소 다르다. 저평가된 저가주를 사 제값이 될 때까지 기다리는 건 비슷하지만, 존 네프는 '절대적 가치투자자Absolute-value investor'다. 시장분위기에 상관없이 자신의 목표가격을 유지하며 원칙을 철저히 고수한다. '상대적 가치투자자Relative-value investor'와 비교된다.

그는 모두가 팔 때조차 주식을 고집스레 사들인다. '완벽한 역행투자자Consummate contrarian'를 지향한다. 90년대 초 절망적 상태로 비쳐진 시티은행에 거액을 투자한 게 대표적 사례다.

흔들림 없는 투자원칙 "PER야말로 증시최고의 심판관"

윈저펀드의 투자스타일엔 흔들림 없는 원칙이 몇 가지 있다. 시장등락과도 무관한 일관성 있는 투자원칙인 셈이다. 먼저 '저PER주' 투자다. 이는 제1 원칙이다. 시장상황이 어떻든 저PER주 매입은 확고부동한 툴이었다.

PER는 2가지 이상의 상대적 가치를 비교하는 판단기준이다. PER 10배란 주가가 주당순이익의 10배란 뜻이다. PER엔 미래의 추정수익 개념도 포함된다. 결국 추정 수익성장률 정도로 번역된다.

그의 조언이다.

"저PER주는 때때로 상상을 초월하는 잠재력을 갖죠. 많이 오르고 적게 떨어집니다. 변덕스럽지도 않아요. 유명한 성장주는 일반적으로 고PER주죠. 결국 남은 건 떨어질 일 뿐이에요. 저EPR주 투자로 단기간 백만장자가 될 순 없겠죠. 잘 골랐어도 매노시점을 놓치면 곤란해요. 시류에 휩싸이지 않아야하는 이유죠. 고집스런 원칙고수가 필요해요."

PER가 낮은데도 높은 성장세를 보이는 기업이 가장 바람직하다. 그는 "선호종목은 1등주보다 PER가 40~60% 낮은 게 좋다"며 "매년 7% 이상 성장하면서 저PER라면 최상"이라고 말한다. 여기에 배당수익까지 있으면 금상첨화다.

PER는 미래수익을 반영하는데 그 근거는 역시 과거실적이다. 고PER주는 목표수익에 조금만 미달해도 타격이 심각하다. 성장에 대한 불확실성 문제로 귀결돼서다. 낮아도 지속적인 성장이 가장 좋다.

배당수익률도 중요하다. 저PER주는 대개 높은 배당수익률을 기록한다.

배당수익률이야말로 가장 분명한 성장지표 중 하나다. 우량기업은 배당을 늘리려는 경향이 강하다. 곧 저PER는 높은 배당수익을 뜻한다.

배당수익은 덤이지만 무시해선 안 된다. 반대로 배당이 없다고 성장가능성이 높은 종목까지 무시해선 곤란하다.

그는 경기순환주를 좋아한다. 윈저 포트폴리오의 1/3이 경기순환주였다. 적절한 시기에 순환주를 매수했다 수요가 증가할 때 내다 팔았다. 순환업종의 특성을 활용해 한 종목을 여러 번 매매했다. 단 순환주 PER가 최고수준에 달하면 위험하다. 수익이 늘면 PER가 덩달아 올라가는 성장주와 달라서다.

무엇보다 그는 확실한 성장주를 선호했다. 탄탄한 시장지위와 확실한 성장가능성을 보유한 기업이 조정을 보일 때 사들였다. 시장지위와 성장추정이 변하지 않는 한 파는 일은 없었다. "업황이 하락기조면 독점은 더 빛난다"며 "단단한 기초체력을 가진 기업은 입황이 어렵거나 순간적으로 비틀거려도 곧 살아나게 돼있다"고 강조한다.

펀더멘털이 건실한 기업은 저PER주의 이점을 극대화한다. 매출이 늘면 수익은 늘게 마련이다. 때문에 단위매출(상대적)보단 금액매출(절대적)이 효과적이다. '수요 > 공급'일 때 가격결정권까지 쥘 수 있다.

역행투자 "콘서트장에서 혼자 기립 박수하는 것보다 어려워"

역행투자자답게 리스크는 기꺼이 껴안는다. 그는 "저PER주 투자로 승리하자면 대중이 지향하는 방향과 거꾸로 가야 한다"고 잘라 말한다. 저PER주

투자엔 여론경계가 필수다. 강세장 땐 저**PER**전략이 무시된다. 소외주를 매수하는 건 콘서트 현장에서 혼자 기립박수를 보내는 일보다 어렵다.

하지만 결과는 만족스럽다. 역행투자와 단순한 고집은 구분돼야한다. 합리적 근거가 필요하다. 과열과 투매는 반복된다.

그에 따르면 증시는 어리석음의 공간이다. 과거경험이 머릿속에 지속되는 기간이 극히 짧다. 재앙을 반복적으로 자초하는 경우도 많다. 시장이 활황일 때 저**PER**주는 실망 그 자체인 법이다.

같은 맥락에서 변곡점에 주목할 필요가 있다. 극단적인 현상은 변곡점을 낳는다. 17세기 튤립투기가 대표적이다. 변곡점은 새로운 투자기회다. 이때 저**PER**주는 막대한 수익을 얻을 수 있다.

인기성장주에 목숨 걸 필요도 없다. 인기성장주만 사들이다간 낭패 보기 십상이다. 무조건 매수해 영원히 보유해야 할 것처럼 선호되지만 시장변덕을 이길 순 없다.

차라리 비인기 성장주를 공략하는 게 낫다. 대형성장주보다 훌륭한 종목도 많다. 규모와 인지도가 떨어져 소외됐을 뿐이다. 대형성장주에 사로잡힌 시장은 이 메리트를 모른다.

순환주 투자에선 타이밍이 중요하다. 수익률이 치솟기 6~9개월 전에 매수했다 투자자들이 한창 몰릴 때 팔아야 한다. 그러자면 업계현실을 면밀히 분석한 후 적절한 타이밍을 저울질해야 한다. 탐욕을 경계해야 하는 이유다.

팔아야 한다면 확실한 근거가 필수다. 매도시점은 펀더멘털의 심각한 훼손과 주가의 목표가격 도달 때뿐이다. 판단착오였다면 즉각 매도하는 수밖에 방법이 없다. 확고한 매도전략은 저**PER**주 발굴만큼 중요하다. 그는 "보유하고 있는 이유는 결국 매도하기 위함"이라며 "최고가에 연연하면 희생양이 될 것"이라고 강조한다.

현금보유도 때론 훌륭한 투자다. 상황이 좋지 않으면 쉬어가거나 돌아가는 게 현명하다.

존 네프는 올해 76세다. 월가은퇴는 95년이다. 이후 와튼스쿨에서 교수로 활동했다. 비록 단돈 20달러를 들고 월가에 입성했지만, 스스로 "월가에 있을 동안 잃은 것보단 얻은 게 더 많았다"고 평가할 만큼 시장을 리드했다.

특유의 투자철학엔 고집스런 성격도 한몫했다. 어릴 적 어머니가 "가만히 서있는 표지판과도 싸울 아이"라고 할 만큼 고집도 셌었다. 이런 성격이 리스크는 줄이면서 수익은 더 낼 수 있는 배경으로 작용했다. 지금도 매주 토요일 오후 1시면 그만의 조용한 공간에서 <월스트리저널>을 정독한다. 다음 주 펼쳐질 격전을 준비하기 위해서다.

1. 그날의 저가주를 공략하라 = 최저가 종목 중 탄탄한 기업 1~2곳은 반드시 있다. 실적 악화 등 치명적 결함이 없다면 곧 반등한다. 급락이 되레 호재일 수 있다.

2. 비인기주를 찾아라 = 가령 구조조정이 알려지면 투매가 일어난다. 하지만 잠시 뒤 효과적인 선택이었음을 증명하는 경우가 많다. 리스트럭처링 이후의 매력을 봐야한다.

3. 양질의 성장세를 유지하는 기업을 찾아라 = 향후 수익률이 평균을 웃돌 것으로 예상되는 기업이 유리하다. 성장세 지속은 결정적인 호재다.

4. 다른 사람이 모르는 투자기회를 포착하라 = 고PER주보단 저PER주가 효과적이다. 기업관계나 상호지분을 잘 살펴보면 둘 사이의 연관성을 찾을 수 있다.

5. 잘못 분류된 기업을 찾아라 = 겉은 경기순환주인데 상품구성비를 보니 경기에 무관한 제품비중이 더 높을 수 있다. 이런 건 더할 나위 없이 좋다.

6. 임계치를 확보한 기업을 찾아라 = 감당하기 어려울 만큼의 고성장기업은 경계대상이다. 경제적인 성장 임계치 확보가 중요하다. 시장지배력이 없으면서 가격을 높일 순 없는 노릇이다.

7. 덤의 기회를 포착하라 = 저PER주 투자는 덤을 얻는 기회를 자주 준다. 악재에 시달리다 갑작스런 호재로 주가가 뛸 때 투자자들은 기대 이상의 성과를 얻게 된다.

8. '나만의 능력'을 적극 활용하라 = 체험을 통해 알고 있는 기업·업종에 대한 인지수준을 높이는 게 좋다. 개인 중엔 특정기업·업종에 대한 지식을 갖고 있는 경우가 많다.

9. 좁은 영역에 얽매이지 말라 = 잘 알거나 연관된 업종만 사면 분산투자를 그르친다. 쇼핑몰처럼 투자아이디어를 얻기 좋은 곳에서 기회를 찾아라. 총체적 역량을 챙겨야한다.

10. '나만의 지평'을 확장하라 = 하루 종일 여러 회사와 맞닥뜨린다. 저PER주 탐색은 이때부터다. 고급 레스토랑에서 식사할 때 그 회사를 떠올리는 식이다.

11. 투자소신을 세워라 = 투자는 복잡하지 않은데, 투자자가 복잡하게 만든다. 투자소신을 꾸준히 배워야한다. 종목이해에 도움이 되는 모든 것에 관심을 가져야 한다.

21

존 보글John Bogle

베이글 투자 주창한
월가의 성인

"반짝이는 게 모두 금은 아니다. 증시호황의 과실은 개인보다 매니저가 더 챙긴
다. 고비용 때문이다. 증시 개평꾼들의 몫을 최소화하라."

관건은 비용최소화
'증시 전체를 사라'

"도넛보단 베이글을 먹는 게 낫다."

'인덱스펀드'의 창시자로 유명한 존 보글John Bogle의 투자지침이다. 무슨 뜻일까.

일단 두 빵의 특징을 보자. 도넛은 달콤하고 부드러워 먹기가 그만이다. 하지만 살이 찔까 부담스럽다. 한편 베이글은 특유의 딱딱함 때문에 소화가 어렵다. 그래도 영양분은 풍부한 건강식이다. 이쯤에서 눈치 챈 이가 있음직하다. 비유하자면 베이글은 투자고 도넛은 투기다.

대박을 노리는 단기투자는 '도넛'인 반면 정석투자는 '베이글'이다. 베이글형 투자자는 배당수익과 EPS(주당순이익)증가율을 잘 챙긴다. 장기 생산성 증가와 경제활력의 성과물인 기업수익·배당이 1차 잣대다.

반대로 도넛형 투자자는 PER(주가수익비율)와 심리적 변동을 활용한 시세차익을 추구한다. 단기변동을 반길 수밖에 없다. 존 보글은 "지난 월가역사를 살펴보면 수익은 늘 '베이글 > 도넛'으로 계산됐다"고 전했다.

존 보글은 미국 'No.2' 펀드회사인 뱅가드Vanguard그룹 설립자다. 1976년 뱅가드그룹을 출범시킨 이래 지난 99년까지 회장을 역임했다. 그 후엔 '보글 금융시장 리서치센터' 대표로 변신했다. 월가에 대한 그의 영향력은 막강하다.

블룸버그·CNBC 등 유수의 미국언론이 가장 중립적인 시장판단을 원할 때면 그가 섭외 1순위다.

특히 리서치분야 인터뷰 땐 '단골손님'으로 등장한다. 워렌 버핏과 어깨를 나란히 하는 '월가의 전설'이다. 업계관행에 정면도전한 까닭에 인덱스펀드 운용초기엔 주류파로부터 '이단아·골칫덩이'라는 비난도 받았다.

하지만 높고 꾸준한 수익률 앞에 모두 무릎을 꿇었다. 투자자의 이익을 최우선하는 철학 때문에 월가에선 '성인 존St. John'으로 부르기도 한다.

수수료 줄이려 인덱스펀드 고안 '투자자 이익 최우선'

존 보글은 올해(2007년) 79세다. 47년 프린스턴을 차석으로 졸업한 후 투자회사에 입문했다. 대학 때부터 펀드세계에 흠뻑 젖어들었다. 졸업논문인「뮤추얼펀드의 경제적 역할」은 뮤추얼펀드에 관한 최초의 논문으로 평가받는다.

그에게도 위기는 있었다. 승승장구하던 74년 M&A작전에 성급히 뛰어들어 해고된 기억이 있다.

실패의 쓴맛을 본 뒤 바로 뱅가드그룹을 만들었다. 당시 미국의 주류펀드는 독자적인 판단으로 주식·채권에 적극 투자하는 유형이 절대다수였다. 펀드성과는 상당수가 시장평균(지수)조차 따라잡지 못했다. 이때 존 보글의 머리에 '블루오션'이 떠올랐다. '지수펀드'였다.

시장을 이기지 못할 바엔 투자비용만은 최소화하자는 게 개발 동기였다. 첫 작품은 최초의 지수펀드인 뱅가드500이다. 판단은 옳았다. 매년 30% 이상의 엄청난 수익률을 올리며 90여개의 펀드를 신규 설립했다. 돌풍이었다. 현재 뱅가드는 피델리티 다음의 큰 펀드사로 우뚝 섰다.

미국은 뮤추얼펀드 천국이다. 웬만한 가정엔 뮤추얼펀드 통장 1~2개가 기본이다. 뮤추얼펀드의 75%가 개인투자자의 몫일 정도다. 10조4,000억달러 규모에 펀드숫자만 8,000여개를 웃돈다(2006년말 현재). 뮤추얼펀드 전문가 중 최고반열에 오른 존 보글의 훈수가 파워풀한 이유다.

한국도 이제 펀드 전성시대에 접어들었다. 열풍이라 해도 손색이 없다. 주역은 '적립식펀드'다. 2004년 하반기 이후 적립식펀드의 활약상은 기록적이다. '네 자릿수'를 넘어 지수 2,000 돌파도 적립식펀드의 공이다. 적립식계좌만 1,215만개로 불어났다.

덩치와 함께 수익률은 수직상승했다. 총알(매수자금) 없다고 곡소리를 내던 기관(펀드운용사)은 내일 이체되는 수전익에 힘입어 무자별적으로 주식을 사들인다. 해외펀드까지 합해 주식형펀드 잔고만 94조원에 육박한다(2007년 9월말). 연일 사상최고치 갱신기록이다.

사실 뮤추얼펀드와 적립식펀드는 한끝 차이다. 둘 다 운용 룰은 얼추 비슷하다. 펀드유형이 계약형(적립식펀드를 포함한 수익증권)이냐 회사형(뮤추얼펀드)이냐가 차이라면 차이다.

어떤 적립식펀드가 좋은지 헷갈린다면 존 보글에게 힌트를 구하는 게 좋다. 잘하면 앞으로 있을지도 모를 적립식펀드의 대란(대량·일시환매 등)을 피해가는 노하우도 배울 수 있다.

분산·장기·절세투자와 비용최소화 '단순한 투자' 추구

존 보글의 투자원칙은 '단순함 추구'다. 기본적으로 미래에 어떤 일이 일어날지 알기 어렵다고 봐서다. 투자원칙이 복잡해지는 건 알 수 없는 미래를 억지로 끼워 맞추려는 데서 일어난다고 본다. 물론 투자원칙이 단순하다고 끝난 건 아니다. 행동하기 어려워서다. 담배를 끊으면 건강에 좋은 건 누구나 알지만 실제로 끊기 어려운 것과 같은 이치다.

그에게 성공비법을 물으면 '비법은 없다'고 강조한다. 되레 근검, 절약, 독자적 판단, 절제, 현실적 예측, 건전한 투자상식 등을 입에 담는다.

과거실적도 마찬가지다. 그는 "펀드실적은 단말기만 두드려도 즉시 알 수 있다"며 "하지만 모두 과거실적일 뿐이어서 투자자들은 '백미러만 보고 오토바이를 몰고 가는 잘못'을 범하기 쉽다"고 경계했다.

존 보글이 현역으로 활동하던 시절(80~90년대) 뮤추얼펀드는 전성기를 구가했다. 파도가 튼튼한 배든 허술한 배든 모든 배를 들어 올리듯 대부분의 뮤추얼펀드가 기록적인 수익률을 달성했다. 하지만 시장평균 정도의 수익을 안정적으로 달성한 곳은 정작 몇 개에 불과했다.

풍랑을 만나 침몰한 펀드가 수두룩했다. 1980~2000년의 20년간 시장평균 수익률은 17.7%였지만, 펀드의 세후 연평균 수익률은 12.3%에 불과했다. 도넛형 뮤추얼펀드가 턱없이 높은 판매·운용수수료를 부과했고, 엄청난 마케팅 비용을 쏟아 부었기 때문이다.

게다가 매년 90% 이상의 편입종목을 변경할 만큼 투기에 가깝게 운용해 왔다. 반면 'S&P500 인덱스펀드'처럼 베이글형 뮤추얼펀드는 비용최소·분산투자·장기투자·절세투자로 투자자에게 더 많은 몫을 돌려줬다.

　반짝이는 게 모두 금은 아니듯 펀드의 이면엔 어둠이 많다. 가령 증시호황의 과실은 개인투자자보단 펀드매니저가 더 챙길 수 있다. 고비용 때문이다. 존 보글은 "절세효과를 누리려는 노력보단 변덕스럽게 종목교체만 해선 곤란하다"며 "낮은 수익률을 돌려줬으면서 거들먹거리는 펀드매니저는 경계해야 한다"고 밝혔다.

　물론 펀드운용엔 돈이 든다. 리서치·마케팅 등이 대표적이다. 문제는 이 비중이 투자회사가 거둬들인 전체비용 중 절반 정도에 불과하다는 점이다. 나머진 올곧이 투자회사의 금고로 향한다고 본다. 수익률이 떨어지면 비용문제는 보다 극명해진다.

　그는 "비대한 펀드야말로 내일의 실패를 예언하는 가장 설득력 있는 근거"라고 살라 말했다. 더불어 "노막반과 마산가시도 증시에서노 개펑꾼들의 몫을 최소화하는 게 높은 수익을 올리는 지름길"이리고 밝혔다.

　결국 좋은 펀드를 고르자면 우선 세후수익률이 높은 게 최대조건이다. 그러자면 비용최소가 핵심이다. 판매수수료, 투자자문비용, 세금 등도 민감하게 챙겨야한다. 대략 4가지 기준이 제시된다.

　우선 단순성Simplicity이다. 간단명료하게 시장수익률을 노리자는 메시지다. 투자의 경제적 요소를 극대화하는 식의 집중성Focus도 필요하다.

　펀드운용이 수수료와 세금을 최소화하는 방향으로 움직이는지 여부의 효율성Efficiency도 체크해야 한다. 다음은 투자자의 이익을 최우선하려는 성실성Stewardship이다. 인간의 가치, 성실, 정직 등의 미덕을 지키려는 철학이 있다면 금상첨화다.

장기투자도 존 보글의 핵심전략이다. '복리의 마술'까지 적용돼 엄청난 수익이 가능해서다.

그의 얘기를 들어보자.

"수익은 투자에서 알파와 오메가라 할 수 있죠. 시간에 따라 그 규모는 변합니다. 특히 아인슈타인이 수학에서 가장 위대한 발견이라고 했던 '복리의 마술The Magic of Compounding'이 수익과 만났을 때 그 위력은 상상을 뛰어넘어요. 따라서 복리의 원리를 이용해 수익을 극대화할 수 있습니다."

시간은 단기위험을 중화시켜준다. 투자기간이 길수록 위험은 현격히 낮아진다. 한편 비용은 시간이 갈수록 수익을 야금야금 잠식한다. 시간이 갈수록 비용은 더 커진다.

과거 200년간 주식이 채권수익률 앞선 게 99%

존 보글은 투자의 4대 요소로 '수익, 리스크, 시간, 비용'을 든다. 시간통제는 향후 현금이 필요한 때와 그때까지 얼마나 모을 수 있는지를 따져보는 것, 그리고 매수종목의 보유기간 조절로 가능하다. 판매·운용수수료를 비롯한 유·무형의 비용·세금을 적게 내는 펀드에 가입함으로써 비용통제도 가능하다. 리스크도 비슷하다.

지난 200년간을 10년 단위로 비교해보면 주식수익률이 채권수익률을 능가한 게 99% 이상이다. 물론 주식이 늘 낫다는 함정과 환상에 빠져선 곤란하다. 펀드매니저라면 고객의 소중한 자금을 위험으로부터 지켜줘야 한다.

펀드의 리스크 관리원칙은 3가지다. 시장자체의 리스크(미세한 변동에 흔들리지 말고 정도를 걷는 게 덜 위험)를 무시하고, 폭넓은 분산투자로 리스크를 최소화하며, 특정종목에 대한 위험노출을 줄여야한다.

올바른 투자원칙은 증시전체를 사는 것이다. 모든 영역을 포괄해 주식을 편입하란 얘기다. 이렇게 하면 조정 때조차 충분한 수익이 가능하다.

또 최대한 분산투자해야 한다. 해외증시에까지 분산할 필요가 있다. 이른바 '효율적 투자선(자국·해외의 분산투자 비율을 계산하는 도구)'이다. 성장·가치주를 섞되 특정업종에 집중해선 곤란하다. 자산배분의 폭을 넓힐수록 특정리스크는 감소한다.

단 분산을 위한 분산투자는 결과가 참혹할 뿐이다. 되레 헤지펀드·벤처캐피탈·부동산 등이 대체투자수단으로 좋다. 주식만 고집할 필요도 없다. 단기 변동을 이기자면 채권도 좋다. 리스크·채권·확정소득을 모두 고려하는 투자가 좋다.

앞서 설명했듯 존 보글은 투자자의 이익에 관심이 많다. "뮤추얼펀드는 단순한 금융상품이 아니라 투자자의 성실한 보호자여야 한다"며 "돈을 맡긴 고객에게 최대한의 이익을 돌려줘야 한다"는 게 그의 철학이다.

평소 "펀드사가 고객이익보단 회사이익만 바란다"며 심하게 비난하는 바람에 이젠 자기가 만든 회사인 뱅가드 임직원마저 그를 부담스러워(?)한다.

그는 대단한 검약가다. 비행기를 타도 1등석은 절대 타지 않는다. 뱅가드 그룹의 총수일 땐 기업광고도 거의 하지 않았다. 간단한 메모를 할 때도 종이를 잘라 쓰거나 이면지를 활용하는 게 몸에 뱄다. 뱅가드에선 "절약된 1페니마다 존 보글의 지문이 묻어있다"는 농담까지 떠돈다.

1. 단기변동보단 장기 생산성 증가와 수익 · 배당을 우선하라

2. 미래를 알 수 없으니 단순한 투자를 지향하라

3. 건전한 투자상식 지키는 것 외에 투자비법은 없다

4. 과거실적만 보는 건 백미러 보고 오토바이 운전하는 것이다

5. 펀드를 들 땐 분산 · 장기 · 절세투자로 비용을 최소화하라

6. 변덕스런 종목교체와 거들먹거리는 펀드를 조심하라

7. 펀드비교 땐 늘 세후수익률로 견줘라

8. 투자기간 길수록 비용과 위험은 줄어든다

9. 올바른 투자원칙은 증시전체를 사는 것이다

10. 해외자산 등 자산종류 늘려 위험에 맞서라

22

존 템플턴 John Templeton

영적투자 실천한 월가의 콜럼버스

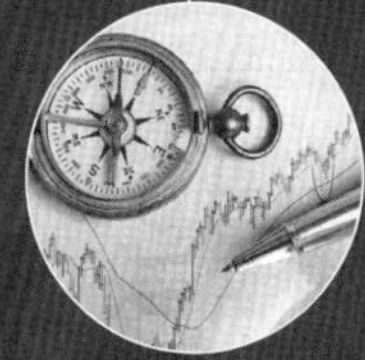

"실수를 저지르지 않는 유일한 방법은 투자하지 않는 것이다. 실수했다고 낙담하지 마라. 자만보단 겸손이 우선이다. 세상에 공짜는 없다."

저평가주 분산투자
'가장 싼 주식을 사라'

흔히 '부자'와 '인격'은 어울리지 않는 단어로 인식된다. 고매한 인격을 갖춘 부자란 애초부터 기대하기 힘들다는 고정관념 때문이다. 하지만 이 두 단어가 '존 템플턴' 앞에 붙는다면 애기는 달라진다. 그야말로 도덕적인 부자로 불려도 전혀 손색이 없는 인물인 까닭에서다.

템플턴은 엄청난 부를 축적했으면서도 늘 도덕적인 삶의 자세를 강조했다. 그에게서 투자아 관련된 테크닉은 좀체 들을 수 없다. 저서나 강의내용 중 열에 아홉은 종교·도덕·삶 등에 집중된다.

"삶이 당신에게 어떤 것을 가져다 주느냐보단 당신이 어떤 자세로 살아가느냐에 따라 당신의 삶은 결정된다. 당신에게 주어진 환경은 당신의 삶에 색칠을 할 수 있다. 하지만 그것이 어떤 색깔이 될 것인지 선택하는 건 당신의 마음이다."

이 코멘트만 봐도 그에게 왜 '영적인 투자가'란 별명이 붙은 지 이해된다.

템플턴은 당대최고의 투자가다. '월가의 살아있는 진설·투자계의 콜럼버스'란 별칭까지 얻을 만큼 탁월한 투자실력을 자랑했다. 금융시장을 꿰뚫어 보는 그만의 독특한 식견은 많은 이들에게 상당한 영향을 끼쳤다.

여기에 영혼이 담긴 통찰력은 그를 세간의 투자자들과 구분 짓는 중요한 키워드다. 실적 역시 타의 추종을 불허했다. 그가 설립한 '템플턴그로스 Templeton Growth 펀드'는 단연 글로벌 'No.1' 뮤추얼펀드로 손꼽힌다.

빼어난 수익률은 업계 최고수준을 기록 중이다. 템플턴식 투자방법을 적용하고 있는 한국의 '플랭클린템플턴자산운용'의 펀드도 탁월한 성적으로 유명하다. 템플턴 본사의 투자지침을 그대로 적용하고 있기 때문이다.

노벨상 명예에 비견되는 템플턴상 제정 '자선사업 활발'

그는 독실한 기독교 신자다. 그의 활발한 종교적 활동은 그를 꾸미는 또 하나의 상징단어다. 프린스턴 신학교의 이사와 학장까지 역임했다. 그의 저서 곳곳엔 투자를 둘러싼 구제적 방법론보단 영석으로 풍요로운 삶을 위한 인생철학에 대한 부분이 더 많이 할애돼있다.

1973년 '템플턴상'을 제정했고, 87년엔 '존 템플턴 재단'을 설립해 사회봉사 활동에 본격 나섰다. 템플턴상은 노벨상과 동등한 수준의 명예를 자랑하는 선망의 대상이다. 테레사 수녀와 솔제니친 등이 대표적인 수상자다. 박애주의를 실천한 공로 덕에 엘리자베스 여왕으로부터 기사작위까지 수여받았다. 매년 4,000만달러 이상을 자선사업에 쓰고 있으며 사후엔 전 재산을 재단에 물려줄 것을 약속했다.

실제로 그는 높은 도덕성과 정신적 활동을 강조한다. 투자의 기본원칙도 대부분 여기서 차용됐다. 국내에 소개된 저서제목이 『존 템플턴의 영혼이 있는 투자』로 붙여진 건 우연이 아니다. 가령 성공·행복의 두 가지 열쇠로 정직과 불굴의 의지를 꼽는다. 그에게 인간관계는 '신성한 신탁'이다. 성공하고 싶다면 미루는 습관을 일찌감치 없애되 마지막 땀 한 방울을 더 쏟을 걸 주문한다.

새로운 시도에 대한 두려움도 금물이다. 마음을 맑게 하고, '뭐든 할 수 있다'는 긍정의 힘을 믿는 건 물론이다. 친절하고 인내심을 가지면 누구든 인간애를 만날 수도 있다고 강조한다. 심지어 "타인의 행운을 기뻐하고 응원해줘야 앞날이 밝다"며 "주는 걸 두려워하지 말 것"을 훈수한다.

충만한 영혼과 박애정신을 실천해서일까. 그는 본업(주식투자)에서 타의 추종을 불허하는 탁월한 실적을 냈다. 하지만 정작 알려진 건 별로 없다. 주식매매와 관련된 그의 세세한 투자원칙·기법은 사실상 베일에 가려있는 상황이다. 저서에서조차 세부전략과 노하우를 찾기는 힘들다. 종교 및 사회활동과 연관된 회고록 형태의 저서가 대부분이다.

고작해야 저서일부와 은퇴 후 강연발언에서 몇 가지를 찾아낼 수 있을 뿐이다. 92년 공식적으로 은퇴한 뒤 강연회를 통해 '금과옥조'같은 투자관을 전 세계에 전파하고 있다.

그의 투자전략은 '가치 있는 주식을 가장 싼값에 사는 게' 핵심이다. 산 뒤 내재가치가 가격에 반영될 때까지 갖고 있다 파는 게 전부다. 그러자면 선견지명과 인내심, 그리고 역발상이 필요하다.

그렇다고 가격이 싼 주식만 매입하진 않는다. 단순히 싼 주식보단 '가장 싼the best bargain' 주식을 매입하는 식이다. 아무도 거들떠보지 않으면서 진정한 가치에 비해 저평가된 주식이다. 물론 향후의 주가상승 잠재력도 고려 대상이다. 우수한 경영진, 시장선도 능력, 기술적 우위 등이 세부지표다.

이를 위해 그는 세계 1만5,000개 기업을 조사해 저평가 종목을 발굴했다. 평균 보유기간은 5년 정도다. 주식을 팔 땐 '주가가 많이 올라 더 이상 싸지 않을 때'와 '현재 보유주식보다 50% 이상 싼 다른 주식을 발견했을 때' 뿐이다.

시는 건 비관론이 극도에 달했을 때다. 하지만 투자자들은 '인간의 연약한 본성' 때문에 이런 신념을 행동으로 옮기지 못한다. 그래서 역발상이 필요하다. 투자에 성공하자면 정신적인 성숙을 통해 이런 종류의 연약한 본성을 극복해야 한다.

성공투자 위해선 정신적 성숙 필수 '선경지명, 인내심, 역발상'

그는 늘 '최종수익률'로 투자성괴를 따져볼 것을 조언한다. 세금·인플레이션을 감안해야 최초의 구매력 변화를 정확히 체크할 수 있어서다. 공매도·옵션처럼 투기행위는 절대 'No'다. 또 투자대상을 대할 땐 개방적이고 유연한 자세가 좋다. 하나의 투자대상이 늘 최고실적을 낼 수는 없기 때문이다.

비관적 분위기가 최고조에 달했을 때 사는 게 원칙이다. 최악일 때 군중을 좇아 패닉에 빠져선 곤란하다는 입장이다. 무엇보다 좋은 주식이 좋다. 성장산업이면서 시장점유율 1위 기업이 그렇다. 시장흐름이나 경제예측보단 개별종목 가치에 주목해야 기회가 생기는 법이다.

위험분산은 기본이다. 제아무리 철저히 분석한 후 샀어도 결코 앞날을 예견할 수는 없다. 보유종목의 숫자는 많을수록 좋다. 연구·계획·분석은 물론 필수다. 긴장감도 필요하다. 사놓고 잊어버릴 수 있는 주식이란 없다. 닥칠 변화에 대응할 수 있도록 늘 깨어있어야 한다. 위기상황 땐 패닉에 빠지기보다 심호흡 후 두려움을 떨칠 것을 권한다.

실수로부터 배우는 자세도 괜찮다. 실수를 저지르지 않는 유일한 방법은 투자하지 않는 것이다. 실수했다고 낙담해선 안 된다. 자만보단 겸손이 우선이다. 투자세계란 늘 변한다. 과신은 위험하다. 세상에 공짜는 없다. 내부자정보는 솔깃해 보여도 큰돈으로 연결된 경우는 거의 없다. 뿌린 만큼 거두는 법이란 게 그의 경험이다.

주식투자를 시작한 건 20대 때다. 지질탐사회사에 근무하던 당시 2차 대전 발발뉴스를 들었을 때 뭔가 확실한 감이 왔다. 29년 이후 미국경제를 짓누르던 불황에 종지부를 찍을 것으로 내다봤다. 곧 증권사에 전화를 걸어 1달러 이하로 거래되는 모든 종목을 100달러어치씩 산 것을 주문했다. 결국 1만 달러가 104개 종목에 각각 투자됐다.

4년이 흐른 뒤 그 가치는 4만달러로 불어났다. 이 일화는 그를 설명할 때 빠지지 않는 양념처럼 등장한다. 템플턴은 1912년 테네시주 윈체스터에서 농부의 아들로 태어났다. 예일대에 다니던 31년 주가급변을 보고 내재가치와 주가동향과의 관계에 의문을 가졌는데, 이게 그를 투자세계로 이끈 계기로 작용했다.

그는 예일대 경제학괴를 2등으로 졸업했다. 로즈징학생을 받아 옥스퍼드로 유학을 갔고, 당시 35개국을 여행하는 기회를 가졌다. 이는 세계를 무대로 한 그의 포트폴리오에 큰 도움이 됐다. 25세의 나이에 월스트리트로 진출, 탁월한 투자능력을 보이며 저성장주 발굴의 명인으로 인정받았다.

54년 템플턴그로스사를 설립해 투자범위를 세계 전체로 확대하며 글로벌 펀드라는 신규분야를 개척했다. 그는 낙관론의 대표주자다. 85세였던 97년 사무실 임대기간을 10년 더 연장할 만큼 장래를 밝게 봤다. 그는 92년 자신의 뮤추얼펀드를 매각하면서 공식 은퇴했다.

새벽 4시면 어김없이 기상 "땀 없는 행운은 공염불에 불과"

아시아 쪽에도 조예가 깊다. 56년 그는 아무도 관심을 두지 않던 일본증시를 주목했다. 49년 개장한 도쿄증시는 70년대 초만 해도 상장사 시가총액이 IBM 1개사 총액에도 못 미칠 만큼 소규모였다. 월가의 지배적인 의견도 '일본투자는 위험하다'로 모아지던 시대였다.

하지만 그는 일본기업의 수익 잠재력이 크다는 사실을 알고 68년부터 일본주식을 대거 사들였다. 매입은 히타치, 닛산자동차, 마쓰시타전기, 스미토모신탁은행, 야스다화재 등 우량주 위주였다. 한때는 펀드자산의 50%를 일본에 넣기도 했다. 도쿄시장은 이후 80년대까지 붐을 탔다. 86년 PER(주가수익비율)가 30배를 넘어서자 보유주식을 대부분 처분했고 이 결과 막대한 차익을 남겼다.

한국에도 잘 알려져 있다. 98년 연초 월가는 템플턴의 한국주식 매수에 높은 관심을 나타냈다. 〈월스트리트저널〉은 템플턴이 97년 말부터 한국증시에 투자를 시작했을 뿐만 아니라 한국증시를 선도적으로 주도하고 있다는 관련기사를 내보냈다.

역시 돌이켜보면 투자의 달인다운 의사결정이었다. 그가 한국주식을 사들인 97년 연말 폐장지수는 376.3에 불과했다. 한국주식의 대표주자인 삼성전자조차 1주에 3만원에 머무르던 시절이었다. 이로부터 3~4개월 후인 98년 봄 국내언론은 드디어 템플턴의 존재감을 확인, "개인 돈 1,000만달러로 삼성전자, 한전 등의 우량주를 매입했다"고 확인 보도했다. 내재가치 대비 저평가됐다는 이유에서다. 비슷한 이유로 템플턴은 싱가포르에도 뛰어들었는데, 역시 상당한 시세차익을 올린 것으로 알려졌다.

템플턴은 사실 '워크홀릭'이다. 하루 15시간씩 1주일에 6일을 꼬박 일했다. 60여 년간 매일 아침 4시면 일어났다. 약속한 것보다 더 이뤄내기 위한 그만의 생활습관이었다. 운보단 실력을 믿었다.

그는 "이번에는 달라This time is different라고 말하는 투자자들은 주식시장에서 가장 비싼 네 단어의 대가를 치르게 된다"며 "실수를 책임지는 자세야말로 향후의 성공을 장담하는 것보다 훨씬 중요하다"고 밝혔다.

우연이란 게 없진 않지만 그것조차 열심히 일하고 성공을 준비하고 있을 때 찾아온다고 봤다. 그는 "땀 없는 행운은 공염불에 불과할 뿐"이라고 전했다.

1. 삶의 규범을 배우라

2. 당신이 가진 것을 활용하라

3. 다른 사람을 도움으로써 스스로를 도우라

4. 소중한 것부터 먼저 하라

5. 지금 하고 있는 일에서 행복을 찾아라

6. 부정적인 것에서 긍정적인 면을 찾아라

7. 일에 자신의 전부를 투자하라

8. 자신의 행운을 만들어가라

9. 성공의 두 가지 원칙을 지켜라

10. 시간의 주인이 되어라

11. 마지막 땀 한 방울을 더 흘려라

12. 절약하고 저축해서 최고의 수익률로 늘려라

13. 더 나아지도록 꾸준히 노력하라

14. 사고를 절제하고 효과적으로 행동하라

15. 사랑은 우리 삶에 꼭 필요한 것이다

16. 신념의 힘을 최대화하라

17. 기도를 통해 힘을 얻으라

18. 삶이란 주는 것이다

19. 겸손함으로써 이기라

20. 새로운 미개척분야를 발견하라

21. 해결책을 찾아라

— 자료: 『존 템플턴의 영혼이 있는 투자』

23

단타투자로
월가 울린 증권왕

"투자란 훈련이다. 하지만 공연관람처럼 즐겨야 한다. 또 목표는 크게 세워라.
연 100%를 목표로 해야 절반이라도 거둔다."

단기 · 집중투자의 귀재
'손해보고 파는 걸 배워라'

"실패를 최대한 줄여라. 그리고 손해보고 팔 줄 알아라."

월가고수 하면 떠오르는 고정 이미지 같은 게 있다. 가령 장기·분산투자로 요약되는 '가치투자'가 대표적인 상징 아이콘이다. 때문에 많은 이들이 주식으로 돈 벌려면 저평가종목을 나눠 산 뒤 시간을 친구(복리)로 삼는 걸 전가의 보도처럼 여긴다. 그게 가치투자인 까닭에서다. 옳은 말이다.

하지만 만반 옳나. 주식투자에 믿고불변의 교과서적인 성공모델은 없다. 징기·분신투자기 승률은 높을지언정 의외로 단기·집중투자로 큰돈을 번 케이스도 적잖아서다. 하지 말라는 방법으로 했더니 돈을 더 잘 벌었다는 얘기다. 결국 월가고수들의 조언조차 투자자 본인의 여러 상황과 조건에 결부시킨 취사선택이 필요하다는 뜻이다.

이렇듯 가치투자의 설명력에 반기를 들고, 또 예외를 강조할 수 있는 건 '제럴드 로브'란 걸출한 주식고수 때문이다. 제럴드 로브. 그는 월가 100년이 낳은 일종의 이단아다. 요즘 한국증시에서도 성행 중인 데이트레이딩만으로 천문학적인 수익을 거뒀기 때문이다. 월가주류로는 드물게 변칙적(?)인 투자법의 효율성을 증명해낸 것이다.

그의 투자전략은 크게 3가지로 압축된다. 종목선정 때 변동성이 큰 대형우량주만 가시권에 뒀고, 손해보고 파는 손절매를 반드시 지켰으며, 끝으로 기술적 반등지표를 통해 매매타이밍을 골라냈다. 손절매를 빼면 월가주류와는 거리가 멀어도 한참 먼 전략이다.

하지만 40년 동안 그는 이 전략만으로 고수반열에 이름을 올려놓았다. 월가에 정통한 개인투자자들이 그를 정신적인 스승으로 모시는 이유다.

월가의 이단아 '1만달러를 3억달러로 3만배 키워'

그는 확실히 '단기투자자'다. 괜찮은 가치주를 골랐다면 영원히 매도기회가 없다던 워렌 버핏의 스승 필립 피셔와는 정반대 입장이다. 평균 보유기간은 길어야 1개월을 넘지 않았다. 매수 후 2~3일내에 오르지 않으면 즉시 팔아버렸다. 그리곤 다음 종목으로 옮겨갔다.

장기전망에 따라 긴 호흡으로 투자한 극소수 예외종목만 빼면 대부분 1개월 안에 포지션을 정리했다. 게다가 개인투자자라면 오해의 여지가 있는 '몰빵'투자에 능했다. 몇 개의 종목만 갖고 집중적으로 매매했기 때문이다. 한번에 2~3개 이상은 거래하지 않은 것으로 알려졌다.

반면 월가의 주류파들과 같은 생각을 하는 부분도 있다. 손절매다. 그는 목에 칼이 들어와도 자신의 투자원칙을 엄격히 지켜냈는데, 대표적인 게 손절기준의 설정과 준수였다.

그의 손절한계는 -10%다. 매수가격보다 떨어질 때는 물론, 이익이 날 때도 고점대비 10% 하락하면 무조건 팔았다.

제럴드 로브는 1921년 증권사 브로커로 월가에 데뷔했다. 브로커로서 능력은 탁월했다. 당시 2만5,000달러에 이르는 거액의 연봉을 받으며 명성을 쌓아갔다. 고객들에게 조언하거나 계좌를 위임 관리하면서 한편으론 투자칼럼도 활발히 기고했다. 이 내용을 묶어 35년 『투자생존을 위한 전쟁The Battle for Investment Survival』이란 책을 출간했다.

시간이 갈수록 관리고객의 충성도는 높아져 85% 이상의 고객이 그에게 매매를 완전히 맡길 정도였다. 그들의 선택은 옳았다. 로브의 월가 재임 40여 년에 걸쳐 그의 고객들은 타의 추종을 불허하는 엄청난 부를 쌓을 수 있었다. 물론 로브 본인의 계좌 역시 천문학적인 수익률로 가득했다. 이후 말년에 출간한 자서전 『증권왕 로브의 일대기』도 유명세를 탔다. 월가는 물론 세계 증권가에서 가장 많이 팔린 베스트셀러 중 하나다.

어린 시절 그는 일찌감치 매서운 삶에 직면했다. 물론 처음엔 저택에 요리사, 유모, 하녀, 정원사 등을 거느린 유복한 집안출신답게 도련님으로 귀여움을 독차지했다. 모친은 금광업을 하던 집안출신이었고, 부친은 프랑스에서 이민해 온 주류 판매업자였다.

하지만 1906년 샌프란시스코 대지진이 모든 재산을 날려버렸다. 이 일이 있은 얼마 뒤 조부와 부친은 세상을 등졌다. 불행은 계속됐다. 설상가상으로 소아마비를 앓아 다리까지 불편해진 것이다. 당연히 정규교육은 거의 받지 못했다. 활달한 성격은 순식간에 독서를 좋아하는 얌전함으로 바뀌었다. 다리가 부자연스러웠던 만큼 두뇌활동은 한층 활발해졌다.

특히 숫자를 기억하는 데 재능을 보였다. 실패와 좌절은 일상적이었지만, 이는 훗날 그의 맷집을 키워주는 자양분이 됐다. 그만큼 자신과의 싸움에 익숙했고, 늘 자신을 이겨냈다. 그는 주식인생 약 40년 동안 1만달러를 3억달러로 불렸다. 환산하면 무려 3만%다. 당연히 그의 대표별명이 '증권왕'인 건 새삼스러울 것도 없다.

그의 이름이 세상에 널리 알려진 건 29년 대공황 때였다. 그는 같은 해 10월 증시가 투기국면에 들어선 것으로 확신, 고객과 본인주식을 전량 팔아치웠다. 그러곤 돌연 유럽으로 6주나 여행을 떠났다. 주식을 내다판 뒤 정확히 3주 후 공교롭게도 증시는 대폭락했다. 월가에 비명소리가 끊이지 않을 때 그와 고객들은 느긋하게 웃을 수 있었다. 이 일을 계기로 그는 고객들의 돈을 모아 펀드를 운용하기에 이르렀다. 공로를 인정받아 부사장으로 승진했으며 65년까지 붙박이 임원으로 일했다. 그는 시장이 좋지 않을 때조차 조금씩 단기차익을 쌓음으로써 결과적으로 상당한 수익을 냈다.

침체장 때의 수익확보는 그에게 자신감을 안겨주기에 충분했다. 몇몇 광산회사에 투자한 건 크게 성공하기도 했다. 엄격한 손절관리와 현금관리는 이때 확립됐다. 물론 실패가 없진 않았지만, 그는 투자전략의 엄격한 실천을 통해 60년대까지 전성기를 구가했다. 남들은 은퇴할 나이가 됐을 때조차 그를 채용하겠다는 러브콜은 전국에서 이어졌다.

29년 대공황 간파 '남김없이 내다판 뒤 홀연히 여행'

제럴드 로브는 고객들에게도 인기가 많았다. 그렇다고 인기영합적인 코멘트나 전략은 취하지 않았다. 솔직한 운용만으로도 고객을 움직일 수 있었기 때문이다. 가령 그는 고객에게 추천한 종목을 본인도 적극적으로 사들였다. 같은 배를 탄 것만으로 고객들은 안심과 함께 만족해했다. 겉으론 매수하길 권유하면서 뒤로는 보유종목을 매도하는 몰지각한 운용자들과는 달랐다.

설명도 쉽게 했다. 이해하기 쉬운 문장과 화술을 구사하면서 투자자를 설득하는 데 일가견이 있었다. 단순히 조언을 구하는 이들보다 아예 대놓고 돈을 맡기는 고객들이 절대다수를 차지한 건 결코 우연의 일치가 아니다.

주변에 따르면 로브는 담대한 인물로 묘사된다. 언뜻 보면 옆집의 성격 좋은 대머리 아저씨처럼 느껴지지만, 주식투자 때만큼은 아슬아슬한 외줄타기를 반기듯 즐긴다. 실제로 그는 모험을 기꺼이 감수하는 편이다. 리스크를 반긴 건 물론이다. 때문에 은행에 돈을 맡기는 걸 "굉장히 따분한 일"이라며 손사래 친다.

그는 "작은 수익률에 만족하며 안전하게 돈을 빌겠나는 사람은 결국 잃을 수밖에 없다"며 "대신 적이도 연 100% 이상 수익을 내겠다며 적극적으로 투자에 임하면 큰 성공을 거둘 것"이라고 가르친다. 최소 연 2배(100%) 수익은 나줘야 실수나 인플레, 세금 등을 빼고도 일정부분 돈을 만질 수 있다는 이유에서다. 그래서일까. 그의 투자성적표는 '들쑥날쑥'이다. 지옥과 천당을 다 경험한 몇 안 되는 월가고수란 얘기다.

로브 역시 젊은 시절 값비싼 실수를 치렀다. 그가 파산의 아픔을 딛고 일어선 오뚝이 같은 투자자로 비유되는 이유다. 뼈아픈 파산에서 교훈을 얻어 자신만의 독자적인 매매기법을 완성했고, 그 뒤에야 비로소 성공의 길을 걸을 수 있었다.

증시가 그에게 본때를 보여준 건 '내부정보의 허망함'이었다. 로브는 시장으로부터 크게 두 방을 얻어맞았는데, 공교롭게도 모두 '내부정보'가 사단이었다. 23년 작은 자동차회사였던 맥스웰사의 신임경영자가 의욕적인 확장계획을 갖고 있다는 내부정보를 믿고 거액을 들여 주당 44달러에 주식을 샀다. 이후 주가는 하염없이 떨어졌고, 버티다 못해 결국 20달러가 돼서야 겨우 처분했다. 이후에도 내부정보만 철석같이 믿고 모친의 목걸이를 팔아 마련한 1만달러를 모두 날려버렸다.

내부정보 믿다 큰 코 다쳐 '피나는 훈련은 필수'

실패는 성공의 어머니라고 했던가. 로브는 재차 신발 끈을 동여맸다. 두 번다시 내부정보에 귀를 기울이지 않은 건 당여지사다. 믿을 수 있는 건 오직 본인뿐이란 사실을 절실히 깨달았다.

그래서 철저히 본인의 실력을 단련하기 시작했다. 종목 및 시세분석에 매달린 결과 시나브로 고수의 진면목을 몸에 익히게 됐다. 그가 남들이 모르는 저평가종목보단 시장에 알려진 대형우량주를 장기투자보단 단기간에 공략해 수익을 내는 쪽으로 방향을 튼 건 이런 절실한 고민의 산물인 셈이다.

그가 훗날 다른 투자자들에게 조언을 할 만한 위치가 됐을 때 처음부터 끝까지 '피나는 훈련'을 강조한 건 같은 맥락에서 이해된다. 그는 "투자란 학문이 아니라 훈련"이며 "스스로 세운 원칙에서 벗어나지 않을 때 비로소 성공할 수 있다"고 했다.

다만 그는 주식투자를 즐겼다. 미치도록 주식을 공부할 수 있었던 것도 본인이 주식연구를 더없는 즐거움으로 받아들였기 때문에 가능했다. 그는 늘 주변사람들에게 "주식매매를 공연관람처럼 즐기라"고 조언한다. 재능 있는 사람이 노력하는 사람 못 따라가고, 노력하는 사람이 또 즐기는 사람 못 따라간다는 말처럼 그는 주식을 생활의 일부처럼 즐겼다.

즐겼기 때문에 많은 시간과 노력이 주식연구에 투입될 수밖에 없었다. 단지 시간이 아깝다는 이유로 월가인근 호텔에 투숙하면서 아침 7시에 출근하기까지 했다. 출근 중 신문을 읽고, 사무실에선 근무시간 전까지 종목분석에 몰두했다. 언젠가 성공이유를 묻는 기자의 질문에 "용감하게 미쳤기 때문"이라고 잘라 말했다.

한편 전문가들에게조차 난감한 구분이자 정의인 투자와 투기의 차이도 그에겐 명확하다. 크게 고민할 필요조차 없다는 입장이다. 그에 따르면 "성공 아닌 투자시만, 실패하면 투기"다. 이주 간단히면서 명쾌한 정이가 아닐 수 없다.

왕왕 그는 투자와 투기를 오찬과 점심식사로 비유한다. 오찬(투자) 쪽이 확실히 안전하고 품위 있게 들리지만, 점심식사(투기)나 실제로 다를 게 없어서다. 그는 "모든 투자는 투기"라며 "유일한 차이는 어떤 이는 그걸 인정하고, 어떤 사람은 인정하지 않을 따름"이라고 했다.

그래도 차이를 찾는다면 "투자가 습관인 반면 투기는 충동"이라는 답을 내놓는다. 그는 실전 매매일지를 작성, 끊임없이 반성하고 개선하며 충동(투기)은 버리고 습관(투자)은 익혔다. 철저한 자기통제를 통해 투자실력을 키워나간 셈이다.

손절매의 대가 "작은 이익을 차곡차곡 쌓는 게 비법"

로브가 좋아하는 종목은 시세를 이끄는 대형주들이다. 다만 조금씩 얌전히 움직이는 대형우량주는 관심권 밖에 뒀다. 시장반응도가 크면서 주가움직임이 활발한 대장주 중 저항선을 상향 돌파하는 종목 위주로 손을 댔다. 유동성이 활발해야 관심을 끌 수 있고, 그래야 주가움직임도 비교적 가파르기 때문이다.

주된 시그널은 장단기 이동평균선의 상향돌파 여부였다. 이들 조건이 충족되면 상향돌파와 함께 매입한 뒤 예측대로 움직일 때만 보유했다. 매수 후 당초 예측이 빗나가면 즉시 매도한 건 물론이다. 이런 점에서 그를 기술적 분석가로 분류하는 평가도 있다. 반면 소형주와 잘 모르는 주식은 철저히 제외시켰다. 그는 "평생 동안 잘 아는 일부종목만 집중적으로 연구, 반복해 매매했다"고 했다. 비록 100여개 이상의 종목을 관찰했지만, 실제투자는 극소수에 그쳤다. 자신이 정한 기준에 포함되는 종목이 없으면 푹 쉬는 편을 택했다.

뭐니 뭐니 해도 그는 손절매의 대가다. 연배로 봤을 때 니콜라스 다비스와 함께 손절매를 강조한 월가최초의 고수라 해도 과언이 아니다. 그는 주식투자의 성공비법을 한 마디로 정리했다. 바로 "작은 이익을 차곡차곡 쌓아가는 것"이다. 그러자면 손절매가 필수다. 로브는 "손절매야말로 주식시장에서 하나밖에 없는 올바른 행동"이라고까지 했다.

그는 돈 버는 비결을 다음과 같이 말했다.

"손해 보고도 팔 줄 알아야 해요. 투자가 잘못됐을 땐 이를 인정하고 재빨리 손을 빼는 게 결정적입니다. 저는 매수한 주식이 10% 이상 떨어지면 눈을 똑바로 뜨고 매도여부를 검토하죠. 물론 대부분은 매도합니다. 가격이 떨어진 주식은 열 가운데 아홉은 버려야 해요. 팔고 나면 그 주식에 신경 쓰지 않아도 되고 홀가분한 맘으로 다음 기회를 노릴 수 있기 때문이죠. 아시다시피 정확한 주가예측은 불가능해요. 큰돈을 번 사람들의 비결은 잘못을 인정하고 민첩하게 손을 빼는 것이죠. 이게 투자성공의 필수조건입니다.”

개인투자자들이 그에게 배워야할 또 다른 포인트는 계좌관리다. 그의 잔고엔 늘 주식보다 현금이 많았다. “주식보유보단 현금보유 기간이 늘 길어야한다”는 판단 때문이다. 안전한 투자를 위해서다. 계좌관리의 백미는 이익실현 때다.

그는 투자원금대비 100% 수익이 나면 그 돈을 따로 떼어내 보관했다. 불어난 돈 대부분을 한 계좌로 둔 채 덩치를 키워가는 대부분의 개인투자자들과는 다른 대목이다. 그는 “위험분산 차원에서 미리미리 이익을 확보해둘 필요가 있다”며 “자칫 큰 충격을 받더라도 재기할 수 있는 디딤돌이 되기 때문”이라고 전한다. 따라서 투자자금의 ‘올인’은 설대금물이나. 가진 돈의 진부를 투자하면 처음부터 지는 게임을 펼지는 깃과 같이서다.

이익은 따로 빼내고 ‘유연한 대처능력 갖춰라’

투자자로서의 유연한 대처능력도 강조했다. 그때그때의 상황에 따른 전략적 변화가 필요하다는 인식에서다. 장세판별과 함께 매매종목의 교체여부를 판단할 때 유연하게 접근해야 승률을 높일 수 있기 때문이다.

이는 투자원칙 고수와는 다른 맥락이다. 즉 로브의 경우 선호종목과 손절기준, 계좌관리 등 절대 양보할 수 없는 자신만의 대전제는 확고히 지키되 상황판단의 근거는 다양하게 받아들였다. 주식전문가들과 많은 대화를 나누고 이들의 행동을 눈여겨보라고 권하는 이유다. 이들이야말로 주식스승이면서 동시에 월가에서 큰돈을 버는 사람들이기 때문이다.

그의 얘기다.

"사실 유연성 확보가 승부를 결정짓죠. 유연한 대처능력 말입니다. 때론 어리석게, 또 때론 날카롭게 바뀔 필요가 있어요. 때때로 돈을 빌려 거래할 수도 있다는 유연성이 있으면 더 좋죠. 주식만 고집하기보단 상황이 안 좋으면 실물투자도 고려해보는 열린 마음이 중요합니다. 드물지만 이렇게 하는 사람이 있는데, 이들은 반드시 돈을 벌게 돼 있습니다."

Advise 제럴드 로브의 15대 투자원칙

1. 단기간에 집중적으로 투자한 뒤 대안 없으면 쉬라
2. 평균 보유기간은 1개월을 넘기지 마라
3. 10% 이상 떨어지면 벌었건 잃었건 매도하라
4. 내부정보를 믿을 바에야 거지에게 동냥하라
5. 열정적인 독서를 통해 상황 분석능력을 키워라
6. 목표는 가능한 높게 잡아야 절반이라도 가능하다
7. 안전하게 돈 벌자면 결국엔 성공할 수 없다
8. 주식으로 돈 벌자면 용감하게 미쳐라
9. 충동적인 투기보다 습관적인 투자를 몸에 익혀라
10. 얌전한 대형우량주보단 변동성 큰 대형민감주에 주목하라
11. 잘 아는 일부종목만으로 평생 동안 매매하라
12. 계좌잔고엔 늘 주식보다 현금을 더 많게 하라
13. 가진 돈의 전부를 한꺼번에 넣지 마라
14. 상황판단을 할 땐 유연하게 대처하라
15. 주식만 고집 말고 다양한 투자대상에 관심을 가져라

24

제시 리버모어 Jesse Livermore

역사상 가장 뛰어난 개인투자자

"본질적으로 좋은 주식이나 나쁜 주식은 없다. 단지 돈 되는 매매방법이 있을 뿐이다. 손실은 짧게, 수익은 길게 하라. 손절매와 분할매수가 그 지름길이다."

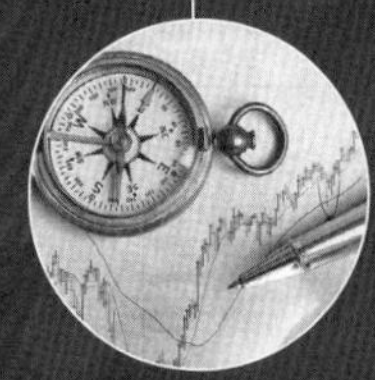

100년 전의 경고
'나눠 사되 떨어지면 끊어라'

"예측하기보단 반응하세요. 증시는 늘 다음에 펼쳐질 현상에 대해 단서를 제공하죠. 투자자는 그 단서를 퍼즐 맞추듯 차근차근 끼우면 돼요. 본질적으로 좋은 주식이나 나쁜 주식은 없어요. 단지 돈 되는 매매방법이 있을 뿐이죠."

제시 리버모어Jesse Livermore. 월가 역사상 가장 위대한 개인투자자다. 잡초처럼 뒹굴면서 홀로 투자세계의 룰을 디득해 친문힉적인 수익률을 기뒀다. 혹자는 '조지 소로스'와 '위렌 버핏'의 합성인물로 서슴없이 리버모어를 꼽는다.

실제로 리버모어 투자법을 들여다보면 소로스와 버핏의 핵심전략과 유사한 게 많다. 리버모어가 강조했던 손절매, 매매타이밍, 감정통제, 시황분석 등의 전략은 아예 판박이 수준이다. 19세기에 출생했다는 점을 감안하면 오히려 소로스와 버핏이 그에게서 영감을 얻었을 수도 있다.

드라마틱한 삶도 재미나다. 에드윈 르페브르가 1923년 출간한 『Reminiscences of stock operator』란 책의 주인공도 그다. 금융서적의 고전이자 전문가들 사이에서 필독서로 불리는 명저로 최근엔 한국에도 번역·출간됐다.

소로스와 버핏의 합성인물? '드라마틱한 삶의 주인공'

그는 15세 때(1892년) 주식투자를 시작했다. 종잣돈은 단돈 5달러. 이걸 밑천으로 1929년 대공황 때 무려 1억달러를 벌었다. 지금 가치로는 2조원(20억달러)에 육박한다.

그에겐 여러 별명이 있다. 초기엔 과감한 매매스타일 탓에 '꼬마노름꾼'으로 불렸다. 폭락장 때 본격적으로 큰돈을 번 뒤엔 '월가의 큰곰'으로 변신했다. 늘 혼자 거래한 탓에 '월가의 늑대'로도 알려졌다. 하지만 그를 가장 잘 표현한 수식어는 역시 '역사상 가장 위대한 개인투자자'다.

스승도 없었다. 오로지 실전을 통해 시장에서 자신만의 투자전략을 세우고 지켜나갔다. 실패가 자양분이 된 건 물론이다. 훗날 월가의 주요언론은 "금융역사상 리버모어의 전무후무한 수익률은 한 번도 깨진 적이 없다"고 평가했다.

리버모어의 첫 직장은 '호가(呼價)판 주사'였다. 매매현황을 칠판에 기록하는 일이었다. 가출 후 겨우 잡은 일자리가 공교롭게 증권업계 관련업무였는데, 이게 그의 평생을 지배했다. 이때 숫자와의 연애에 푹 빠져 주가변화를 둘러싼 패턴연구에 몰입했다. 주가변동 직전의 특징적인 움직임을 알고자하는 지적호기심의 발로는 끊임없는 기록과 분석으로 이어졌다.

얼마 뒤 증시를 이기는 그만의 투자비법을 완성했다. 15세 때의 첫 거래는 대단히 성공적이었다. 당시 그는 '10% 손절매 원칙'을 깨달았다. 10%의 증거금이 레버리지 효과를 내지만 반대로 10%만 떨어지면 깡통을 찬다는 사실이다. 손실을 작은 금액으로 끊어야 증시에서 살아남을 수 있다는 걸 배운 셈. 16세 때 급료보다 매매수익이 더 많아지자 전업투자자로 방향을 틀었다.

탁월한 성과를 거둔 '꼬마노름꾼'은 곧 경계의 대상이 됐다. 그래서 사설 증권회사를 떠나 뉴욕으로 진출했다. 물론 게임의 룰이 달랐던 탓에 파산했지만, 곧 '시간요소'를 깨닫고 재기했다. 시간요소란 매매타이밍을 뜻하며 적절한 시기에 시장에 진입·탈퇴해야 함을 의미한다.

또 전체시장의 방향성을 이해하기 시작했다. 시장움직임과 이것이 개별 종목에 미치는 영향에 대한 고민이다. 이후 매매기법은 더욱 정교해졌다.

매매완료 후 멀리 떠나 심리를 다스리는 '쉬는 투자'도 실천했다. 강세장에선 악재가 무시되고, 약세장에선 호재도 약발이 없다는 점도 경험했다. 1900년대 초 그는 드디어 '손실은 짧게, 수익은 길게'하는 리버모어 투자비법을 완성했다.

손실은 짧고 수익은 길게 '쉬는 투자도 실천'

이때 피라미딩Pyramiding전략이 나온다. 항상 돈을 버는 방향으로 피라미드를 쌓듯 매수규모를 증가시켜 이익을 극대화하자는 논리다. 피라미딩전략은 리버모어 매매법의 핵심이다. 요즘 증시에서 유행하는 '싱한가 따라잡기'와 같은 맥락이다. "직전고점·저점을 돌파하거나 신고가·저가 경신주식을 매매하는 방법으로 투자자는 오직 방향성 형성여부만 살피면 된다"고 말할 만큼 추세를 중시한다.

언뜻 고점에 물릴 수도 있는 위험한 전략이지만, 그는 꾸준한 시장관찰로 되레 통계적인 안정성을 높였다. 경험상 추세매매의 수익률이 높고 또 집중적인 이익발생이 가능하다는 걸 깨달았기 때문이다.

이 과정에서 승률을 높여준 일등공신은 인내심이었다. 본인이 정한 매매 시점까지 기다리되 단기차익 욕구를 억누르고 주가급등 때까지 참을 수 있는 끈기를 강조했다. 어떤 이유든 중간에 흔들리면 큰 흐름을 놓치기 때문이다.

단 이 전략은 반드시 미리 매수금액·수량을 정해놓고 수익이 확인된 초기 상태에서 진행돼야 한다. 자칫 주가가 생각과 달리 역행하면 손실위험이 높기 때문이다. 이럴 때 투자자가 당황하면 마땅한 대응방안을 찾기는커녕 손실만 더 키울 수 있다.

리버모어도 이 사실을 잘 알았다. 그래서 고안해낸 게 분할매수였다. 매수타이밍이 왔어도 한꺼번에 전량 사지 않고 나눠서 사면 비록 매수단가는 좀 높아져도 반대로 손실위험을 최소화할 수 있다는 이유에서다.

가령 매수총량이 1,000주라면 4회에 걸쳐 주가가 오를 때만 250주씩 산다. 1회 매수 때 추세가 흔들리면 5~10%로 손절매한 뒤 다음 기회를 노리면 되고, 추세에 올라탔다면 수익을 무한히 키울 수 있는 절묘한 방법이다. 소액으로 추세검증이 가능하다는 점에서 투자심리도 한층 여유로워진다.

피라미딩전략은 개인투자자에게 시사하는 바가 많다. 리버모어의 투자원칙이 손실최소와 이익최대임에 비해 아마추어의 현실은 이익은 줄이고 손실을 늘리는 정반대의 우를 범하는 경우가 비일비재한 까닭에서다.

개인투자자의 절대다수는 자금이 허락하는 한 최대한 많은 주식을 단번에 매수한다. 분할매매 개념은 애초부터 없는 사람이 부지기수다. 오히려 미수까지 동원해 하락리스크를 극대화하는 도박성을 띄는 게 일반적이다. 물타기는 두말할 필요도 없다.

이런 '위험한 필패(必敗)전략'을 리버모어는 100년 전에 경고했다. 분할매수와 손절매만 갖고도 안정된 심리컨트롤 속에 얼마든 이기는 게임이 가능하다는 그의 조언을 흘려들어선 곤란한 이유다.

엄격한 손절매와 분할매수 합친 '피라미딩전략' 완성

추세타기에 성공했다면 다음은 심리통제가 관건이다. 리버모어가 돈을 번 거 시장흐름에 올라탄 것보단 이후의 심리제어에 성공했기 때문으로 보는 게 타당하다. 그는 인내심을 발휘해 변곡점까지 기다리는 추세매매를 완벽히 소화했다.

매수 후 주가가 오르면 떨어질까 우려해 서둘러 팔기보단 확신을 갖고 계속 수익이 불어나도록 내버려뒀다. 반대일 땐 가차 없이 손실을 잘랐다. 그는 "공포는 급락을 부르고 희망은 상승을 낳는다"며 "인간본성인 심리적 약점을 극복하는 게 중요하다"고 말했다.

그는 인간심리를 알고자 심리학까지 공부했다. 무지·공포·희망·탐욕을 경계해야 할 감정으로 꼽은 반면 성공적인 투자자의 4대 정신특징으로 관찰력·기억력·수학적 계산능력·경험 등을 소개했다.

그는 선도주에 각별한 애정을 쏟았다. 수익극대화를 위해선 가능한 관심

종목을 줄이는 게 낫다는 경험 때문이다. 주가움직임을 연구할 때는 그 범위를 당일 가장 유망한 모습을 보인 주식들로 한정했다. 활발하게 거래되는 선도주로부터 수익을 얻을 수 없다면 전체시장에서도 돈을 벌 수 없어서다.

다행인 건 시장엔 늘 새로운 선도주들이 생겨난다는 사실이다. 시장에 맞서선 살아남을 수 없다는 게 그의 지론이다. 강세장에선 선도업종과 그 업종의 대표선도주를 파악하는 게 중요하다고 강조했다. 개별하자가 없는 한 '명백한 집단화 경향'을 띄기 때문이다. 큰돈을 버는 건 전체시장과 함께 선도주를 장악할 수 있을 때만 가능하다는 뜻이다.

매매타이밍을 결정할 땐 세심한 주의를 기울여야 한다. 조급해하면 그에 따른 대가를 치러야 해서다. 그의 코멘트다.

"예전에 면화선물에 투자한 적이 있었죠. 사면 떨어지고 팔면 오르는 기막힌 경험을 했는데, 원인이 뭘까 안참 공부했어요. 바로 인내심 부족과 감정통제에 실패했기 때문이었죠. 솔루션은 기록과 분석이었어요. 이를 통해 시세전환과 관련된 나만의 내적신호를 만들었죠. 차트를 챙기기보단 자신만의 기록을 하세요. 인내심만 있다면 상당한 정도의 정확성을 갖춘 기록을 보유할 수 있죠. 스스로 생각하니 새로운 아이디어가 샘솟는 건 물론이고요."

명확한 근거에 기초한 자신만의 견해가 필요하다는 뜻이다. 시장을 둘러싼 사람들의 평가와 의견은 무시하라고 가르친다. 시장은 틀리는 법이 없는데, 늘 시장에 대한 사람들의 의견이 틀리기 때문이다.

자금관리에도 그만의 원칙은 있다. 그는 시장을 겁낸다. 유기적인 생명체인 까닭에 설명이 어려운 일이 일어나곤 하기 때문이다. 그만큼 건전한 자금관리원칙이 없으면 승률이 90%라도 한방에 날아간다는 게 그의 경험이다.

수익 2배 되면 인출 "거래 남발하면 실수할 수밖에 없어"

그에겐 쉬는 것도 투자였다. 한발 벗어난 휴가를 통해 시장흐름을 더 객관적으로 바라보곤 했다. 계좌정리도 자주 했다. 돈을 완전히 인출해 현금을 확보한 후 거래규모를 다시 조절했다. 계좌규모가 투자원금의 2배가 되면 수익을 인출하는 차익관리를 적극 권한다. "아마추어들은 실수를 저지를 때까지 거래를 남발한다"며 "그 끝은 깡통계좌뿐"이라고 거든다.

돈을 찾음으로써 숫자의 환영에서 벗어날 수도 있다. 돈은 세어봐야 손안에 있다는 걸 느낄 수 있어서다. 그렇지 않다면 돈은 숫자에 불과하다.

리버모어는 겸손했다. 항상 배운다는 자세로 임했고, 자기관리와 겸손을 통해 감정통제에 각별한 노력을 기울였다. 그의 영향력은 막강했다. 윌리엄 오닐·알렉산더 엘더 등 내로라는 거물들이 극찬을 아끼지 않은 투자의 달인이었다. 저명한 은행가였던 J. P 모건조차 그에게 협력을 요청할 만큼 거대 파워의 소유자였다.

다만 종말은 비극이었다. 1931년 큰 손실을 입은 후 그는 재기불능 상태에 빠졌다. 이후 본인의 투자기법을 출판해 돈을 벌기도 했지만, "녹슨 투자전략을 팔아 돈을 챙긴다"는 비판이 제기되는 등 불운을 겪었다.

1940년 가을 그는 칵테일 바에서 권총자살로 생을 마감했다. 그가 남긴 건 아내에게 쓴 편지 한 통과 채 1만달러가 안 되는 부동산뿐이었다.

1. 오를 땐 희망을 떨어질 땐 두려움을 가져라

2. 무모한 사람이야말로 쉬지 않고 투자한다

3. 방향확인 후의 매매는 보험에 드는 것과 같다

4. 투자결정을 했어도 지나치게 앞서 뛰어들지 마라

5. 수많은 주식보단 몇 개 종목을 관찰하는 게 훨씬 쉽다

6. 매매가 잦을수록 중개인은 달콤한 권유를 아끼지 않는다

7. 정보나 추천으로 돈을 벌 수 있다고 기대하지 마라

8. 짧은 시간에 큰돈 벌려거든 차라리 증시를 떠나라

9. 판단이 틀렸다면 변명하지 말고 웃으며 다음 기회를 노려라

10. 거래완료 후엔 차익 중 절반은 예금상자에 따로 모아두라

25

제임스 오쇼너시 James O'Shaughnessy

다우의 개 모델 만든 잊혀진 고수

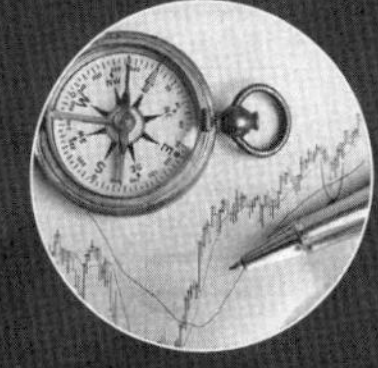

"배당수익이 높은 다우의 개만 좇아라. 수익은 많으면서 정작 소외된 특가품들이 수두룩하다. 소형주보단 대형주 수익률이 훨씬 높기 때문이다."

위험 없이 수익 높은
'고배당주를 잡아라'

"저에겐 시장평균을 이기는 투자전략이 있어요. 다우의 개Dogs of Dow로도 알려진 다우의 10종목 전략인데요. 다우존스 산업평균지수를 구성하는 30개 종목 중 배당수익률이 가장 좋은 10개를 똑같은 금액만큼 삽니다. 그 다음 1년 뒤 보유종목 중 배당수익률이 상위 10위에서 빠진 건 팔고, 대신 새롭게 10위권 안에 들어간 종목을 사는 거죠. 이렇게 포트폴리오를 조정하면 결국 수익은 많으면서 상대적으로 수복은 널 받는 특가품들도민 구싱힐 수 있이요. 우량수인데 대접을 못 받으니 '개Dog'라고 할 수 있죠. 하지만 배당수이률이 높으면서 다우지수 상위 구성종목이라면 개일 확률보단 특가품일 가능성이 훨씬 높기 때문에 안심할 수 있습니다."

유명한 '다우의 개Dogs of Dow' 전략이다. 월가에서 인정받은 최고의 투자모델 중 하나로 오랫동안 투자자들의 사랑을 받고 있는 기법이다. 하지만 '다우의 개'는 알아도 이 모델을 만들어낸 '제임스 오쇼너시'를 아는 이는 드물다. 워낙 쟁쟁한 주식고수들이 포진한 월가여서인지 웬만한 능력과 성과만으론 명성을 계속 유지하기란 그만큼 힘든 모양이다.

오쇼너시는 지난 2000년까지만 해도 월가의 집중조명을 받던 내로라는 대표선수 중 하나였다. 하지만 독자적인 뮤추얼펀드를 만들어 운용하다 2000년 봄 헤네시펀드에 매각한 뒤 공개석상에서 조금씩 멀어지기 시작했다.

이후 네트폴리오닷컴이란 웹사이트를 만들어 투자자들이 개인적인 뮤추얼펀드를 만들도록 서비스를 했지만, 이내 중단됐다. 현재 월가엔 주인 잃은 '다우의 개'만 존재하고 있는 셈이다. 그럼에도 불구, 배당투자가 부각되는 연말연초면 그의 이름은 심심찮게 언론에 오르내린다.

"배당수익률 상위 10개 종목만으로 포트폴리오 유지하라"

제임스 오쇼너시는 미네소타의 세인트폴에서 태어났다. 명문대학인 조지타운에서 국제경제·경영학을 전공한 뒤 미네소타에서 경제학을 더 공부했다.

그는 99년 월가에서 최초로 투자전략에 관한 특허(특허번호 5,978,778)를 취득한 것 때문에 더 유명하다. 특허제목은 '투자관리를 위한 자동화 전략'이다. 그만큼 통계분석과 검증시스템에 일가견이 있는 것으로 알려졌다. 실제로 오쇼너시는 방대한 데이터분석을 통해 투자모델의 실효성을 검증함으로써 유명세를 떨치기 시작했다.

그의 이름이 월가에서 부각된 건 96년 『What works on Wall Street』란 책을 낸 뒤부터다. 이 책은 S&P의 데이터베이스를 이용해 과거 43년간 어떤 투자전략이 유효한지를 검증해 화제를 모았다. 더 놀라운 긴 검증결과가 월가의 정통이론을 무참히 깨버린 파격, 그 자체였다는 사실이다.

대표적인 게 PER와 대형주에 관한 논리였다. 월가정설에 따르면 PER는 종목발굴을 위한 최초의 출발점이자 가장 효과적인 저평가 기준이다. 가치투자자들의 전부라 해도 과언이 아닐 정도로 중요하게 취급하는 투자지표인 까닭에서다. 일례로 윈저펀드 운용자 존 네프는 "PER야말로 주식시장 최고의 심판관"이라고까지 주장하지 않았던가.

그러나 오쇼너시는 검증자료를 내세우며 "PER는 주식가치를 나타내는 최선의 지표가 아니다"라고 정면으로 맞섰다. 또 그는 "소형주보단 대형주 수익률이 훨씬 높다"는 자료를 제시, 역시 월가의 이론가들을 한꺼번에 뒤흔들었다. "아기코끼리 덤보가 하늘을 나는 법"이라며 소형주 투자의 효율성을 강조해왔던 랄프 웬저 등이 보기엔 터무니없는 주장이었다.

이후 월가가 뒤집어진 건 두말할 필요가 없다. 물론 이 논리대결은 여전히 현재진행형이다. 상황에 따라 달라질 수밖에 없는 게 주식논리여서다. 아무튼 그의 주장이 월가에 큰 반향을 불러일으킨 것만은 부인할 수 없는 사실이다.

하지만 오쇼너시가 고안한 '다우의 개' 전략은 이후 여러 후속주자들에 의해 괜찮은 투자모델로 검증받았다. 실제로 오쇼너시 역시 '다우의 개' 덕분에 짭짤한 재미를 봤다. 엄청난 배당수익에도 불구, 푸대접을 받는 이른바 '개 같은 주식'으로만 매년 포트폴리오를 조정해 시장평균을 웃도는 대박을 냈기 때문이다.

그에 따르면 1952년부터 거슬러 올라가 '다우의 개' 전략을 검증해봤더니 연평균 17%의 수익률을 거둔 것으로 나타났다. 같은 기간 S&P500지수 평균 수익률은 13.8%에 불과했다. 〈워싱턴포스트〉도 98년 이전의 27년간 '다우의 개' 10종목 수익률이 다우지수 평균보다 높았던 해가 무려 20년이나 됐다(98년 1월11일자)며 그의 손을 들어줬다. 이후 배당투자 하면 '다우의 개' 모델을 떠올릴 만큼 대표성을 인정받기에 이르렀다.

월가에 정면도전 'PER는 주식가치 증명하는 최선지표 아니다'

물론 배당수익률이 높다고 모두 다 우량주는 아니다. 분모인 현재주가가 싼 까닭에 결과적으로 배당수익률이 높아질 수 있어서다. 이때 주가가 싼 이유는 기업실적이 나쁜 결과일 수도 있다. 자칫 실적이 형편없는 잡주에 투자해 위험부담만 더 높일 수 있다는 염려다.

이는 오쇼너시 역시 걱정했던 딜레마였다. 그래서 생각해낸 게 '다우지수'라는 일종의 안전판이었다. 그는 "다우지수 구성종목이라면 일반적으로 규모가 크고 오랫동안 살아남은 우량기업일 확률이 높다"며 "이런 기업이 망할 확률은 아주 낮다"고 밝힌다. 그가 이름이 잘 알려진 대형주를 선호하는 이유다. 실제로 그는 시장에 이름이 잘 알려진 기업이면 일단 'OK'했다.

PER를 무시한 그였지만, "PER가 낮고 이름이 잘 알려진 주식은 투자할만한 가치가 있다"까지 했다. 그는 "배당수익률이 높고 잘 알려진 대형주에 집중하면 S&P500 지수상승률의 4배까지 수익률을 거둘 수 있다"고 주장한다.

반대로 시가총액이 작고 덜 알려진 소형주는 그에게 별로다. "소형주에 투자해 돈을 버는 이들은 너무 작은 규모의 주식에 투자하기 때문에 수익을 낼 뿐 다른 이유는 없다"고 폄하한다.

그는 위험을 싫어했다. 적극적인 도전보단 안전하고 보수적인 접근을 더 선호했다. 이는 똑같이 안정적인 배당투자를 중시했던 가치투자의 창시자

벤저민 그레이엄과 맥이 닿는 대목이다. 그레이엄에 따르면 'Mr. Market(증시)'은 조울증 환자로 조증과 울증의 갭이 실적·배당으로 요약되는 내재가치다. 그는 예측 불가능한 시장전망보단 비교적 정확한 수치로 산출되는 실적과 배당을 통해 'Mr. Market'을 만나라고 권한다.

오쇼너시도 그레이엄에게서 많은 힌트를 얻었다. 위험수용도가 낮은 보수적인 투자자에겐 최근 20년간 단 한 번도 중단 없이 배당을 실시한 기업만 사라고 권유한 그레이엄처럼 오쇼너시 역시 "위험이 높다고 늘 수익까지 높진 않기 때문에 확실한 실적으로 고배당 여부가 확인된 기업에 한정하라"고 조언한다.

또 그는 보유기간도 명확하게 설정했다. 그의 매매원칙은 '매수 후 보유'다. 즉 'Buy & Hold'전략으로 좋은 종목에 투자해 장기간 보유하는 게 제일 낫다는 지론을 강조한다. 거래횟수와 투자수익과는 역의 상관관계가 있다는 연구결과를 내세워 "이 둘의 반비례관계는 명백한 사실"이라며 "많이 거래하면 할수록 수익은 줄어들 수밖에 없다"고 평가한다.

그렇다고 10년이고 20년이고 무한정 보유하란 건 아니다. 오히려 그는 1년을 내세웠다. 오쇼너시는 "주식을 샀으면 1년간 보유하고 바로 포트폴리오를 조정하라"며 "1년에 한번 차고를 청소하지 않으면 쓰레기로 가득한 법"이라고 했다.

대청소하듯 1년에 한 번은 포트폴리오 변경하라고 늘 권고

그 역시 연초에 대청소를 하듯 포트폴리오를 한 번씩 갈아엎었다. 좋은 것은 남기고 나쁜 것은 버리되, 버린 것만큼 새로 떠오른 유망종목을 편입함으로써 꽃밭을 늘 아름다운 꽃으로 채운 셈이다.

한편 그는 여러 번의 투자검증을 통해 'PSR(주가매출액비율)'의 높은 설명력을 간파했다. PSR이란 주가를 주당매출액으로 나눈 수치로 낮으면 낮을수록 저평가됐음을 의미한다.

그는 "증시분석에 사용되는 모든 재무비율 중에서 주가매출액비율이 가장 뛰어나다"며 "이를 통해 특정종목의 주가가 미래에 상승할 것인지 여부를 정확히 알 수 있다"고 했다. 순이익을 분모로 둔 PER보단 매출액을 분모로 둔 PSR이 기업실적의 건전성과 지속성을 보다 확보할 수 있다는 이유에서다.

사실 PSR은 월가고수들에게 보편적인 투자지표는 아니다. 오쇼너시를 제외하고 PSR을 중시한 월가고수는 케네스 피셔뿐이다. 오쇼너스가 PSR 기준을 상위 50위로 끊은 것에 비해 피셔는 기술주는 1.5배 이하, 굴뚝주는 0.8배 이하를 추천범주로 규정했다.

동시에 그는 성장주에 한정해 '상대강도Relative Strength'의 유혹에 푹 빠졌다. 주가상승폭이 큰 기업의 주가가 더 크게 오르고, 하락한 기업의 주가가 향후 더 떨어질 확률이 높다는 걸 알아냈기 때문이다.

상대강도란 '특정기간 상승폭 합계 / 특정기간 상승폭 및 하락폭 합계'에 100을 곱한 것으로 수치가 높을수록 최근에 많이 올랐음을 의미한다. 흔히

50을 기준으로 75이상이면 과열징후로 25이하면 소외시그널로 이해되곤
한다.

그런데 오쇼너시는 상대강도가 높을수록 떨어지기보단 오히려 더 올라갈
수 있다고 봤다. 그는 "시장평균을 훨씬 웃도는 상승률이야말로 하락신호가
아닌 더 강력한 추가상승 에너지를 의미한다"고 했다. 상대강도가 높은 순서
로 나열해 상위 50위에 들어야 적극 매수했다.

단 시가총액이 커 유동성 문제가 없고, 주당순이익이 증가하며 PSR이 1.5
배보다 낮아야 한다는 건 상대강도 이전에 만족해야 할 전제조건이다.

그는 자신만의 지속적인 투자전략을 세우고 지킬 것을 항상 강조했다. 신
문·TV가 추천했거나, 친구·친척이 좋다고 말했다는 이유만으로 절대 주식을
사지 말라는 얘기다.

그의 말을 들어보자.

"절대로, 설대로 일시적인 기분에 휩쓸려 주식을 사지 마세요. 월가에선
1온스의 감정이 1파운드의 사실과 맞먹죠. 사촌이 추천했다고, 언론기사가
그럴싸해 보인다는 이유로 사선 곤란합니다. 지금이 매수시점임을 알려주
는 명확한 투자전략에 근거해 매수하세요. 투자전략만 갖고 있다면 주식으
로 성공할 겁니다. 하지만 아니면 말고 식이면 손해 보기 십상이에요. 하물며
몰빵은 결코 성공할 수 없을 겁니다. 투자전략에 따라 장기간 보유할 수 있는
주식만 사야 합니다. 그렇지 않다면 투자가 아니라 도박이에요. 도박을 하고
싶다면 차라리 라스베이거스로 가세요. 거기가 훨씬 더 재미있잖습니까."

1. PER는 주식가치를 나타내는 최선의 지표가 아니다

2. 소형주보단 대형주 수익률이 훨씬 높다

3. 실적(EPS증가율)이 동반된 고배당주를 노려라

4. 소외됐지만 기초체력이 튼튼한 회사에 투자하라

5. 시장지수에 포함된 유명한 대기업을 골라라

6. 자신만의 투자전략을 수립 · 실천하라

7. 위험이 높다고 수익까진 높지 않다

8. 매수 후 보유하되 1년에 한번은 재점검하라

9. 모든 재무비율 중 가장 탁월한 건 PSR이다

10. 많이 오른 기업일수록 더 오를 확률이 높다

26

짐 로저스 Jim Rogers

세계를 품은 상품투자 베테랑

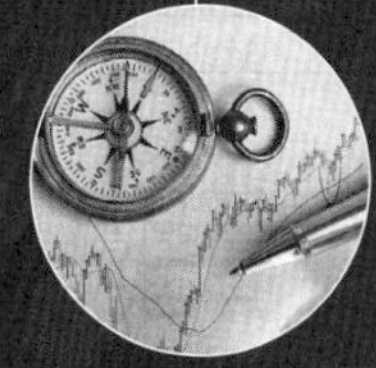

"신경 안 쓰고 내버려둬도 성과 나는 안전한 투자를 하라. 남들이 소외하면 더 좋다. 두 발을 맨 땅에 디디고 서서 보는 세상이 진짜다."

투자지평 확대
'나라 밖 엘도라도 찾아라'

"한국은 매력적인 투자처예요. 다만 가격이 문제죠. 적절한 가격이 매겨지고 또 정치인이 엉뚱한 일만 하지 않으면 해외자금이 많이 들어올 겁니다. 통일이 되면 아마 엄청난 자금이 유입될 거예요. 하지만 지금은 아니에요. 98년 이후 한국증시는 다른 신흥시장에 비해 크게 성장했거든요. 저도 2005년에 한국주식을 다 팔았죠. 최근 3년간 한국주식의 수익률이 좋았고, 큰 이익이 나면 주식을 파는 게 저의 원칙이거든요. 참, 부동산에 대해 한마디 할까요. 지금은 강남 집을 팔고 강북 집을 살 땝니다. 강남 부동산값이 엄청난 거품이란 건 누구나 알잖아요. 거품이 있으면 팔고 가격이 오르지 않은 곳을 사는 게 원칙입니다."

2006년 11월1일. 12시간을 날아왔지만 그의 얼굴엔 피곤한 기색을 찾아볼 수 없다. 세계최고의 고수로 손꼽히는 투자거물치곤 옷차림도 생각보다 평범하다. 아니 의외로 소박하고 검소하다는 게 솔직한 평가다. 닳은 청바지와 운동화에 여행용 캐리어, 노트북가방이 전부다.

겉모습만으론 천문학적인 금액의 운용책임자로 보기에 여러모로 무리다. 그가 바로 '월가의 전설'로 불리는 헤지펀드의 대가 '짐 로저스Jim Rogers'다. 짐 로저스는 한국방문 내내 특유의 익살스럽지만 뼈 있는 농담과 적극적인 행사참가로 한국투자자들의 궁금함을 풀어줬다.

소로스와 함께 퀀텀펀드 운용 '세계일주로 투자기회 획득'

짐 로저스의 인생행보는 기행(奇行)에 가깝다. 하나같이 보통사람은 엄두도 못 낼 결심을 했고, 또 그에 걸맞은 놀라운 결과물을 만들어냈다. 두뇌는 명석했다. 감각은 빼어났고 일에 대한 몰입은 대단했다.

예일대를 우등으로 졸업한 뒤 옥스퍼드 장학생으로 유학을 다녀왔다. 정치·경제·철학을 공부했다. 69년(27세) '퀀텀펀드'를 설립했다. 파트너는 '조지 소로스'였다.

잘 알려졌다시피 '퀀텀펀드'는 고수익 헤지펀드의 대명사다. 곧 돈벼락이 쏟아졌다. 하지만 "퀀텀펀드로 나는 돈이 아니라 자유를 샀다"며 돌연히 은퇴를 선언했다. 80년, 그의 나이 37세였다.

69~80년 그가 퀀텀펀드를 운용할 때 누적수익률은 3,365%에 달했다. 미국증시는 같은 기간 고작 50% 올랐다. 쌈짓돈 600달러는 12년 만에 약 2,000만 달러로 되돌아왔다. 일찌감치 '월가의 전설' 반열에 이름을 올린 이유다.

몸은 월가를 떠났지만 투자활동은 계속됐다. 은퇴 후엔 컬럼비아 경영대학원 교수로 변신해 금융과목을 가르쳤다. 금융관련 방송프로그램 진행자로도 이름을 떨쳤다. 개인적으론 자신만의 펀드를 운용하며 실력을 떨쳤다.

야인생활이었지만 늘 월가의 '러브콜'을 받았다. 90년 그만의 기행이 본격적으로 시작됐다. 평생의 숙원이던 오토바이 '세계일주'를 나선 것이다. 22개월간 6대륙 51개국을 오토바이로 돌아다녔다.

이때의 경험을 『월가의 전설 세계를 가다Investment Viker』로 엮어 일약 베스트셀러 저자로 주목을 받았다. 이것만으론 부족했는지 99년엔 노란색 4륜구동 차량을 직접 몰며 3년에 걸쳐 161개국을 여행했다. 당연히 그의 여행은 기네스북에 신기록으로 올랐다. 결과물은 『어드벤처 캐피털리스트』란 책으로 나왔다. 이때부터 '금융계의 인디애나 존스'란 별명이 붙었다.

무모해 보이는 도전이었지만, 이는 다분히 계산된 행동이었다. 알고 보면 '일석이조'의 노림수가 진하게 배어있는 여행이었다. 젊은 여자 친구와의 밀월이 여행목적의 전부는 아니었다. 로저스는 두 번의 세계여행을 통해 엄청난 투자내공을 쌓았다. 투자할 시장·종목을 골라내는 심미안을 기르는 계기로 삼았다.

그의 말을 들어보자.

"헤지펀드를 운용했지만 정작 제 돈은 안전하게 운용한다는 게 최고원칙이에요. 신경 쓰지 않고 내버려둬도 성과가 나는 게 안전한 투자죠. 남들이 소외하는 투자처면 더 좋죠. 세계를 돌며 이런 걸 찾았어요. 비행기를 타고 여행할 수도 있지만 그건 제 스타일이 아닙니다. 두 발을 맨 땅에 디디고 서서 보는 세상이 진짜라고 믿어요."

그래서일까. 그는 현장정보의 확인·확신을 좋아한다. "확신이 없다면 기다릴 것"을 주문한다. "한두 번 성공한 뒤엔 잠시 쉬었다 새 기회를 찾는 게 낫다"는 식이다.

세계일주의 노림수 '내버려둬도 성과 나는 안전자산 물색'

지구촌 유람기 속에 나오는 투자원칙은 간단하다. 일단 정보의 신뢰성에 강한 의문을 제기한다. 그는 "정부의 통계수치를 절대 믿어선 안 된다"고 강조한다. 조작 때문이다. 미국만 해도 회계기준·감독체계는 최악이란 게 그의 지론이다. 하물며 다른 나라는 유구무언이다. 전문가 의견이나 여론도 마찬가지다.

그의 코멘트다.

"이번에 투자하는 것은 '다르다'고 누군가가 말한다고 치죠. 당신은 이 말을 듣는 즉시 돈을 찾아 다른 곳으로 옮기세요. 결코 다르지 않기 때문이에요. 남들과 다른 시각에서 세상을 보지 않는 한 성공은 없어요."

그가 땅을 밟는 여행을 고집한 건 이렇게 기존의 통념과 허상을 깨고 식집 뭔가를 느끼고 배우기 위함이다.

로저스는 한 나라의 경제체온을 재는 독특한 방법을 소개했다. 암(暗)시장 환전상과의 미팅이다. 중국 환전상은 달러에 프리미엄을 조금밖에 쳐주지 않았는데, 이는 중국정부에 큰 문제가 없는 신호로 해석했다.

반대로 유고슬라비아 국경관리소 관리는 뇌물로 달러·마르크만 요구해 경제파탄을 알아챌 수 있었다고 설명했다. 그에게 화폐가치는 경제온도계나 다름없다.

거리와 술집에서 만나는 사람도 중요한 정보원이다. 로저스는 "사람들이 배우는 방법은 두 가지가 있다"며 "하나는 책에서 배우는 것이고 다른 하나는 사람에게서 배운다"고 말했다.

보통의 경우 경제장관보단 거리노점상의 경제관이 더 정확하다는 게 그의 판단이다. 또 "각국을 돌다보니 정부의 과도한 경제개입·규제는 망국의 첩경이었다"며 "가격은 수급에 맡기는 게 최선"이라고 주장했다.

투자와 관련한 동물적인 감각의 소유자답게 로저스는 투자 후보국가도 물색·소개했다. 1순위는 역시 중국이다. 여행을 통해 그는 "중국에서 최고의 자본주의가 성장하고 있음을 발견했다"고 단언했다.

그의 회고다.

"중국인에겐 신개척지도 없고 시베리아처럼 버려진 땅도 없으며 식민지도 없죠. 갈 데가 없어요. 그러니 가진 걸 최대한 이용할 수밖에요. 새벽부터 해질 무렵까지 쉬지 않고 일하죠. 특유의 부지런함과 질서 때문에 중국인은 다음 세기에 어느 민족보다 나아질 겁니다. 또 소득의 30% 이상은 늘 저축·투자해요. 중국인들은 돈이 뭔지, 금융과 자본주의가 뭔지 잘 이해하고 있습니다."

20세기가 미국의 시대였다면 21세기는 중국의 시대가 될 것이라고 확신했다.

중국에 대한 애정 각별 "2010년엔 위안화가 기축통화 될 것"

중국과 관련한 일화도 재미나다. 그는 환갑 넘어 얻은 젖먹이 딸에게 중국어를 가르쳤다. 중국시장의 성장에 대비하기 위해서다. 6개월 이상 찾아 표준중국어를 사용하는 보모까지 집에 들였다. "내 딸아이는 아마 영어보다 중국어를 먼저 말하게 될지 모르겠다”며 “그 애가 살아갈 시대엔 중국어가 영어 다음으로 가장 중요한 언어가 될 것”이라고 전했다.

실제로 집안 가구와 가전제품엔 영어와 중국어 단어장을 함께 붙여둘 만큼 중국에 대한 사랑이 각별하다. 2004년부터는 가족의 여름휴가지도 중국이었다. 외신에 따르면 최근엔 중국에 영구 거주지까지 물색 중이다. 중국의 3대 상품거래소 중 한 곳인 다롄이 유력한 것으로 알려졌다.

중국에 대한 애정은 실제 투자로 이어진다. 2006년 6월 베이징대에서 열린 포럼에서 그는 “중국증시가 향후 수년간 최고의 수익률을 가져다 줄 것”이라며 “다른 나라 주식은 팔고 있지만 중국주식만은 계속 매수하고 있다”고 소개했다.

특히 관광·농업·에너지·항공관련주를 추천했다. 중국정부가 주식투자를 장려하고 있는 것도 호재로 거론했다. 2006년 연초엔 위안화가 달러화를 제치고 세계 기축통화로 부상할 것이라고 말해 화세를 모으기까지 했다. “2010년대 후반에는 위안화가 기축통화가 될 것”이라며 “위안화는 앞으로 더 오를 것”이라는 게 그의 지론이다.

반면 최근 경기회복이 가시화되고 있는 일본경제에 대해선 부정적인 견해를 견지했다. 로저스는 최근 인터뷰에서 “일본주식의 비중을 늘리지 않을 것”이라며 “출산율 하락 때문에 국가부채를 상환하는데 어려움에 처할 것이기 때문”이라고 밝혔다.

로저스는 세계여행 당시 한국에도 약 2주간 머물렀다. 역시 환전상을 만났다. 여자아이 숫자가 적은 걸 보고 피임약 회사의 주식을 사 관심을 모았다. 요즘 뜨거운 감자로 떠오른 고령·소자(少子)화와 관련된 인구학적 변화를 감지한 셈이다.

다만 인구구조 변화에서도 그는 틈새시장을 놓치지 않는다. 일본처럼 저출산 국가라도 출산장려책이 활성화될 것을 감안해 유아관련주에 투자하라는 메시지다. 장난감회사나 유아용품회사가 대표적이다.

10억 인구를 자랑하는 인도경제에 대해선 신중론을 폈다. 그는 "인도는 여행하기엔 참 좋은 곳이지만 투자를 하거나 살기엔 악몽과도 같다"는 입장이다. 성장 기대감은 높지만 종교문제 및 미진한 국내인프라 탓에 중국보다 성장파워가 약할 것으로 평가한다. 극심한 보호무역주의와 관료주의, 그리고 만연한 부정부패가 투자메리트를 갉아먹고 있다는 이유에서다.

그의 얘기다.

"인도사람은 참 똑똑해요. IT붐만 봐도 단적으로 알 수 있죠. 하지만 쇼비니즘과 반자본주의, 문맹률 문제가 아주 심각해요. 좀 심하게 말하면 인도는 하나의 나라가 아니에요. 인위적으로 한 국가가 됐을 뿐 수많은 민족이 다른 언어를 쓰는 매우 복잡한 국가죠. 이게 중국과 가장 비교되는 점입니다."

금값 1,000달러·유가 150달러 도래 "상품에 투자하라"

'짐 로저스'하면 떠오르는 또 다른 상징어는 '상품투자'다. 석유·금을 비롯해 커피·설탕·밀 등 농산물까지 아우르는 실물투자에 일가견이 있다.

이와 관련, 그의 투자지론은 '강력매수Strong Buy'다. 로저스는 최근 상품시장의 급락에도 불구, "아직 랠리가 끝나지 않았다This is not a bubble"며 "향후 적어도 10년은 상품가격이 더 오를 것”으로 지적했다. 역사적으로 원자재 값 상승은 15~23년 동안 계속되는데, 현재의 강세장은 99년에 시작됐다는 점을 든다. 때문에 2014~2022년까진 기회가 많다는 게 그의 기본 판단이다.

특히 농산물을 눈여겨보라고 권했다. “농산물 가격은 역사상 매우 낮았고 재고는 34년간 최저점 수준인데다 최근 몇 년간 큰 가뭄도 없었다”며 “수급이 깨진 마당에 가격이 뛰는 건 당연하다”고 전했다. 또 “달러가 하락하면 다른 뭔가는 올라야 하는데 이는 원자재가 될 가능성이 크다”며 “유가와 금속 가격도 오르겠지만 가장 뛰어난 투자자산은 농산물”이라고 평가했다.

로저스는 최근 잇따라 언론과 인터뷰를 갖고 금값은 1,000달러 시대를, 유가는 10년 내 150달러를 전망해 눈길을 끌었다.

더불어 해외투자는 그가 강조하는 최선의 솔루션이다. 갈매기처럼 높이 나는 새가 멀리 볼 수 있기 때문이다.

“여윳돈이 있으면 사국에 머물지 말고 멀리 보세요. 나라 밖에 돈이 되는 엘도라도를 찾아야죠. 이건 세계 어느 나라 사람에게도 해당되는 얘기에요. 해외투자는 일종의 자동차 보험이죠. 자동차를 사면 누구든 보험을 들잖아요. 만약을 위해서 말입니다. 해외투자도 당장 돈을 벌어야한다는 조바심만 버리면 썩 괜찮은 대안이에요. 돈을 묻어둔다는 차원에서 접근하길 바랍니다. 보험은 무작정 돈을 투입해야 하지만, 해외투자는 훗날 의미 있는 자산이 될 것으로 확신합니다.”

1. 가격이 단기간에 급등하면 경계하라

2. 큰 이익을 남겼다면 이익실현에 나서라

3. 자금운용의 최대원칙은 안정성이다

4. 남들이 소외하는 투자처를 눈여겨보라

5. 늘 현장정보를 확인한 뒤 확신을 가져라

6. 확신이 없다면 기다리는 것도 투자다

7. 성공한 뒤엔 잠시 쉬었다 새 기회를 찾아라

8. 정부의 통계수치라도 절대 믿지 마라

9. 남들이 다르다고 하면 이번에도 똑같다는 얘기다

10. 길거리의 실제 경제체온을 느껴라

11. 화폐가치야말로 최적의 경제온도계다

12. 해외투자 성공변수는 국민성(성실성)에 있다

13. 인구구조 변화를 잘 보면 투자할 곳 보인다

14. 정부개입과 보호주의는 투자 걸림돌이다

15. 과수요상태인 원자재 값은 10년 이상 뛴다

16. 해외투자는 보험처럼 필수 포트폴리오다

17. 달러화를 버리고 위안화에 올라타라

18. 한국의 경우 강남 집 팔고 강북 집 사라

19. 책과 사람에게서 살아있는 정보를 구하라

20. 아는 게 힘이니 반복해 공부하라

27

케네스 피셔 Kenneth Fisher

투자가문 빛낸 PSR 추종자

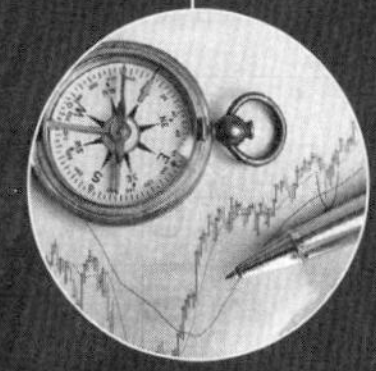

"이익만 챙기면 함정에 빠진다. 급변하는 증시환경에 맞추려면 주식스타일에 맞게 투자하라. 가장 나쁜 스타일부터 버려나가는 방법이 좋다."

이익 들쑥날쑥해도
'매출액은 탄탄해야 굿'

부전자전(父傳子傳)이요, 청출어람(靑出於藍)이다. 피셔Fisher가문을 보면 딱 이 단어가 떠오른다. 피셔가문은 월가에서 알아주는 대표적인 투자가문이다.

1대인 필립 피셔는 성장주 투자의 아버지요, 현대적인 투자이론의 창시자로 손꼽힌다. 50년대에 최초로 '성장주growth stocks'란 개념을 월가에 소개했다. 그는 또 벤자민 그레이엄과 함께 워렌 버핏의 두 스승 중 한명이다.

버핏은 "그(피셔)는 훌륭한 기업이 어떻게 만들어지지 안벽히 이해한다"며 피셔를 추앙한다. 버핏이 피셔의 저서『평범한 주식과 특별한 수익 Common stocks and uncommon profits』을 읽고 샌프란시스코까지 찾아가 스승으로 모신 일화는 유명하다. 이 책은 1958년에 출간됐지만, 지금도 팔리는 스테디셀러다.

그 아버지에 그 아들이라고 2대인 '케네스 피셔Kenneth Fisher' 역시 아버지 못잖은 월가최고의 투자전략가다. 1950년 태어나 올해 58세인 그는 월가에서 한창 이름값을 올리고 있다. 남다른 투자전략과 잣대로 70년대 초반 증권가 데뷔 이래 탁월한 수익률을 거뒀다.

펀드매니저로서 대를 이어 월가에 커다란 족적을 남긴 가문은 피셔가문이 거의 유일하다. 아들이 세운 '피셔인베스트먼트'는 고객에게 고수익을 안겨주는 알짜배기 운용사로 알려져 있다. 지금대로라면 피셔가문의 명성은 3대로 이어질 확률이 높다. 케네스 피셔에겐 3명의 아들이 있는데, 이중 한명이 10대 때 벌써 청소년을 위한 투자지침서를 출간해 피는 속이지 못한다는 경험칙을 보기 좋게 증명해냈기 때문이다.

버핏의 스승 필립 피셔가 부친 '청출어람의 전형'

케네스 피셔의 투자나침반은 '주가매출액비율PSR'로 요약된다. 주가수익비율PER과 비슷하지만 수익 대신 매출액을 쓴다는 게 다르다. 시가총액을 과거 12개월간의 매출액으로 나누면 PSR이 도출된다.

가령 시가총액(수가×발행수식수) 2,000억원에 진년 매출액이 2,500억원이면 PSR은 0.8로 계산된다. 이때 매출액이 1,000억원이면 PSR은 2로 높아진다. 피셔가 PSR을 눈여겨보는 데는 그만한 이유가 있다.

그의 코멘트다.

"PSR을 보면 기업규모와 함께 대중적인 인기도를 측정할 수 있어요. 이익은 회계방식을 바꾸는 등 여러 방법으로 얼마든 조절할 수 있죠. 반면 매출액은 변동률이 낮아요. 이익만 중시하면 함정에 빠질 수 있다는 얘기죠. 제가 투자하는 회사는 이익은 좀 들쑥날쑥해도 매출액이 탄탄한 경우에 한정됩니다."

PSR은 당연히 낮은 게 좋다.

피셔는 PSR과 관련된 3가지 원칙을 세웠다.

첫째, PSR이 1.5보다 큰 주식은 투자대상에서 뺐다. 3배 이상이라면 절대 매수불가다. PSR이 1.5배란 말은 매출액 1,000원을 내는 회사를 1.500원에 사는 것과 같기 때문이다. 설사 PSR이 높은 회사의 주가가 더 많이 올라도 그건 기업본질에 의한 상승이 아니라 과대평가에 따른 결과라고 일축한다.

둘째, 매수 후보종목은 PSR 0.75배 이하여야 한다. 매출액보다 낮은 가격에 사둬야 오를 확률이 높아서다. PSR 0.75배 이하의 '바람직한 종목'이라면 장기간 보유할 것을 권한다.

셋째, 바람직한 종목을 매수했다면 PSR이 3배 이상으로 뛸 때 매도하는 게 좋다. 위험을 감수하겠다면 PSR 6배까지 보유해도 나쁘진 않다고 덧붙인다.

더불어 피셔는 PSR의 특징을 몇 가지로 정의했다. 일반적으로 대기업 PSR이 중소기업보다 낮고, PSR 1배 이하 종목이 급등하는 시례기 많으며, 악화된 실적발표 직전에 PSR이 높을수록 급락빈도도 높다는 점 등이다.

PSR은 피셔가 내세운 투자기법의 일부일 뿐이다. PSR처럼 계량적인 분석기준과 다양한 질적 펀더멘털 요소를 함께 봤다. 가령 재무상태의 건실함을 알아보기 위해 담보비율과 부채 등도 주도면밀하게 분석했다.

그는 유동자산이 최소한 유동부채 규모의 2배 이상이며 자기자본이 최소한 총자산의 절반 이상인 기업을 최종 투자대상으로 압축했다. 부채비율은 낮을수록 좋겠지만 최대 40%를 넘지 않는 곳이 좋다고 밝혔다.

기술주나 의료관련회사라면 R&D비율이 중요하기 때문에 주가연구개발비비율PRR이란 지표도 개발했다. PRR이 5~10이라면 굉장히 싼 종목으로 강력추천이다. 그가 주장하는 슈퍼주식은 인플레를 감안한 주당순이익 증가율이 15% 이상이란 조건도 맞춰야한다.

PSR 0.75배 이하면 매수후보 "3배 되면 던져라"

한편 피셔는 스타일을 강조했다. 80년대에 내놓은 PSR 개념만으론 달라진 증시환경에 대비할 수 없다는 이유로 이후 최선의 투자전략을 만들기 위해 노력해왔다. 그 결과물이 '스타일투자'다. 시대유행에 따라 보유종목 역시 순환해야 한다는 게 요지다.

그의 말을 들어보자.

"흔히 종목선택이 가장 중요한 투자능력이라고들 하는데, 이건 틀린 생각이에요. 지금껏 금융시상에서의 성공과 실패는 모두 스타일의 문제였죠. 기관투자사의 투자스타일이 유행을 따랐다면 날카롭고 예리한 펀드매니저라고 칭찬을 받겠지만, 그게 아니면 무능하다는 질책을 피하기 어려울 겁니다."

그는 포트폴리오 선정을 자산배분(주식, 채권, 현금비중), 스타일선택(시가총액, 내재가치 등), 종목선정(스타일 내 종목비중) 등 3가지로 나눴는데, 역시 스타일선택이 수익률을 좌우하는 최대 결정변수였다고 회고했다.

피셔는 주식을 다시 6가지 스타일로 나눴다. 대형가치주, 중형가치주, 소형가치주, 대형성장주, 중형성장주, 소형성장주 등이다. 가치주인지 성장주인지 여부는 주가수익비율PER, 주가순자산비율PBR, 주가매출액비율PSR, 배당수익률 등 4가지 전통적인 평가방식에 따라 결정했다. 이때 피셔는 시장

지배력(대형주)과 성장잠재력(소형주)을 특히 높게 평가했다.

하지만 늘 그렇듯 최선의 스타일을 고르는 건 어렵다. 그래서 생각한 게 최악의 스타일부터 버려나가는 방법이다. 그는 "가장 좋은 스타일 하나만 고수하는 건 대단히 공격적이며 위험하다"며 "나쁜 스타일 2개를 버리는 것만으로도 평균이상의 수익률이 가능하다"고 말했다.

대형주와 소형주를 선택해야 할 때 피셔는 해외시장을 살핀다. G7 중 미국을 뺀 나머지를 G6로 부르며, 이들 국가의 성장률과 미국의 성장률을 비교해보는 식이다.

가령 미국이 G6보다 성장률이 높을 경우 소형주의 수익률이 대형주보다 높다고 판단하는 한편 그 반대면 대형주에 투자한다. 대기업이 소기업에 비해 해외시장에서의 매출·이익의존도가 높다는 이유에서다. 기업규모가 크면 국내시장에서 한계가 있기 때문에 성장잠재력 유지를 위해 해외시장 공략에 눈을 돌리는데, 이걸 투자지표로 활용한 셈이다.

더불어 피셔는 시장이 좋아하는 걸 찾는 데 관심을 가졌다. "이웃이 무엇을 하고 있는지 지켜보라"며 기관투자가들의 자금동향 추적을 그 예로 들었다. 물론 기관투자가들과는 반대로 투자전략을 짜기 위해서다. 시장에서 관심거리가 된다는 건 이미 주가에 충분히 반영돼 있기 때문에 시장의 다른 부분에 정반대로 접근하는 게 좋다고 권한다.

해외시장 체크필수 "이웃이 뭘 하는지 지켜보라"

피셔는 스스로 가치투자자로 불리길 거부했다. "주식을 배운 처음엔 가치투자자였을지 몰라도 지금은 자본주의를 따라갈 뿐"이라고 말한다. 언제나 효율이 높은 절체절명의 투자원칙이란 애초부터 존재하지 않기 때문에 늘 시대변화를 좇으며 최적의 투자환경을 만드는 게 합리적이란 입장이다. 시대별 혹은 상황별로 적용해야 할 기준이 다르다는 얘기다.

실제로 그는 수십 년 동안 조금씩 그만의 투자이론을 새롭게 변화시켜왔다. 핵심은 '시장과 반대로'다. "PER가 높으면 주가가 폭락할 것이라고 생각하는데, 이렇게 믿는 게 오히려 상처를 입힌다"며 "거꾸로 땅이 치솟아 얼굴을 때릴 수도 있음을 명심해야 한다"고 말한다.

한편 그는 늘 연구하는 투자자다. 투자경력이 길수록 시장에 대한 지식을 쌓아야만 발전할 수 있다는 지론을 갖고 있다. 지식이 없으면 남들과 닮을 수밖에 없기 때문이다.

그는 다른 투자회사들과의 차별화에 각별히 공을 들인다. 그래서 회사도 월가에서 멀찍이 떨어진 곳에 구했고, 역할모델 역시 변화를 즐기는 초창기 인텔이나 월마트로 선정했다. 혁신과 반대의견이야말로 자신의 기질과 잘 맞을뿐더러 사회에도 도움이 된다고 봐서다.

그의 얘기다.

"불과 5년 전 제가 했던 일들도 모두 낡아빠진 게 돼버렸죠. 항상 새로운 걸 배워서 시대흐름에 올라타야 합니다. 알려진 정보는 필요 없어요. 이런 정보로 투자하는 건 차라리 아무 것도 하지 않을 때보다 수익이 나쁠 수 있기 때문이죠. 내일 적용할 저의 투자법은 오늘과 어제의 그것과 달라야 합니다. 기업이 변하듯 투자기법도 늘 변해야 하죠.”

그는 효자였다. 스승이자 아버지였던 필립 피셔에 깊은 애정을 표시했다. 아버지 피셔가 노년에 잇따른 사고와 알츠하이머로 병원신세를 졌는데, 이때 직접 수발을 들기까지 했다. 사망 후에도 그의 사부곡은 계속됐다.

아버지도 둘째 아들인 케네스 피셔에 남달랐다. “주식투자에 대해 전문적으로 교육시킨 유일한 자식”으로 꼽을 만큼 대를 잇기를 바랐고, 아들 역시 이 주문을 따랐다. 특별한 내리사랑이 각별한 치사랑을 낳은 셈이다.

다만 갈등도 없진 않았다. 아들은 정체성이 뚜렷했을 뿐 아니라 다소 반항적이기까지 했다. 원래 아들은 임산업에서 일하길 원했다. 어려서부터 나무와 숲을 좋아했기 때문이다. 하지만 우여곡절 끝에 가업인 투자업무를 이어받았다.

가치투자자로 불리길 거부 “투자전략은 상황마다 변해야”

그럼에도 불구, 아들은 꿈을 꺾지 않았고 나중에 임산업에 뛰어들었다. 임산업 관련 골동품을 모아 개인이 운영하는 가장 큰 임산업 박물관을 만들기도 했다. 투자와 임산업의 겸업은 지금도 계속된다.

대학졸업 후 아들 피셔는 아버지와 함께 일을 시작했다. 물론 순탄치 못했다.

그의 회고를 들어보자.

"제 생각에 아버지와 일하는 건 그리 쉽지 않았어요. 함께 일할 때 아버지는 벌써 65세였는데 아주 습관적이고 규칙적으로 일을 하셨거든요. 바꾸는 걸 싫어하셨죠. 하지만 저는 젊었어요. 게다가 반항적이기까지 했으니…."

73년 결국 아들은 독립했다. '피셔인베스트먼트'라는 자산관리회사를 설립해 독자적인 투지활동에 들어간 것이다. 이 회사는 주로 연기금 자금을 맡아 운용하고 있다. 사무실은 울창한 삼림 보존구역 옆의 캘리포니아 우드사이드. 어릴 때부터 좋아했던 숲을 보기 위해서였다. 당연히 금융시장과는 확연히 떨어져있다.

그는 또 글 솜씨가 탁월했다. 84년부터 〈포보스〉의 칼럼니스트로 활동 중인데, 이 칼럼은 〈포보스〉의 가장 오래된 칼럼 중 하나일 만큼 문장력을 인정받고 있다. 또한 수많은 학술잡지에 필자로 적극 참여해 많은 논문을 남기기도 했다.

당연히 베스트셀러 저자반열에도 이름이 올라있다. 1984년에 출간된 그의 첫 책『슈퍼주식Super Stocks』은 지금도 서점에서 팔리는 유명서적이다. 이밖에『월스트리트의 왈츠The Wall Street Waltz』,『주식시장을 움직이는 100가지 생각100 Mind That made the Market』등도 필독서로 손꼽힌다.

1. 독자적인 판단능력과 기준을 세워라

2. 투자기준을 남들과 거꾸로 설정하라

3. 경쟁사가 없는 최선의 기업을 골라라

4. 이익보단 매출액비율을 먼저 챙겨라

5. 기술주라면 R&D비율이 높은 곳을 골라라

6. 영원히는 아니라도 5~10년은 보유하라

7. 결과보단 원인분석을 통해 미래를 전망하라

8. 포트폴리오를 만들어 최악의 경우를 피하라

9. 만고불변의 투자원칙이란 없으니 늘 공부하라

10. 바람직한 주식이라면 자신 있게 보유하라

28

티 로우 프라이스T. Rowe Price
성장주 투자의 개척자

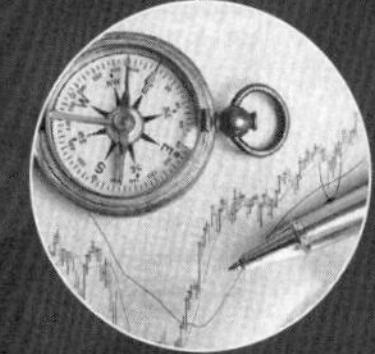

"수익성 좋은 주식을 찾는 데는 단지 상식만 필요하다. 또 상황이 바뀌면 고집 대신 유연하게 대처하라. 하지만 ROE가 줄면 가차 없이 던져버려라"

소문난 장기투자자
'죽은 프라이스가 월가를 지배하다'

프라이스는 월가가 자랑하는 1세대 펀드매니저의 대표주자다. 1898년에 태어났으니 2세기에 걸쳐 월가의 부침을 온몸으로 겪었다고 해도 과언이 아니다. 비교적 장수한 끝에 1983년 사망했는데, 그의 생존기간만 해도 증시는 천정과 바닥을 여러 차례 오갔다. 피로 물든 월가로 표현되는 1929년 대공황은 물론 주식이라면 뭐든 우후죽순 뛰어올랐던 70년대 초반의 'Nifty Fifty'시대까지 지켜봤다.

메릴랜드의 작은 마을에서 태어났으며, 아이비리그 중 하나인 스와스모어 Swarthmore에서 화학을 전공했다. 1935년 그의 이름을 딴 투자회사 'T. Rowe Price Associates'를 설립했다. 여세를 몰아 1950년엔 뮤추얼펀드를 만들어 행보를 넓혔다. 의사인 부친 덕분에 유년 및 청년시절은 윤택했다.

프라이스는 월가에선 전설로 남은 거물이다. 1930년대 월가에 가치투자 붐을 일으키며 일약 증권가 최고의 스승으로 자리매김한 벤저민 그레이엄과 쌍벽을 이루기에 충분하다. 그레이엄이 가치주로 떴다면 프라이스는 성장주로 입신양명에 성공했다.

'성장주 투자의 개척자'로 불리는 그는 '성장주 투자의 아버지'인 필립 피셔와 함께 성장주 장기투자의 파워를 유감없이 증명해냈다. 굳이 따지면 연배

가 높은 프라이스가 일찌감치 성장주에 눈을 뜬 뒤 이를 실제투자로 체화시
켰다면 피셔는 그의 바통을 이어받아 이를 개념화함으로써 완성도를 높였
다고 할 수 있다.

호흡은 길게 "종목은 상식으로 찾아라!"

사후 20년이 훌쩍 지났지만, 지금도 그는 '성장주의 개척자'로 많은 인기를
얻고 있다. 90년대 이후 IT로 상징되는 신경제업종이 두각을 보였을 땐 "죽
은 프라이스가 살아있는 월가를 지배한다"는 평가까지 받았다.

프라이스가 설립·운용했던 'T. Rowe Price Associates'는 현재(2007년 3월) 컨
트롤하는 자금규모만 3,499억달러에 달한다. 세계랭킹 50위권에 속하는 규
모나. 프라이스는 재임시절 수수료 없는 펀드를 만늘 걸로 유명히다. "고객
을 위해 좋은 일을 하면 반드시 그만한 보답이 돌아올 것"이란 믿음을 지킨
결과다.

실제로 그는 고객을 최우선으로 생각하는 양심적 운용을 강조했다. 지금
도 이 회사는 90개 이상의 수수료 없는 펀드를 운용하고 있다.

프라이스는 월가의 수많은 주식전문가들 중 단연 최고의 장기투자자다.
투자호흡이 길기로 그를 따라갈 경쟁자는 없다는 게 중론이다. 그 역시 "오
랜 기간 지속적으로 고성장하는 기업에 투자하는 게 가장 낫다"고 봤다.

때때로 성장력만 확실하면 웃돈을 주고서라도 매입했다. 당연히 끈질긴
인내심과 함께 사태파악을 위한 통찰력은 그의 트레이드마크다. 종목선정

은 쉬웠다. 그는 일상의 생활주변에서 투자종목을 찾고 또 상식적으로 접근하라고 강조한다.

그는 "수익성이 좋은 주식을 찾기 위해서는 단지 '상식common sense'만 있으면 된다"고까지 설파했다. 오직 "계속 성장할 것 같은 기업을 어떻게 골라낼까"가 관건일 뿐이다.

그의 성격과 관련해선 이중적인 평가가 많다. 언론을 비롯한 외부시선엔 '겸손한 프로페셔널'로 비춰지지만, 정작 조직내부에선 '까칠한 외톨이 CEO'란 혹평이 적잖다. 비교적 언론평가는 관대하다. 기자들이 질문하면 늘 최대한 겸손하게 요구하는 코멘트와 자료를 던져줬다. 필요하다면 뼈아픈 자신의 실패담도 기꺼이 공개했다.

특히 말년에 회고록을 정리할 때 언론과의 인터뷰에 신경을 많이 쓴 것으로 알려졌다. 현역시절 그가 일시적인 성공보단 투자지로서 영원히 남을 만한 대기록을 세우려 노력했던 것도 같은 맥락에서 이해된다. 다만 이런 그를 두고 주변에선 남의 평가에 지나치게 민감한 사람이라고 평하기도 한다.

하지만 부하직원들이 느끼는 이미지는 사뭇 다르다. 그럴만한 이유도 있다. 성격이 급한데다 자기중심적인 업무스타일 때문이다. 소신도 강했다. 그는 늘 "선장자리가 주어지지 않으면 결코 배를 타지 않을 것"이라며 강력한 리더십을 강조했다.

하지만 너무 센 게 문제였다. 직원들은 자신의 지시대로 따르기를 원하는 보스에게 좋은 느낌을 갖기 만무했다. 게다가 권한은 독점했고, 고분고분하지 않은 직원과는 말 섞기까지 거부한 것으로 알려졌다. 당연히 친구는 물론 따르는 직원도 별로 없었다. 보통의 경우라면 애칭으로 불리는 이들이 많았지만, 그는 늘 'Mr. Price'로 불릴 뿐이었다. "머리가 나쁘고 실수도 많이 한다"는 겸손함은 회사 밖에서만 통한 것이다.

물론 투자자로서 그는 단점보다 장점이 더 많았다. 뒷담화에 열심이던 내부직원들조차 "놀라울 정도로 재능이 풍부한 사람"이라고 할 정도다. 무엇보다 그는 정확했다. 규칙적인 생활습관이 몸에 배인 건 우연의 일치가 아니다.

프라이스는 애초의 계획대로 철저히 움직였다. 예외는 없었다. 생활도 그랬고, 주식투자도 그랬다. 가령 그는 주식매수 때 이미 매도가격을 정해뒀다. 10달러에 산 뒤 20달러에 팔겠다고 했으면 정확히 그때 내다팔았다. 제아무리 시장전망이 40달러, 80달러로 낙관적이어도 반드시 계획대로 처분했다.

매수할 때도 마찬가지다. 10달러면 살 것이라고 정해뒀다면 그 이하로 떨어질 만한 악재가 있어도 원안대로 매수했다.

뒷담화 무성한 독불장군 "나는 주식에 미쳤다"

경영스타일은 독불장군일지 몰라도 사업가마인드는 충만했다. 그는 새롭게 일을 만들고 확대하는 걸 좋아했다. 굳이 나쁘게 말하면 싫증을 잘 냈다. 자신의 이름을 딴 성장주펀드가 성공하자 곧 '뉴 호라이즌 펀드'를 만드는데 빠져들었다. 이 펀드가 만들어지자 또 곧바로 '뉴 에어 펀드'라는 신규펀드 설립에 손을 댔다.

때문에 늘 바빴고, 열정적인 면모를 과시했다. 그 역시 "나는 주식에 미친 사람"이라고 자평했다. 그는 좋은 투자성과를 거두기 위해 많은 시간과 노력

을 주식에 쏟아 부었다. 그가 다른 월가고수들처럼 아침형 인간을 고수한 데
는 이런 배경이 있다. 실제로 늘 새벽 5시면 잠자리에서 깨어났다.

사후 그를 둘러싼 평가 역시 엇갈린다. 이율배반적인 행위 때문이다. 그는
1935년 회사를 설립한 뒤부터 60년대 말 경영권을 동료에게 넘길 때까지 오
직 '성장주 투자'에만 심혈을 기울였다.

같은 기간 월가에선 프라이스처럼 경기순환에 따라 이익이 늘어나는 기업
에 투자하는 성장주 투자법을 따른 펀드는 거의 없었다. 생소하기도 했거니
와 가치주 투자법이 훨씬 유행했기 때문이다.

하지만 회사를 넘기고 난 뒤 그는 변했다. '티 로우 프라이스식 투자법'이
라 불리던 자신의 성장주 투자전략에 과감히 메스를 댔기 때문이다. 그는
"이젠 투자방침을 전환해야 할 때"라며 신시대 기법을 소개했다.

물론 종목을 골라내는 기준이 달라진 건 아니다. 다만 고평가된 성장주들
이 대거 늘어나면서 살만한 매수종목이 눈에 띄게 줄었다는 게 방향선회의
주된 이유였다. 실제로 배당금과 주가상승분을 합한 기대수익이 10년에 2배
는 늘어나야 살만한 상황이 되는데, 60년대 후반부터 이 기준에 부합하는 종
목이 급감했다. 때문에 비싸게 샀는데 자칫 성장세가 멈추거나 악재가 나오
면 수익은커녕 손실까지도 볼 수 있는 상황이 펼쳐졌다.

이제 월가의 눈은 프라이스의 새로운 투자대상인 '신시대 종목'에 모아졌
다. 30년 이상 고집스레 지켜오던 '프라이스식 종목'을 대체할 투자대상이란
점에서 많은 이들이 관심을 가졌다.

그는 투자방침 전환과 관련된 근거를 『투자자의 신시대The New Era for
Investor』란 책을 통해 세세히 설명했다. 파급력은 컸다. 월가사람들은 물론 일

반투자자들에게도 큰 반향을 불러일으켰다. 워낙 설득력과 근거가 탄탄해 많은 이들이 충격을 받은 것으로 전해졌다.

동시에 자신처럼 유연한 상황변화 없이 과거의 성장주 종목에만 투자하던 회사 인수자들에게 강한 불만을 드러냈다. "당분간 기대할 수 없는 성장주에 너무 많은 관심을 쏟고 있다"는 이유에서다.

실제로 염려는 곧 현실이 됐다. 1974년 그의 경고처럼 성장주들은 폭락하기 시작했다. 'Nifty Fifty'의 종말이 펼쳐진 것이다. 성장주들은 전고점 대비 70~80% 이상 폭락했다. Rowe Price Associates가 운용하던 펀드들은 직격탄을 맞았다. 그때까지 프라이스가 벌어준 수익보다 단 1~2년 만에 날려버린 손실이 더 컸다. 성장성만 믿고 너무 비싸게 산 결과다.

게다가 폭락했을 때 필사적으로 매도함으로써 후계자들은 재차 실수를 저질렀다. 그땐 이미 바닥을 치고 회복되던 시점이었기 때문이다. 이쯤 되면 프라이스가 본인과 후계자들의 운용시절을 왜 구분 지으려는지 알 수 있다.

성장주 고가매수보단 '차라리 금·은·부동산 Good' 변절?

프라이스가 새롭게 내놓은 신시대 종목은 인플레에 강한 실물자산이 대부분이다. 부동산이나 금, 은, 천연자원 등 원자재들이다. 그 역시 회사 매각자금으로 받은 230만달러를 이쪽에 투자했다. 이들 실물자산과 연관이 깊은 주식과 채권에 절반씩 투자한 것이다.

특히 금 관련자산의 비중이 높았다. 그의 예측은 맞아 떨어졌고, 이후 10년 이상 이들 종목과 자산은 상당한 수익을 냈다.

신시대 종목에 맞게 그의 재구성된 포트폴리오를 보자. 그는 신시대 투자 대상을 셋으로 나눴다. 우선 아직 라이프스타일의 초기단계에 있는 '미래성장주'다. 다음은 업력이 길고 업황도 성숙돼 있어 상대적으로 급성장 가능성은 낮지만, 주가가 적정가격보다 낮은 '완숙성장주'다. 마지막은 금이나 은 등 천연자원 관련주인 '자산관리주'다.

여기서 눈여겨봐야할 것은 성장주의 개념차이다. 프라이스는 성장지향적인 기업이라 해도 철저히 실제 내재가치와 비교해 쌀 때만 매수했지만, 후계자들과 많은 개인투자자들은 미래성장성에 더 높은 점수를 주고 비싸더라도 과감히 사는 것으로 오해했다. 이 둘의 차이는 거품이 꺼진 뒤 여실히 증명됐다.

또 그는 시황에 따른 적절한 갈아타기를 권한다. 요컨대 침체강 때 순환성장주를 매입한 뒤 이익을 실현한 후엔 다시 안정성장주로 옮겨가라는 얘기다. 장세변동에 따라 순환성장주의 경우 안정성장주에 비해 이익·주가변동이 심하기 때문에 그 차이를 노리자는 의도다.

여기서 순환성장주란 장기적인 성장세는 확인됐지만, 단기적인 경기흐름에 따라 등락하는 기업을 말한다. 계절요인이 많은 반도체 같은 게 대표적이다.

반대로 안정성장주란 불황 때조차 매출구조가 탄탄해 그다지 타격을 받지 않고 굴러가는 경우를 의미한다. 언제든 수요가 끊임없이 발생하는 생활밀착형 제품·서비스를 제공하는 회사가 여기에 해당한다고 볼 수 있다.

프라이스의 성장주는 5가지 조건으로 압축된다. ▷ 상품개발력이 뛰어나고 시장개척에 우수한 기업 ▷ 시장경쟁이 덜 치열한 기업 ▷ 정부규제를 덜

받는 기업 ▷ 인건비 총액은 낮지만 1인당 임금수준은 높은 기업 ▷ 매출액
이익률과 주당이익이 급증하면서 자기자본이익률ROE이 100%를 넘는 기업
등이다. 물론 이 5가지 기준을 아우르는 최종조건은 지속적인 성장업종에
속하며 그 중에서 가장 장래성이 유망한 회사란 카테고리다.

유망산업의 징후는 판매량과 순이익이 동시에 증가하는 경우다. 이때 조
심해야 할 게 성장과 성숙의 갭이다. 프라이스는 성장주의 최적 투자시점으
로 성장초기 단계를 든다. 성숙기에 접어들면 투자위험이 높기 때문이다. 벌
어들이는 돈보다 유지비용이 더 클 수 있어서다.

유망산업을 골랐다면 그 다음은 유망기업을 선택하는 단계다. 유망기업
이란 침체기 때조차 매출액과 순이익이 늘어야 한다. 경기순환으로 봤을 때
이전 저점·고점 때보다 이번 저점·고점 때 수익그래프가 향상돼야 함은 물
론이다.

더 중요한 선 과거보다 미래다. 지금의 성장성이 앞으로도 유지될 것이냐
가 문제다. 그러자면 지금의 경쟁력이 계속 유지될 수 있는 여건을 갖춰야 한
다. 우수한 경영자, 뛰어난 R&D능력, 특허, 탄탄한 재무구조, 좋은 공장입지
등이 세부여건에 해당한다.

하지만 사람의 능력보단 사업모델의 성장여부에 높은 점수를 줬다. 즉 기
업자체가 성장궤도에 올랐기 때문에 훌륭한 경영이 가능할 뿐 우수한 경영
자 때문에 사업모델이 확장·성장하는 건 아니라고 생각했다. 따라서 일단 성
장물살에 올라탄 기업을 고르는 데 심혈을 기울였다. 게다가 성장세는 반짝
하면 곤란하다. 단기간의 고성장보단 장기간의 지속성장에 무게중심을 뒀
던 까닭에서다.

성장주 5대 기준 준수, "ROE 줄면 가차 없이 던져라"

반면 그는 성장주 타이틀을 떼야 할 때의 몇몇 징후도 제시한다. 경쟁격화, 시장포화, 새로운 법적규제, 비용증가, 특허기한 만료 및 경쟁사 신제품 출시, 무능한 경영진으로의 교체 등이다. 이것들은 모두 매출구조 악화로 직결된다. 판매량이나 매출액이익률, ROE의 감소 등이다. 당연히 이럴 땐 가차 없이 주식을 던져버리라는 게 그의 조언이다. 특히 ROE가 감소한다는 건 기업이 성장기를 지나 성숙기에 돌입했다는 신호라고 내다봤다.

한편 그는 미래가치에 대한 수학적 계산에 부정적이었다. 즉 미래의 예상 수익 자체에 의구심을 표했기 때문에 이로 인한 현재가치 추정 역시 '모르는 게 약'이란 입장을 견지했다. 결국 미래 현금흐름을 현재금리로 할인해 구하는 방법(워렌 버핏)과 자산·수익·배당가치 등 3대 내재가치를 따르는 계산법(벤저민 그레이엄) 등을 무시했다.

오로지 성장성 높은 업종 중 최고의 투자성과를 내는 기업을 골라 계속 성장하는 한 보유하는 전략만 중시했다. 그는 "3년 앞도 알 수 없는데 어떻게 10년 뒤를 내다볼 수 있느냐"며 "경쟁이나 신제품 출시 등 여러 요인으로 인해 경영상황은 몇 달 만에 완전히 뒤바뀌곤 한다"고 강조했다.

다만 이런 그도 주식평가 때 PER(주가수익비율)만큼은 철저히 챙겼다. 과거의 성장기록을 확인하기 위해서다. 물론 PER가 낮을 때 매수하는 건 기본이다. 최적 매수타이밍야말로 그 주식에 대한 시장인기가 식을 때인 까닭에서다.

또 배당률이 높은 기업은 그렇지 않은 기업보다, 안전성장주는 순환성장주보다 PER가 높은 걸 감안해 투자했다. 금리가 오를 땐 매수대상 성장주의 PER 역시 낮아야 수익성이 있다고 보고 매수했다.

본인이 정한 투자원칙 이외엔 어떤 것과도 타협하지 않아 '독불장군'으로 불렸던 프라이스는 분할매매 덕분에 고수반열에 오를 수 있었다. 몇 차례에 걸친 분할매수를 통해 '돌다리도 두드려보고 건너는' 신중함을 보였던 것이다. 매수 때 목표주가를 나름대로 정한 뒤 매입 목표치를 설정하고 이를 나눠 조금씩 사들였다.

가령 그는 과거 2~3회의 주가순환 그래프를 놓고 저점을 비교한 뒤 이전 저점 때의 PER보다 1/3 정도 높은 가격대에서부터 매입했다. 즉 바닥을 찍기 전부터 차근차근 분할해 사들인 것이다. 분할매수는 PER가 저점을 찍기 전 1/3 가량 높을 때부터 저점 후 1/3 정도 상승할 때까지 계속됐다.

다만 매도 땐 적용 룰이 둘로 나뉜다. 먼저 시장흐름이 상승국면일 때다. 처음 산 가격보다 30% 정도 주가가 오르면 그때부터 주가가 10%씩 오를 때마다 보유물량의 10%씩을 내다팔았다. 작지만 확실하게 수익을 챙기겠다는 의도를 유감없이 발휘한 셈이다.

그럼에도 불구, 판단착오로 매수 후 하락국면이 펼쳐지면서 폭락 및 악재 발표 가능성까지 있으면 일괄 매각했다. 약세장일 때 예상을 빗나가면 보유 주식을 전량 매도하는 과감성을 보인 것이다.

트렌드 포착능력 Up, "새로운 흐름 일찍 잡아내라"

프라이스의 투자전략을 따르려면 미래 트렌드를 포착·편승하는 능력이 필수다. 강조컨대 그는 성장주 투자의 대가다. 성장주란 생활밀착·중후장대의 가치주와 달리 IT로 대표되는 미래지향적 신기술을 의미한다.

따라서 향후의 성장산업을 파악하고, 그 안에서도 가장 빨리 커나갈 수 있는 핵심대장주를 찾는 게 관건이다. 트렌드 포착과 함께 뛰어난 분석능력을 키워야하는 이유다. 그는 "어느 한 시대가 가면 과거의 인기주가 사라지는 건 당연하다"며 "이 흐름을 일찍 깨달아야 새로운 투자기회를 얻을 수 있다"고 했다. 현명한 투자자라면 시대변화를 앞서 예측하란 메시지다.

끝까지 기다릴 수 있는 인내력도 그가 강조하는 성공투자자의 습관이다. 주식이란 항상 오르내린다. 수이악화가 발표되고 주가가 떨어지면 팔고 싶은 게 인지상정이다. 하지만 그때를 버틸 수 있어야 배부르게 먹을 수 있는 법이다. 프라이스가 애초 매도가격을 정해놓고 무슨 수가 있어도 그때까지 기다린 건 인내의 달콤함을 알기 때문이다.

그 역시 일반인이 상상할 수 없는 자제력을 갖췄기에 고수반열에 이름을 올릴 수 있었다. 그는 "장래의 수익성과 잠재력이 여전하고 훌륭한 경영진이 내부에 있다면 인내와 절제를 갖고 계속 보유하는 게 낫다"며 "다수의 흐름에 역행해 폭풍우 같은 위력에 항거하면서 평안한 마음으로 투자하라"고 말했다.

하지만 앞서 설명처럼 그의 고집스런 투자원칙 고수는 말년에 다소 훼손됐다. 성장주가 너무 고평가된 탓에 후보종목을 고를 수가 없었기 때문이다.

대신 저성장 자산주에 투자함으로써 성장주의 폭락 후폭풍으로부터 일정부분 비켜설 수 있었다.

비록 30년 이상 철칙처럼 지켜낸 자신의 투자원칙이라 할지언정 과감히 방향선회를 한 것은 무턱대고 비난만 할 일은 아니다. 자칫 쓸데없는 고집이 현실적인 손실로 연결될 수 있기 때문이다.

여기서 눈치 빠른 독자라면 '유연한 대처능력'이란 키워드를 뽑아낼 수 있어야 한다. 상황변화에 맞게 그때그때 대응함으로써 증시흐름에 올라탈 수 있는 유연한 투자전략이 필요할 수 있기 때문이다.

Advise	티 로우 프라이스의 10대 투자원칙

1. 장기간 꾸준히 높게 성장하는 기업에 투자하라
2. 성장력만 확신하면 웃돈을 주고서라도 매입하라
3. 살 때부터 매도조건 세우고 철저히 실천하라
4. 좋은 투자선파들 내려머 주식에 미처리
5. 고집보단 유연한 자세로 상황에 대처하라
6. 부동산은 물론 금·은·곡물 등 원자재도 챙겨보라
7. 성장주라 해도 싸게 사는 게 먼저다
8. 경쟁과 규제가 적은 업종·회사에 관심을 가져라
9. CEO의 능력보단 사업모델의 성장여부에 집중하라
10. 돌다리도 두드리듯 분할매매로 리스크를 줄여라

29

피터 린치Peter Lynch

전설로 남은
월가의 영웅

"완벽한 주식은 누구든 이해할 수 있고, 또 찾을 수 있을 만큼 굉장히 쉽다. 직장이나 쇼핑상가만 잘 살펴도 전문가들보다 훨씬 앞서 골라 가질 수 있다."

주식투자는 상식
'10루타 종목은 생활주변에서'

코멘트 1 = "사람들이 부동산에서 돈을 벌고 주식에선 돈을 잃는 덴 이유가 있다. 그들은 집을 선택할 땐 몇 달을 고민하지만 주식선정은 몇 분 안에 해버린다. 실제로 사람들은 좋은 투자를 물색하는 것보다 좋은 전자레인지 하나를 고르는데 더 많은 시간을 보낸다."

코멘트 2 = "약간만 신경 쓰면 직장이나 쇼핑상가 등에서 월가프로들보다 훨씬 앞서 굉장한 종목을 고를 수 있다. 신용기드를 가진 소비자라면 10여개 업체에 대한 기초분석이 가능하며, 산업계 종사자라면 더욱 유리하다. 이것이 바로 10배가 넘는 수익종목을 찾는 길이다."

코멘트 3 = "역사나 철학을 공부하는 게 통계학 따위를 공부하는 것보다 훨씬 낫다. 주식투자는 과학이 아니라 예술이며, 모든 걸 정밀하게 수량화하도록 훈련된 사람들은 출발이 상당히 불리하다. 증시에서 필요한 수학수준은 초등학교 4학년쯤에서 이미 습득된 것이다."

1990년 어느 봄날. 수천개의 주식코드는 외우지만 자식생일은 기억하지 못한 어느 펀드매니저가 자신의 46번째 축하파티를 열고 있었다. 화려한 생일파티는 밤늦게까지 이어졌고, 그는 구석의자에 앉아 잠시 쉬고 있었다.

그러던 중 돌연 자신의 아버지가 공교롭게 46세 때 죽었다는 사실을 떠올린다. 그러면서 다가온 아내에게 "이젠 가정에 충실하고 싶다"고 툭 내뱉는다.

이튿날 월가는 뒤집어졌다. 1990년 4월3일 발간된 세계의 주요 유명신문엔 그의 사임소식이 톱기사로 실렸다. '월가의 전설로 남음직한 기적 같은 수익률을 거둔 펀드매니저, 46세에 월가를 떠나다'란 헤드카피와 함께…. 그가 바로 '피터 린치'다.

기적 같은 수익률 자랑 '가정 위해 46세에 은퇴'

앞의 유명한 코멘트는 '월가의 영웅' 피터 린치가 남긴 것이다. 한국의 자산시장과 투자관행을 염두에 두고 보면 참으로 뼈 있는 코멘트가 아닐 수 없다. 투자는 없고 투기만 좇는 불나방식 접근법을 경계하는 그의 메시지는 특히 한국투자자들에게 의미심장하게 다가온다.

그만큼 가전제품을 고르듯 주식을 사고, 생활주변에서 우량주를 찾으며, 현학적인 숫자놀음에 빠지지 말라는 그의 훈수는 두고두고 곱씹어봄직하다. 여기서 명언 한 마디 더. 그는 "투자하기로 했다면 독자적인 길을 가야한다"며 "최신 기밀정보와 루머·추천종목 따위는 무시할 것"을 거듭 강조한다. 오죽하면 "나(피터린치) 같은 사람이 사는 주식이라 해도 일반인들은 외면해야 할 것"을 설파하고 다녔을까.

피터 린치. 그는 주식거장 하면 떠오르는 상징적 존재다. 오래 전 은퇴했지만 아직도 월가는 그를 기억한다.

<배런스>지는 2000년 1월10일자에 그를 두고 '과거 10년 동안 펀드를 운용하지 않았지만 여전히 가장 유명하고 존경받는 펀드매니저'라고 평가했다. 그의 대표작인『월가의 영웅One up on Wall Street』은 주식투자 지침서 중 돋보이는 밀리언셀러다.

실제로 그의 발자취는 대단했다. 77~90년까지 운용한 '마젤란펀드'는 미국 자산운용업계의 'No 1'펀드로 명성이 자자하다. '뮤추얼펀드 = 마젤란'이란 등식이 생겼을 만큼 고수익펀드로 유명했다. 그의 운용시절 마젤란펀드의 누적수익률은 무려 2,703%. 연평균으로 따지면 매년 29.2%에 달한다. 같은 기간 S&P500지수는 15.8%에 불과하다.

한때 신규자금을 못 받을 정도로 종자산만 1,000억달러를 넘어서기도 했다. 특히 80년엔 한해에 무려 70%의 수익률을 거뒀다. 더 놀라운 건 약세장에서조차 탁월한 성과를 냈다는 사실이다(다만 최근엔 수익률이 주춤하면서 환매 요청에 봉착하는 등 다소 흔들리는 모습을 보이고 있다).

피터린치와 주식과의 만남은 우연(?)에 가까웠다. 그는 44년생이다. 수학교수·회계감사를 했던 아버지가 사망한 뒤 11세 때 골프캐디로 아르바이트를 한 게 주식과의 첫 조우였다. 캐디로 일하면서 고객들의 주식얘기를 우연히 귀동냥한 게 계기가 됐다.

머리도 좋았다. 수재들만 간다던 보스톤대·와튼스쿨을 나왔다. 잠시지만 수학교수로도 일했다. 2년간의 군복무 땐 한국에서 근무하기도 했다. 캐디 시절 '조지 설리번' 피델리티 사장과의 인연(8년간 캐디를 함)으로 주식시장에 정식 입문했다.

66년 25대1의 경쟁률을 뚫고 피델리티에 들어갔다. 얼마 뒤인 69년엔 정식 애널리스트로 변신했다. 77년엔 자산 2,000만 달러의 마젤란펀드를 맡아 펀드매니저로 데뷔했다. 그는 '워크홀릭'이었다. 1주일 내내 일했으며, 기독교 신자였지만 일요일 출근을 불사했다.

소문난 워크홀릭 '마젤란펀드 세계 No.1 펀드로 키워'

피터린치의 유명세엔 간단·명료한 그만의 투자전략이 큰 역할을 했다. 아마추어 투자자에게 '나도 할 수 있다'는 용기를 북돋아줘 굉장한 찬사를 받았다. 실제로 피터린치가 말하는 '완벽한 주식'은 누구든 이해힐 수 있고 또 따라서 찾을 수 있을 만큼 굉장히 쉽다. 보통 사람이라면 얼마든지 생활주변에서 '10루타(10배) 종목'을 찾을 수 있다는 입장이다. 그는 "직장이나 쇼핑상가만 잘 살펴봐도 전문가들에 훨씬 앞서 굉장한 종목을 골라 가질 수 있다"며 "이해하기 쉬운 회사야말로 가장 완벽한 주식의 특징"이라고 잘라 말한다.

단순·평범한 사업내용이면서 경쟁상대만 없으면 그걸로 충분하다. 어려운 사업구조는 제쳐두는 게 속편하다. 통신위성보단 팬티스타킹 회사가 좋다. "쓰레기처리처럼 남들이 혐오하는 사업이지만 일상생활에 꼭 필요하다면 10루타 후보로 제격"이라고 덧붙인다.

반면 뛰어난 머리는 오히려 주식투자의 방해물이란 지론을 갖고 있다. 통계학보단 역사나 철학이 더 도움이 된다는 판단이다. "주식투자에 쓰이는 수학이란 건 초등학교 4학년쯤에서 이미 습득된 것"이라고 서슴없이 말한다. 일류투자자의 IQ는 상위 3%와 하위 10% 사이에 속한다는 분석까지 내놨다.

피터린치에 따르면 월가엔 옥시모론Oxymoron(너무 똑똑해 오히려 바보스런 행동을 하는 짓) 전문가가 너무 많다. 아무리 좋아도 거들떠보지 않다 상투가 돼야 비로소 장밋빛 보고서와 함께 경쟁적인 매입에 돌입하기 때문이다.

그의 얘기를 들어보자.

"펀드매니저는 모험하지 않으려 온갖 구실을 찾습니다. 이게 바로 시장평균을 못 따라가는 이유죠. 결국 아마추어가 더 유리할 수도 있어요. 아무도 강요하지도 야단치지도 않거든요. 얼마든 자유롭게 혼자의 길을 걸을 수 있죠."

물론 그러자면 위험을 안아야 한다. 그는 "주식투자는 불확실성을 끌어안는 사람에게 놀라운 보상을 해준다"며 "게임의 룰만 알면 충분히 모험할만한 가치가 있다"고 말한다.

다만 전제조건이 뒤따른다. 일단은 '네 자신을 알라'가 먼저다. 투사손실이 일상생활에 영향을 줘선 곤란하기 때문이다. 이쯤에서 월가거장의 부동산 철학을 들어보자.

"주식을 하기 전에 먼저 집을 장만해야 해요. 집이란 건 100에 99는 돈을 벌어주기 때문이죠. 레버리지를 쓸 수 있고, 꼼꼼히 살펴 집을 사기 때문에 어지간하면 실패하지 않습니다. 자연스런 장기보유도 가능해지죠."

또 쌈짓돈은 반드시 여유자금이어야 하며, 감정통제를 잘 하는 게 최대관건이다.

반면 장세예측 능력은 필요 없다. '다음 번'이 결코 '지난 번'과 같을 수 없다는 이유에서다. 굳이 미래예측을 하겠다면 그의 '칵테일파티' 이론을 살펴보면 된다. 칵테일파티 때 삼삼오오 사람들이 모여 주식 얘기를 하면 그때 장세가 천정이라는 식의 해석이다.

그가 이름을 붙인 '10루타 종목'은 약세장 때 발굴·매입하는 게 좋다. 그는 "올바른 종목을 고르면 장은 저절로 풀린다"며 "마음에 드는 주식을 고른 다음 그 주식을 사는 건 결코 늦지도 빠르지도 않다"고 전한다.

머리 좋은 건 오히려 방해물 "주식하기 전 집부터 장만하라"

'한탕주의'는 역시 'No'다. 그는 선물·옵션거래를 전혀 하지 않았다. 선물·옵션과 관련해 그는 "전문투자자가 아닌 이상 파생상품으로 성공하기는 불가능하다"며 "빨리 부자가 되고 싶어 파생상품에 투자하는데 사실은 그게 가장 빠른 파산의 지름길"이라고 평가했다.

옵션·선물은 방심한 자들로부터 세심한 자들에게 흘러가는 거대한 소득 재분배와 같다고 봤다. 과도한 수익률도 비현실적이다. 연 25~30%의 수익률을 기대하는 건 꿈이며, 개인투자자라면 연 10%만 올려도 대단한 성적이라고 본다.

그에게 분산투자로 요약되는 포트폴리오 전략은 그다지 의미가 없다. 차라리 개별종목의 우량함 여부가 더 중요하다. "그 종목을 훤히 알고, 모든 조건에 부합하는 굉장한 유망종목일 땐 가능한 많이 갖고 있는 게 좋다"는 게 피터 린치의 속내다. 분산자체를 위해 잘 모르는 종목에 나눠서 넣어두는 건 곤란하기 때문이다.

투자금액이 적다면 얼추 3~10개 종목이 적당하다. 또 현금보유보단 종목교체를 통해 새로운 기회를 찾는 게 효과적이라고 덧붙인다.

잘못된 가설·미신에 대한 아쉬움도 숨기지 않는다. 그는 "다분히 신화적이며 잘못된 개념들을 마음속에서 영원히 씻어버릴 것"을 강조했다.

얼추 12가지 정도로 요약된다. 떨어질 만큼 떨어졌기 때문에 더 이상 떨어질 리 없다는 게 대표적인 오해다. 인내심을 빙자한 자기위로로 주가란 바닥 없이 떨어지는 게 비일비재해서다. 오를 만큼 올랐다는 것도 마찬가지. 그는 "가치변화가 없는 한 오르는 데 한계를 짓지 말라"고 조언한다. 바닥매입 욕심이나 '언젠가는 오르겠지'식의 믿음도 제쳐두는 게 좋다.

얼마까지 회복되면 팔겠다는 투의 매도전략도 효과제로다. 피터 린치는 "한번 짓밟힌 주식은 결코 팔기로 맘먹은 수준까지 회복되지 못하니 즉시 팔 것"을 권한다. '그걸 샀다면 떼돈을 벌었을 텐데'라는 후회 역시 위험하다. 이런 강박관념이 손실로 왕왕 연결돼서다.

아마추어가 제일 어려워하는 게 바로 '매매타이밍'이다. 피터 린치는 이를 어떻게 소화했을까.

"주가가 떨어지는 종목을 최저가로 잡으려는 건 마치 수직 강하하는 칼을 잡는 것과 같아요. 그 칼이 땅에 닿아 꽂혀 잠시 흔들리다 고정될 때까지 기다리는 게 좋습니다. 급하게 떨어지는 주식을 잡다간 필연적으로 칼날 쪽을 쥐게 돼요. 고통스런 경악만을 가져다줄 뿐이죠."

주식을 좀 해본 사람이라면 누구나 공감하는 말이다. 주식을 사는데 최적 타이밍이란 없다. 좋은 가격에 괜찮은 물건을 찾았다면 그때가 매수적기다. 이는 쇼핑할 때와 똑같다. 대폭락 때도 기회다. '팔자' 분위기 속에서 '사자'를 실행할 수 있다면 금상첨화다.

수익률은 연 10%면 충분 "최저가에 사려는 건 떨어지는 칼날 잡기"

단 성급하게 파는 건 금물이다. "이익실현에 열중해 더 갈 수 있는 걸 미리 팔아선 안 된다"며 "이런 종목을 잡았다면 그 혜택은 최대한 누려야한다"고 조언한다.

물론 연구는 필수다. "연구 없는 투자는 카드를 안 읽고 포커 하는 것과 같다"고 늘 강조한다. 이 훈수를 실천하는 건 그다지 어렵지 않다. 베개를 살 때 상표를 읽어볼 정도의 열성이면 충분해서다. 특정제품의 강점을 보고 그 주식을 매수하겠다면 당기순이익과 회사관련 이슈 정두는 챙기는 게 효과적이다.

같은 값이면 대형회사보단 중소기업이 낫다. 큰 회사는 움직임이 무거워서다. 또 저PER주(주가수익비율)가 수두룩한데 굳이 고PER주를 살 필요도 없다. PER는 최초 투자비용을 회수하는 데 걸리는 햇수다.

물론 업종마다 PER는 다르다. 때문에 산업평균 PER와 비교하는 게 좋다. 그는 "보고서를 읽을 땐 화려한 앞 페이지보단 뒤쪽의 대차대조표를 보라"며 "매출액, 현금흐름, 부채, 배당금, 재고자산, 세후순익 등의 수치는 꼭 챙겨라"고 가르친다.

1. 따분하게(또는 우스꽝스럽게) 들린다

2. 따분한 사업을 한다

3. 뭔가 혐오감을 불러일으키는 성질의 사업을 한다

4. 일종의 분리 독립된 자회사다

5. 기관들이 안 갖고 있으면 애널리스트도 취급하지 않는다

6. 소문이 무성하다

7. 뭔가 침울하게 만드는 면이 있다

8. 성장이 전혀 없는 업종이다

9. 남들이 거들떠보지 않는 틈새에 위치해있다

10. 사람들이 꾸준히 사는 물건이어야 한다

11. 테크놀로지를 사용하는 업체여야 한다

12. 내부자들이 자사주를 산다

13. 회사에서 자사주를 되사들이고 있다

– 자료: 『현명한 투자자는 이런 책을 읽는다』

30

성장주 투자의 아버지

"주식을 샀으면 최소 3년은 봐야 한다. 훌륭한 회사를 너무 일찍 파는 것만큼 큰 실수도 없다. 기업가치는 사실수집으로 검증하라."

위대한 기업 샀다면
'영원히 매도기회는 없다'

'전설적인 투자가'로 불리는 워렌 버핏에겐 두 명의 스승이 있다. 벤자민 그레이엄과 필립 피셔다. 모두 당대최고의 투자가로 엄청난 족적을 남긴 거물들이다. '월가의 학장'답게 그레이엄은 가치투자의 선구자다. 버핏은 평소 "우리는 그레이엄이 심은 나무 밑에서 휴식을 취한다"고 할 만큼 그를 존경하고 추앙했다.

하지만 정작 버핏에게 더 큰 영향력을 미친 쪽은 피셔다. 버핏의 현재 투자스타일을 봤을 때 그레이엄보다 피셔의 훈수가 더 지대한 영향을 미쳤다는 평가가 지배적이다. 버핏은 피셔의 1958년 저서『위대한 기업에 투자하라 Common stocks and uncommon profits』를 읽고 감동을 받아 직접 샌프란시스코까지 찾아가 피셔를 만났다. 이후 그를 스승이라고 거침 없이 불렀다.

그레이엄에게 계량 분석을 배웠다면 피셔로부터는 질적 분석을 배웠다. 버핏은 "그(피셔)는 훌륭한 기업이 어떻게 만들어지는지 완벽히 이해하고 있다"며 "나도 필립의 생각에 절대적으로 동조한다"고 평가했다.

필립 피셔는 기업발굴의 대가다. 그의 책은 투자자들이 읽어야할 고전 중의 고전으로 꼽힌다. 스탠포드를 비롯한 유수의 MBA 과정에선 지금도 투자론 교과서로 쓰인다. 주식투자서로는 최초로 <뉴욕타임즈>의 베스트셀러에 오른 책으로도 유명하다. 다른 주식투자 이론서와 비교되는 근본적인 차별성 때문이다.

가령 이 책엔 '손절매'처럼 기술적인 단어가 없다. 투자본질과 그 근원을 파헤치는 데 더 큰 의미를 둔다. 피셔는 시시각각 변하는 주가엔 사실 관심이 없다. 오직 성장기업의 장기투자에만 공을 들인다. 그래서 '기업의 탁월한 경쟁력이라는 개념을 지속 가능한 성장모델과 연결시킨 최초의 인물'로 불리기도 한다.

버핏 "피셔는 훌륭한 기업의 특징 완벽히 이해" 존경

그는 '성장주 투자의 아버지'다. 벤저민 그레이엄과 함께 현대적인 투자이론의 창시자로 손꼽힌다. 50년대 최초로 '성장주growth stocks'란 개념을 월가에 소개했다. 이후 월스트리트의 투자흐름은 성장주 우선으로 바뀌었다.

피셔는 1907년 샌프란시스코에서 태어났다. 주가 대폭락을 1년 앞둔 1928년 여름 월가의 증권분석가로 투자세계에 데뷔했다. 그는 어릴 적부터 투자에 관심이 많았다. 비록 1907년생이었지만, 20년대 중반의 강세장에서 적잖은 수익률을 거두기도 했다.

또 MBA 시절엔 마케팅의 중요성을 깨달았고, 이걸 투자원칙에 결부시켰다. 29년 대폭락 때 그는 현재의 주가수익률PER보다 향후 몇 년간의 PER가 더 중요하다는 사실을 확인했다. 또 그는 "성공투자를 위해선 경영자의 두 가지 자질이 필수"라고 강조했다. 사업가적 능력과 경영자의 정직성·소양이다.

대공황이 한창이던 31년 그는 투자자문회사 '피셔 앤드 컴퍼니'를 세웠다. 당시 피셔는 고객들에게 1개월~12개월을 기준으로 투자실적을 평가하던 관행 대신 최소 3년은 기다려줄 것을 요구했다.

피셔의 '주식보유 3년론'은 이때 나왔다. 심지어 산지 3년이 안 됐다는 단순한 이유만으로 팔지 않기도 했다. 적어도 3년은 돼야 확신을 갖고 팔 수 있다고 생각했기 때문이다. 단 기업 경영상 중대한 문제가 발생했을 때는 예외였다.

60년대엔 스탠포드대학에서 투자론도 강의했다. 2차 대전이 끝날 무렵부터 피셔는 더 이상 주가변동에 관심을 갖지 않았다. 대신 장기수익을 올리는 데 역량을 집중했다.

피셔에게 장기보유는 성공투자의 지름길이었다. 그는 "주식투자에서 볼 수 있는 가상 큰 손해는 훌륭한 회사를 너무 일찍 파는 데서 비롯된다"며 "오래 보유했다면 수백, 수천%의 경이적인 수익을 안겨 줄 회사를 수십% 올랐을 때 조급히 팔아 버리는 게 제일 큰 손실"이라고 말했다. 위대한 기업이라면 장기적으로 최소 몇 배의 주가상승이 기대되는데 굳이 일찍 매도할 이유가 없다는 얘기다.

그의 얘기다.

"투자기업을 제대로 골랐다면 영원히 매도할 기회가 오지 않겠죠. 위대한 주식이라면 조정 때 30~40% 떨어져도 다음 강세장에 그 어떤 종목보다 크게 오르기 때문이에요. 물론 보유하고 싶지 않은 데 본전 생각 때문에 갖고 있는 건 치명적이죠. 이렇게 감수하는 손실 외에도 만약 실수를 처음 깨달았을 때 즉시 제대로 된 주식을 골라 재투자했다면 얻을 수 있었을 투자수익까지 감안한다면 자존심으로 인한 비용은 몇 배로 커질 겁니다."

주식투자의 최대손해 '훌륭한 회사를 너무 일찍 파는 것'

위대한 기업을 골라내는 심미안은 그만큼 중요하다. 그렇다면 위대한 기업의 조건은 뭘까.

피셔는 투자대상을 찾을 때 '기업의 질quality'을 가장 중시했다. 계량(재무제표 등)을 강조한 그레이엄과는 구별된다. CEO의 탁월한 능력과 미래계획, 그리고 연구개발 역량 등을 소중히 생각했다. 피셔의 분석결과 과거 알짜종목은 장기간에 걸쳐 매출·순익이 산업평균보다 훨씬 높게 성장했다.

규모외는 무관했고, 성장을 위한 결의와 실행능력을 갖춘 경영진이 더 중요했다. 그러자면 기업에 정통한 사람을 찾아 활용하는 게 최선이다. 물론 현실적으론 어렵다. 돈이 들고 정보소통에도 걸림돌이 있다.

이럴 때 '사실수집Scuttlebutt'을 활용한다. 경쟁업체와 유통업체, 고객 모두가 정보원이다. 신뢰성만 검증되면 내부자 의견이 가장 정확하다. 위대한 기업의 정보는 대부분 너무도 명확하다. 위대한 기업의 공통특징을 피셔는 '15가지 포인트'로 정리했다.

대박을 고르는 아주 쉽고 간단한 방법은 없다. 그는 "좋은 주식을 고르자면 답답하겠지만 공부하는 수밖에 없다"고 밝혔다. 전문가를 활용하는 것도 효과적이다. CEO의 립 서비스는 가치가 없다. 그는 "경영진들은 투자자들이 듣길 원하는 걸 잘 알고 또 대비해 거의 완벽하게 답변한다"며 "대부분의 회사들이 자랑스레 말하는 것들은 이미 과거지사일 뿐"이라고 규정했다.

그래서 기업의 주변인과 전문가를 먼저 만나야 한다. 피셔는 "과거에 해당 기업에서 일했던 임직원들의 정보가 정확한 편"이라며 "다만 그들이 왜 그 기업을 떠났는지 조사하는 것도 중요하다"고 덧붙였다. 그 다음이 경영진이다.

주식을 살 땐 '맞춤투자'가 제격이다. 주식투자의 최대목적은 장기·최대수익을 올리는 거다. 문제는 직접 투자할지 전문가에게 맡길 건지다. 투자자마다 포트폴리오는 다르다. 리스크를 못 진다면 대형우량주가 정답이다.

소액투자자라면 여윳돈인지 냉정히 판단해야 한다. 노리는 게 배당인지 차익인지도 분명할 필요가 있다. 본인의 투자성향, 자금성격, 투자기간 등을 고민해야 한다.

적절한 매수타이밍을 잡기란 인간의 경제적 지식수준을 감안컨대 사실상 불가능하다. 해답은 성장주 자체의 본질적인 내용에 있다. 성장주는 대개 1~2개 분야에서 최첨단에 서있게 마련이다. 그는 "기령 신제품 개발소식은 주가상승을 의미하지만 상업화까지 비용이 많이 들고 실적도 악화된다"며 "매수타이밍은 이렇게 성장성은 좋은데 단기악재로 허덕일 때"라고 전했다.

그 다음은 언제 팔아야할지의 문제다. 주식은 파는 게임이다. 매도타이밍은 수익극대화에 필수다. 피셔는 "주식을 파는 건 살 때 실수를 했거나, 매수근거가 점차 희박해질 때, 그리고 더 좋은 주식이 나왔을 때뿐"이라고 잘라 말했다.

때문에 투자실수에 재빨리 대처하는 게 중요하다. 특출했던 기업이 추락하는 건 경영진 능력이 떨어졌거나 주력제품의 미래가 어두울 때다. 다만 더 좋은 종목으로 교체하기 위한 매도 때는 신중함이 전제된다. 약세장이 임박

했다거나 고평가됐다는 이유로, 또 너무 올랐다는 두려움 때문에 주식을 팔아선 안 된다.

위대한 기업이라면 반드시 다음 찬스가 오게 마련이다. 실제로 피셔의 장기투자는 대단했다. 50년대 투자했던 '텍사스 인스트루먼트'는 40여년이 지난 90년대에 매도했고, 역시 비슷한 때 매입했던 모토롤라는 최근까지 보유했던 걸로 알려졌다.

60년을 유지한 집중투자 "난 외로운 늑대"

피셔는 투자자들이 저지르는 수많은 잘못들에 대해서도 훈수를 아끼지 않았다. 그는 이걸 5가지로 요약했다.

△선전하는 기업을 사지 말라 △훌륭한데도 장외종목이라고 무시하진 말라 △사업보고서 표현이 마음에 든다고 사지 말라 △미래의 순이익이 현재 주가에 반영됐다고 속단하지 말라 △너무 적은 호가차이에 연연해하지 말라 등이다.

여기에 그는 5가지를 더 추가했다. △너무 과도하게 분산투자하지 말라 △전쟁우려로 매수를 두려워해선 안 된다 △관련 없는 통계수치는 무시하라 △진정한 성장주 매수 땐 주가뿐 아니라 시점도 정확해야 한다 △군중을 따라가지 말라 등이다.

분산투자와 관련, 피셔는 오히려 집중투자가에 가까웠다. "계란을 너무 많은 바구니에 나눠 담으면 매력적이지 않은 바구니에까지 담겨질 수 있는 데다 또 바구니가 많으면 세심한 관리가 불가능하다"는 말처럼 그는 보통 3~4개 종목에 집중 투자했다.

피셔는 60년 이상을 투자자로 살았다. 대공황과 수많은 경기와 전쟁·혁명을 겪었다. 90세가 넘어서까지 신규고객을 모집할 정도로 정력적인 삶을 살고 있다. 피셔는 노년에 알츠하이머에 걸려 고생한 것으로 알려졌다. 하지만 이때조차 포트폴리오는 직접 관리했다.

피셔에겐 추종자가 별로 없다. 그의 투자원칙은 따르기가 힘들뿐더러 굉장한 인내를 필요로 해서다. 상대적으로 덜 알려진 이유다. 스스로 "나는 외로운 늑대"라고 얘기했을 정도다. 고객이 많지도 않다. 단지 10명 안팎의 고객만 컨트롤하고 있다.

물론 이들의 충성도는 엄청나다. 30년대에 돈을 맡겼던 고객의 5번째 자손까지 있다. 샌프란시스코에 있는 그의 사무실은 허름하다. 전화기 한 대에 파트타임 비서가 전부다. 지난 2004년 아들 품에서 명을 달리했다.

1. 향후 매출액이 상당히 늘어날만한 충분한 시장잠재력 갖춘 제품·서비스 있나
2. 최고경영진은 시장이 어려울 때 매출액을 더 늘릴만한 신제품·기술 개발의지 있나
3. 기업의 연구개발 노력은 회사규모를 감안할 때 얼마나 생산적인가
4. 평균수준 이상의 영업조직을 갖고 있나
5. 영업이익률은 충분히 거두고 있나
6. 영업이익률 개선을 위해 무엇을 하고 있나
7. 돋보이는 노사관계를 갖고 있나
8. 임원들 간에 훌륭한 관계가 유지되고 있나
9. 두터운 기업 경영진을 갖고 있나
10. 원가분석과 회계관리 능력은 얼마나 우수한가
11. 아주 특별한 의미를 지니는 별도의 사업부문을 갖고 있으며, 또 이게 뛰어난가
12. 이익을 바라보는 시각이 단기적인가, 아니면 장기적인가
13. 미래 증자계획이 현재주주가 누리는 이익을 상당부분 희석시킬 가능성은 없나
14. 경영진은 순조로울 때는 투자자들과 자유롭게 대화하지만 문제발생 땐 입을 다물어버리지 않나
15. 의문이 여지가 없을 정도로 진실한 최고경영진을 갖고 있나

— 자료:『위대한 기업에 투자하라』

31

해리 덴트 Harry S. Dent

투자시장
미래예측의 달인

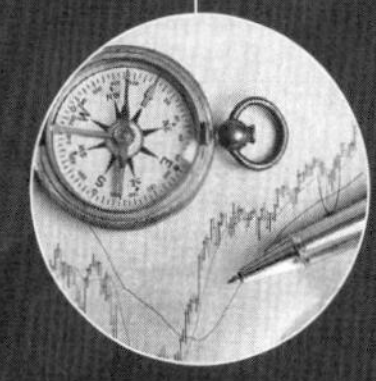

"투자기회는 앞으로 2~3년이다. 그때까진 강세장이 예상된다. 인구구조 때문이다. 호황 붐이 끝나기 전에 돈 벌 기회에 올라타라."

화두는 2010년
'인구구조 변화에 돈 묻어라'

"지금의 자산시장 활황은 2010년까지 계속된다."

요즘 단연 최고의 인기를 누리고 있는 경제예측가 '해리 덴트_{Harry S. Dent}'의 말이다. 그는 월가가 주목하는 이 시대 최고의 경제예측가 중 한 명이다. 맞으면 '모'요, 틀리면 '도'인 예측세계에서 그의 존재감은 연일 '상한가'다. 전제조건이 많이 붙는 다른 예측가와 달리 그의 코멘트는 실제적이며 확실하고, 또 자신감까지 넘쳐난다.

실제로 수치가 뒷받침되는 그의 전망근거는 구체적이고 설득적이다. 자칫 자살행위(?)일 수 있지만, 예측이 빗나갔을 때를 대비한 비상구도 마련하지 않는다. '뭐하면 뭐할 것'이란 식의 발언은 그가 지양하는 코멘트 형태다. 이는 대다수 경제예측가들과 구분되는 그만의 포인트다. 그래서인지 월가의 거물 투자자들은 물론 일반투자자들에게도 인기가 높다.

다행스럽게도 지금까지 그의 예측은 적중률이 대단히 높다. 가령 미국을 중심으로 한 90년대 주식버블과 최근의 부동산 활황을 정확히 짚어냈다. 인터넷을 비롯한 기술·정보혁명도 그가 예측한대로 현실이 됐다. 사람들이 그의 한마디에 주목하고, 또 좋아하는 이유다.

2000년 이후 거세게 일었던 미국경제를 둘러싼 경기논쟁도 그의 판정승

으로 끝났다. 미국경기가 'L자형(장기침체)'이나 'U자형(완만한 회복)'보단 그가
주장한 'V자형(급격한 회복)'을 띈 것으로 확인됐기 때문이다. 이후의 모습도
그의 예측과 크게 다르지 않다. 서브프라임 모기지 사태나 달러약세 등 최근
의 악재도 심상찮지만, 그에 따르면 기본예측에 변화는 없다. 어쩌면 2010년
이후의 자산시장 붕괴가설을 재촉하는 초보적인 시그널로 이해하진 않을까
싶다.

지금은 자산시장 호황 끝자락

그의 말을 빌면 2010년까지는 낙관적이다. 정확히는 2009년 중반까지 엄청
난 호황이 예견돼서다. 이는 미국뿐만이 아니다. 글로벌성세의 동반호황에
무게중심을 싣는 분위기다. 미국경기가 천정을 찍은 뒤부터는 신흥국기기
성장바통을 이어받을 걸로 내다본다. 대표주자는 동아시아 국가들로 한국·
중국이 유력하다.

　결론부터 요약하면 호황근거는 두 가지다. 첫째는 인구구조의 변화다. 경
제란 수요를 반영하기 때문에 60년대 근처에 태어난 베이비붐 세대의 구매
력이 2010년까지 피크를 찍을 걸로 내다본다.

　또 하나 호황이유는 신기술혁명이다. 기술혁명을 통해 한 단계 '레벨 업'된
새로운 경제상황이 펼쳐질 수 있다는 논리다.

　투자자라면 결국 '2010년'을 염두에 둬야 한다. 베이비붐 세대가 70년대 초
반까지 걸쳐져있는 한국의 경우엔 투기기회가 조금 더 길다. 그의 예측에 따

르면 다우지수는 4만을 뚫고, 나스닥은 최대 2만까지 내다본다.

같은 맥락에서 부동산도 2010년까진 괜찮다. 하지만 베이비부머의 인구특성과 이동라인을 무시한 부동산투자는 2010년 이후 필패할 것으로 진단한다. 2010년 이후 엄습할 대공황은 2023년까지 계속된다는 게 그의 생각이다.

경제주역 베이비부머로부터 '미래소비 맥 잡아라'

경제혁명은 대개 80년 주기다. 베이비붐 세대는 신경제를 탄생시킨 주역이다. 헨리포드 세대(1920년대)가 '기술혁신→소비→정착'단계를 거쳐 경제혁명을 이뤄냈다면 베이비붐 세대(1960년대)는 인터넷시대를 열어 정보혁명을 이끌고 있다. 인터넷은 새로운 주문생산경제를 낳았고, MS처럼 고성장기업을 탄생시켰다.

미국의 최근 경제성장은 주문생산과 하이테크 붐 덕에 가능했다. 유럽·일본은 미국의 다음 바통을 이어받게 된다. 제3세계와 개도국은 사정이 다른데, 이는 위험변수 때문이다. 그래도 산업·표준화된 경제성장은 가능하다. 한국, 중국, 일본 등 동북아는 장밋빛이다. 미국과 유사한 대규모 경제호황이 예상된다.

부동산 투자자라면 IT혁신을 특히 눈여겨봐야 한다. 앞으론 대도시 수입으로 소도시 생활을 즐기려는 수요가 많아진다. 일과 가정의 두 마리 토끼를 잡기 위해서다. 저렴한 물가와 높은 수준의 라이프스타일이 가능한 매력적인 소도시·교외지역이 뜰 수밖에 없다.

근무방식·장소의 급격한 변화를 뜻하는 기업의 네트워크 혁명이 가속화되면 이 조류는 더 심해진다. 이는 부동산시장의 새로운 투자기회다. 정보혁명은 자택 및 위성사무실 근무를 증가시킨다. 도시생활은 이제 낙원에서 악몽으로 변질됐다.

사람들은 천편일률적인 주택이 아닌 나만의 독특한 집과 매력적인 지역사회를 찾는다. 가장 성공적인 주거공간은 △상호작용 극대화 △넉넉한 공간 △주택설계의 융통성 △안전성 △공유 편익시설 △커뮤니케이션 인프라 등이 완비된 곳이다.

결국 지금이야말로 검증된 투자원칙과 부를 축적하는 비결에 눈을 돌려야 할 때다. 그는 "시간이 없다"며 "호황 붐이 끝나기 전에 체계적인 투자활동을 시작해야 편안한 삶을 위한 재원마련이 가능하다"고 재촉한다.

아직 기회는 남아 있다. 먼저 투자복적을 명확히 해야 행농으로 옮길 수 있다. 왜 돈을 벌어야하는지 그 이유부터 확실히 해두자. 투자수익은 극소수 사람에게 돌아가는 게 금융권의 생리다. 그것도 시장상황에 밝은 장기투자자에게 돌아간다.

재산을 모으고 싶다면 지루한 게 좋다. 이건 확실한 투자다. 단순한 투자원칙을 따를 때 성공투자가 가능하다. 당장 세전수입의 10%를 저축하자. 투자계좌를 만들어 10%를 자동이체하면 복리효과를 누릴 수 있다.

지루한 투자야말로 재산을 모으는 가장 확실한 방법

그가 제시하는 포트폴리오 장기 운용전략을 살펴보자.

2010년부터 2023년까지는 침체기로 디플레이션 시대의 개막이다. 보유주식을 점차 우량국채·회사채로 돌리자. 그 다음 몇 년은 일본·유럽시장이 유망하다.

2015~2023년엔 주식·부동산의 장기매수 기회를 갖다. 교외부동산과 개도국·미국의 소형주가 주목된다. 2020~2023년엔 표준 포트폴리오다. 대형주(30%), 소형주(20%), 부동산(10%), 해외(30%), 채권(10%) 등으로 운용하면서 다음 강세장을 대비하면 된다.

해리 덴트의 팬은 국내에도 적잖다. 『직업혁명』, 『부의 패턴』, 『버블 붐』 등을 통해 많은 지지층을 확보했다. 대학에선 경제·회계·금융을 전공했다. 하버드MBA로 일찍부터 경제학에 바탕을 둔 미래학자로 활동해왔다.

현재 'H. S. 덴트 재단'의 이사장이자 최고 경영전략 컨설턴트다. 포춘지가 선정한 100대 기업을 핵심고객으로 컨설팅업무를 하고 있다. 기술혁명과 소비패턴에 주목한 투자정보가 특징적이다.

그의 투자지침은 '브로콜리론'으로 요약된다. 항상 "투자는 다이어트나 운동처럼 간단하다"며 "손이 먼저 가는 초콜릿 케이크보단 건강과 에너지에 도움이 되는 브로콜리를 먹는 게 낫다"고 조언한다.

1. **세전수입의 10%를 저축하라**

   생활비보단 저축이 먼저. 저축만 꾸준하면 부는 저절로. 복리효과. 투자계좌로 수입 10%는 자동이체

2. **매수 후 보유로 조정시장에 투자하라**

   시장변동에 맞춰 투자하면 치명적. 전문가조차 타이밍 못 맞춰. 급반전하는 강세장엔 특히 심해

3. **(뮤추얼)펀드에 투자하라**

   분산투자에 저렴한 조사·거래비용. 각자의 위험한도에 맞는 펀드 매수하는 게 중요

4. **투자를 다각화하라**

   적절한 자산배분. 다양하게 투자해야 위험부담과 변동 폭 줄여. 불안할 때 잘 견뎌야 돈 벌어

5. **이성적이고 계획적으로 투자하라**

   시장은 늘 변해. 종목도 등락반복. 마켓타이밍에 무관한 우량주 매입. 포트폴리오는 장기로 운용

6. **뛰어난 금융 어드바이저를 찾아라**

   위험한도와 현실목표 정하기 어려워. 객관적인 조언가라면 검증된 투자원칙대로 운용. 맡이 마니야

7. **경제성장 패턴에 맞춰 부동산에 투자하라**

   집을 살 땐 장기전망이 필수. 라이프스타일을 고려. 장기개발 확률과 살고 싶은 집 구입해야